中国社会科学院创新工程学术出版资助项目

中国新能源产业发展报告

(2014)

ANNUAL REPORT ON CHINA'S

NEW ENERGY INDUSTRIES DEVELOPMENT (2014)

主 编/李 平 刘 强

社会科学文献出版社
SOCIAL SCIENCES ACADEMIC PRESS (CHINA)

编 委 会

主要编撰者简介

李 平 中国社会科学院数量经济与技术经济研究所所长，研究员，博士生导师。中国社会科学院重点学科技术经济学学科负责人和学科带头人。研究领域主要集中在战略规划、投资决策、项目评估和企业战略及管理咨询等方面。先后参与多项国家重大经济问题研究和宏观经济预测，其中包括国家重大软科学课题"我国未来各阶段经济发展特征与支柱产业选择（1996～2050）研究"、能源部重大课题"中国能源发展战略（2000～2050）研究"等；参加了"三峡工程"、"南水北调工程"和"京沪高速铁路工程"三个国家跨世纪重大工程的可行性研究和项目论证，完成了多项有关论证报告，任国家南水北调工程审查委员会专家，起草南水北调综合审查报告，任国家京沪高速铁路评估专家组专家；承担了多项部门和地区的战略规划，为多个企业进行了企业管理咨询、发展战略咨询和投资项目论证，主要包括南宁市1998～2020年经济发展战略研究、湖北省跨世纪发展战略、江西省吉安市经济发展战略、青海省格尔木市经济发展战略、北京市北辰集团跨世纪发展战略、中建一局一公司企业战略咨询等。

刘 强 中国社会科学院数量经济与技术经济研究所副研究员，经济学博士。中国社会科学院全球能源安全智库论坛秘书长，中国社会科学院数量经济与技术经济研究所资源研究室主任，中国社会科学院中国循环经济与环境评估预测研究中心常务理事、副主任，北京师范大学中国能源与战略资源研究中心副主任。2012年8

月联合美国能源安全理事会、全球安全研究所（美国）创立全球能源安全智库论坛（GFES），任秘书长，负责论坛的全面组织工作，至今已经成功举办三届。目前全球能源安全智库论坛已经成为全球能源安全研究与政策领域的重要国际活动平台，受到各国政府和智库的高度重视，各国能源部门、驻华使馆、智库、大学、企业多派代表参会。主要研究方向为能源与战略资源，包括能源安全与政策、水资源、石油价格、新能源、循环经济等，对宏观经济、经济模型、农村和信息化问题也有研究。

孟海波　研究员，博士，农业部规划设计研究院农村能源与环保研究所副所长，主要从事生物质资源利用与环境的研究。近五年，主持完成国家级、省部级课题 30 余项，获得国家专利 21 项、省部级科技成果 5 项，制定农业行业标准 16 项，发表论文 65 篇，出版专著 3 部。研究成果"秸秆成型燃料高效清洁生产与燃烧关键技术装备"获得 2013 年国家科技进步二等奖；"秸秆固体成型燃料产业化关键技术与保障体系研究"获得 2012 年中国机械工业科技二等奖；"农作物秸秆能源化利用资源调查与评价研究"获得 2010 年国家能源局优秀成果奖二等奖；"新型秸秆揉切机系列产品研制与开发"获得 2005 年国家科技进步二等奖。入选国家综合评标专家库专家。

摘　要

本书对我国新能源产业及几个重要子产业的发展历程与现状、技术进步、产业政策等进行了回顾与深入分析，在此基础之上讨论了支持新能源发展的产业政策，提出了若干政策建议。

总报告认为，发展新能源的最重要意义在于打破传统能源的垄断地位，而不仅是部分的市场份额替代。新能源产业发展依赖政策补贴的根源在于市场失灵导致化石能源的环境成本外部化，以及本身的技术进步驱动机制。为弥补市场失灵，可以选择向化石能源征税或者提高其环境标准，也可以选择对新能源产业进行补贴。由于目前主要采纳后一种政策，报告讨论了补贴的关键环节和退出机制。

在理论分析的基础上，总报告提出，新能源发展受到制约的一个重要根源是对化石能源事实上存在的环境补贴使其具有比较优势，以及我国能源市场改革的滞后。总报告的主要政策建议如下：①提高传统能源的使用成本；②加速能源转换与煤炭替代进程；③通过多种能源利用模式创新形成更大的国内新能源市场；④建立和完善产业补贴评价体系；⑤构建以企业为主体的产业技术创新体制；⑥支持关键技术研发；⑦促进非常规能源有序发展。

风电产业篇认为，发展风电产业是实现能源清洁化和促进温室气体减排的重要举措，应该大力发展。但是，我国选择的发展大规模风电基地的技术经济路径，使得整个产业面临生产与消费之间在地理空间上的不平衡，加大了电网消纳风电产业的难度并提高了风电产业的综合成本。今后应该加强电力需求预测研究，拓展新的消纳模式，提高风电本地消纳比例。另外，还应通过发展智能电网和离网与分布式风电等措施，推动产业技术进步，促进风电产业的优化发展。

光伏产业篇认为，目前中国光伏产业在政策及产业内部存在各种问题，但从市场前景来看，将光伏发电系统接入大电网并网运行，是今后技术发展的主要方向。我国缺乏光伏产业核心技术，导致光伏企业主要集中在产业链下游。今后光伏企业应注重光伏核心技术的研发，提升光伏企业自主创新能力，降低经营成本，提高利润率。另外，应通过加强产业组织管理、完善光伏产业政策法规、政府指导行业规范发展、多方融资等措施，推动光伏企业健康发展。

生物质能源产业篇认为，不同地区气候特征、土地经营方式、资源禀赋、社会经济条件差异大，因此，政府需引导企业投资因地制宜、科学规划，而不应对某一地区产业发展的成功模式进行简单复制。政府应加大政策和财税支持力度，完善从原料收集、设备购置、能源生产到产品市场的全产业链财税扶持政策，确保原料供应，并培育新的产品市场。另外，政府可通过经济激励和政策支持引导社会投资，加快形成生物质能源产业发展的市场机制，调动投资者的投资积极性，引导并鼓励大型国有企业向生物质能源产业投资。

页岩气篇认为，现阶段我国天然气政府定价机制降低了市场竞争性，制约了企业页岩气投资的积极性，促进天然气价格市场化是我国未来的一个发展趋势。我国页岩气商业化的实现必须依靠多元化的投资主体、成熟的技术、完善的市场竞争机制、发达的管网和完善的政策支持。因此，我国页岩气商业化仍处于持续探索阶段。

本书还设计了分布式电网和天然气分布式能源两个专题。

关键词： 新能源　可再生能源　产业政策　产业技术进步　风电　光伏发电　生物质能源　页岩气　分布式能源

目 录

总 报 告

产 业 篇

专 题 篇

总 报 告

General Report

新能源产业——更多的能源选择

李平 刘强 董惠梅*

摘 要：

本报告梳理了中国新能源产业的发展历程与现状，以及不同子产业技术进步的情况。在此基础上，报告重点探讨了新能源产业发展的一些重点政策问题，认为新能源产业发展依赖政策补贴的根源在于市场失灵导致化石能源的环境成本外部化，以及本身的技术进步驱动机制。为弥补市场失灵，可以选择向化石能源征税或者提高其环境标准，也可以选择补贴替代的新能源产业。由于目前主要采纳后一种政策，报告讨论了补贴的关键环节

* 李平，中国社会科学院数量经济与技术经济研究所所长，研究员、博士生导师；刘强，中国社会科学院数量经济与技术经济研究所资源技术经济研究室主任、全球能源安全智库论坛秘书长，副研究员；董惠梅，中国社会科学院数量经济与技术经济研究所助理研究员。

和退出机制。报告提出，发展新能源的最重要意义在于打破传统能源的垄断地位，而不仅是部分的市场份额替代。在理论分析的基础上，报告提出，新能源发展受到制约的一个重要根源是对化石能源事实上存在的环境补贴使其具有比较优势，以及我国能源市场改革的滞后。报告的主要政策建议如下：①提高传统能源的使用成本；②加速能源转换与煤炭替代进程；③通过多种能源利用模式创新形成更大的国内新能源市场；④建立和完善产业补贴评价体系；⑤构建以企业为主体的产业技术创新体制；⑥支持关键技术研发；⑦促进非常规能源有序发展。

关键词：

新能源　可再生能源　新能源政策　产业补贴　比较优势

经过长期发展，我国已成为世界上最大的能源生产国和消费国，形成了煤炭、电力、石油、天然气、新能源、可再生能源全面发展的能源供给体系，技术装备水平明显提高，生产生活用能条件显著改善。尽管能源发展取得了巨大成绩，但我国仍面临能源需求压力巨大、能源供给制约较多、能源生产和消费对生态环境损害严重、能源技术水平总体落后等挑战。我们必须从国家发展和安全的战略高度，审时度势，借势而为，找到顺应能源大势之道。

——习近平在中央财经领导小组第六次会议研究
我国能源安全战略时的讲话

发展新能源产业，是提升国家能源安全保障，推动我国经济与产业结构转型升级，提高经济发展质量，发展清洁能源与低碳经济，实现节能减排与应对全球气候变化的重要举措。发展新能源产业，也是我国打造新的经济增长点，促进就业与经济结构转型实施可持续发展战略的重要领域。新能源技术是我国战略必争的高新技术领域，掌握其核心技术将有助于提升国家的综合竞争能力。

一　新能源产业界定

（一）新能源定义与产业边界

新能源的全称是"新能源与可再生能源"。1980 年联合国召开的"联合国新能源和可再生能源会议"对其的定义为：以新技术和新材料为基础，使传统的可再生能源得到现代化的开发和利用，用取之不尽、周而复始的可再生能源取代资源有限、对环境有污染的化石能源，重点开发太阳能、风能、生物质能、潮汐能、地热能、氢能和核能（原子能）[1]。

在实践当中，新能源并不只是可再生能源，它已经成为所有非常规能源的总称，既包括太阳能、风能、生物质能、潮汐能、地热能等可再生能源，也包括甲醇、乙醇、有机废弃物回收能源、页岩气、煤层气、致密气、页岩油、油砂、氢能等非常规的能源，还包括新能源汽车、分布式能源等新型的能源利用模式。一般情况下，常规能源是指目前正在大规模利用的石油、天然气、煤炭等我们已经熟知的化石能源和大规模水电。随着常规能源的有限性以及环境

---

[1] The 97th Plenary Meeting. United Nations Conference on New and Renewable Sources of Energy, 16 December 1980, 35/204.

问题的日益突出，以环保和可再生为特质的新能源越来越受到各国的重视。

在中国可以形成产业的新能源主要包括水能（主要指小型水电站）、风能、生物质能、太阳能、地热能、页岩气、分布式能源等，是可循环利用的清洁能源。此外，新能源汽车已经被列入中国的战略性新兴产业，受到有关部门和产业界的重视。随着技术的进步和可持续发展观念的树立，过去一直被视作垃圾的工业与生活有机废弃物也成为一种能源资源化利用的物质，因此，废弃物的资源化利用也可被看作新能源技术的一种形式。

本报告主要研究除大规模水电之外的可再生能源，基于新材料、新工业技术的非常规能源，如页岩气，以及能源利用的新模式，如新能源汽车等，而不涉及核电与大规模水电这两类专业性强、社会争议较大的能源项目。我国新能源种类如表1所示。

表1　我国新能源种类及主要利用方式

项目	主要利用方式
太阳能	光伏发电、集热发电、太阳能制热与制冷
风能	风力发电
生物质能	生物质发电、沼气、燃料乙醇、生物柴油
核能	核电
地热能	地热发电、地热供暖
潮汐能	潮汐发电
非常规能源	页岩气、煤层气、页岩油、可燃冰

（二）发展新能源产业的重要意义

发展新能源产业具有多重的意义。

第一，有助于抑制对传统化石能源的需求总量的快速增长。中国经济经历了改革开放之后30多年的快速增长，能源消费需求和能源产量迅速增加，目前已经成为世界上最大的能源生产国、消费国和最大的石油进口国。未来对传统能源的需求压力如果继续增长的话，将威胁我国的能源安全与经济安全，并向世界输出这种需求压力。发展新能源，有助于缓解这种压力。

第二，我国能源结构过度依赖煤炭，在煤炭开采和利用过程中产生了严重的环境问题以及地质问题、社会问题，甚至对人们的身体健康构成了较大的威胁，也伴随多发的矿难和人身伤害。发展新能源，有利于调整能源供给结构，减少对煤炭的过度依赖，缓解当前日益严重的雾霾污染。

第三，发展新能源有利于形成新的经济增长点。新能源发展前景巨大，伴随新能源生产技术的进步和新的利用模式的出现，围绕新能源可以形成巨大的产业投资机会和就业机会，拉动经济增长，并促进结构转型和升级。

第四，发展新能源有利于推动产业技术进步。新能源产业是典型的技术推动型产业，它的发展将促进新兴战略产业的形成与兴起。

第五，发展新能源有助于形成新的更加健康的生活方式和社会组织方式。以可再生能源为基础的分布式微型电力网络，结合现代信息技术，可以提高边缘地区的生活水平，实现与世界各地的同步连接和共同进步。即使是在都市区，这种微电网与信息网络的结合也能够形成新的居住形态，改变大工业社会的集中式居住模式与工作状态，创建更加舒适和高效的生活模式。

二 世界新能源产业发展情况

能源是人类生存和发展的重要物质基础，关系到国计民生和国家安全。传统化石能源是能源生产与消费的主力，即使进入 21 世纪之后新能源发展迅速，仍然没能改变这一局面。但是，并不能因此说新能源发展没有意义，可有可无。因为这是发生在近十年来全球能源消费快速增长的背景之下的，因此，新能源和可再生能源的发展是十分显著的。

（一）可再生能源快速发展

按照国际能源署的数据，可再生能源中的水电占比从 1973 年的 2.1% 上升到 2011 年的 2.3%，生物质能和废弃物回收能源占比从 2.3% 上升到 4.9%，太阳能、风能、地热能等可再生能源占比从 0.2% 上升到 1.4%；相比之下，核能的发展是最为显著的，在总能源消费中的比例从 1973 年的 1.3% 上升到 2011 年的 10.2%（见图 1）。

可再生能源的巨大发展主要是 21 世纪以来实现的。2012 年消费总量达到 237.4 百万吨油当量，同比增长 15.1%，增幅低于 2011 年（见图 2），各种可再生能源在全球能源消费中所占比重为 1.9%。

最近十年来，可再生能源的发展非常迅猛，2013 年，可再生能源在全球一次能源中的比重为 2.2%；如果加上生物燃料，该比重总计为 2.7%。2013 年，可再生能源在全球发电中的比重从 5 年前的 2.7% 增至 5.3%。可再生能源是 2013 年非化石燃料增长的最大动力，可再生能源发电量增长 16.3%，这是 2009 年以来的最低增长率，但年度增量（170 太瓦时）达到历史最高水平。可再生能源对一次能源增长的贡献超过天然气（BP，2014），具体数据如表 2、表 3 所示。

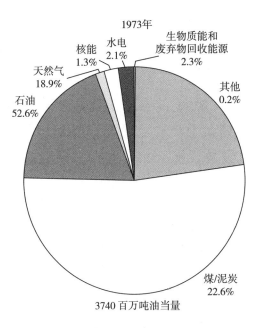

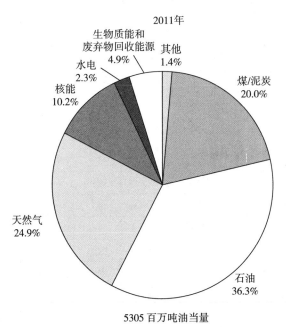

图1 全球能源消费结构变化

资料来源：IEA，Key Energy Statistics，2013。

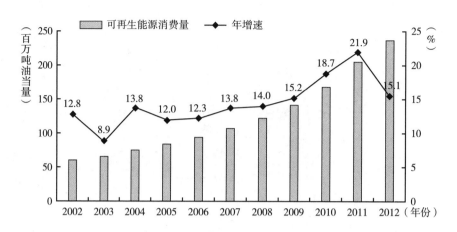

图2 2002~2012年全球可再生能源消费量及其增速

资料来源：《BP世界能源统计2013》。

表2 2004年及2010~2013年全球主要可再生能源指标

指标	单位	2004年	2010年	2011年	2012年	2013年
可再生能源投资	亿美元	395	2270	2790	2440	2494
可再生能源装机（不包括水电）	吉瓦	85	315	395	480	560
可再生能源装机（包括水电）	吉瓦	800	1250	1355	1470	1560
水电装机容量	吉瓦	715	935	960	990	1000
生物质发电量	太瓦时	227	313	335	350	405
太阳能光伏装机	吉瓦	2.6	40	71	100	139
集热太阳能发电量	吉瓦时	0.4	1.1	1.6	2.5	3.4
风电装机容量	吉瓦	48	198	238	283	318
太阳能热水器安装量	吉瓦	98	195	223	255	326
生物乙醇产量	亿升	285	850	842	831	872
生物质柴油产量	亿升	24	185	224	225	263

注：2004年数据为年初数据，其他年份为年末数据。

资料来源：《2013全球可再生能源现状报告》，21世纪可再生能源政策网（REN21）。

表3 可再生能源行业就业人数

单位：万人

项目	世界	中国
生物质能源	78.2	24.0
生物燃料	145.0	2.4
生物制气	26.4	9.0
地热	18.4	—
小水电	15.6	—
光伏	227.0	158.0
太阳能制热/制冷	50.3	35.0
风电	83.4	35.6
总　计	644.3	264.0

到2013年，中国已经成为世界上最大的可再生能源生产国。这一地位主要是由风电装机贡献的（见图3）。

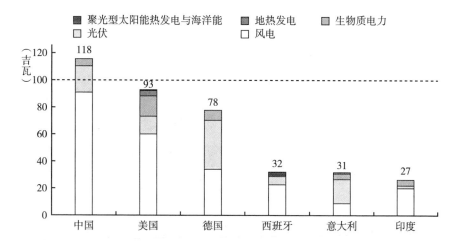

图3 2013年可再生能源发电装机容量列前6位国家

资料来源：《2013全球可再生能源现状报告》，21世纪可再生能源政策网（REN21）。

表4　2013年全球可再生能源电力装机情况

单位：吉瓦

项目	世界	欧盟28国	金砖国家	中国	美国	德国	西班牙	意大利	印度
生物质发电	88	35	24	6.2	15.8	8.1	1	4	4.4
地热	12	1	0.1	~0	3.4	~0	0	0.9	0
水电	1000	124	437	260	78	5.6	17.1	18.3	44
潮汐	0.5	0.2	~0	~0	~0	0	~0	0	0
光伏	139	80	21	19.9	12.1	36	5.6	17.6	2.2
集热发电	3.4	2.3	0.1	~0	0.9	~0	2.3	~0	0.1
风电	318	117	115	91	61	34	23	8.6	20
总计（包括水电）	1560.9	359.5	597.2	377.1	171.2	83.7	49	49.4	70.7
总计（不包括水电）	560.9	235.5	160.2	117.1	93.2	78.1	31.9	31.1	26.7

注：本表中的金砖国家包括中国、印度、巴西、南非。

资料来源：《2013全球可再生能源现状报告》，21世纪可再生能源政策网（REN21）。

（二）非常规油气资源开采与应用取得重大突破

除风电、光伏、生物燃料、生物质发电等可再生能源之外，2010年之后美国实现了页岩气革命，从而使世界认识到，除了可再生能源之外，非常规油气资源的开发与利用也是解决能源资源问题的重要选择，甚至可以取得比可再生能源更好的发展前景。

随着常规油气资源的减少和成本的上升，油砂、重油、页岩油气等非常规油气资源显得日渐重要。针对非常规油气资源的开发与利用技术将迅速进入各国的政策考虑范围。

国际能源署发布的《2010年世界能源展望》指出，目前世界能源结构已进入清洁化和便利化的调整过程。未来20～25年，天然气将在满足世界能源需求方面发挥重要的作用，非常规天然气将扮演重要角色。

全球非常规天然气资源非常丰富，据估算，世界非常规天然气资源量约为常规天然气资源量的4.56倍，而技术进步让非常规油气资源释放出了巨大的潜力。比如，近年来受诸多国家热捧的页岩气，在全球分布广泛，其储量相当于煤层气和致密砂岩气的总和。最新公布的全球页岩气资源评估结果表明，全球页岩气技术可采资源量达187万亿立方米。其中，中国约占总量的20%，为360825亿立方米，排名世界第一[①]。

近年来，美国能源领域实现了页岩气革命，实现了天然气自给有余。页岩气革命改变了美国和世界的能源供应格局，使美国摆脱了能源依赖进口的局面，同时掀起了全球页岩气勘探开发热潮。其中，技术革新在页岩气商业潜能开发中发挥了重要作用。

2011年，美国生产了6500亿立方米的天然气（同年消费量为6900亿立方米），相当于全球产量的20%。然而，就在5年前，美国大部分专家都认为美国需要大幅增加天然气进口来满足需求。2007年美国能源信息署（EIA）预测，到2030年美国天然气需求的20%要由进口来满足。但是，2014年EIA预测到2022年，美国将成为天然气净出口国，带来这一转变的就是页岩气的大规模开发。目前，美国的全部天然气资源储量，包括已证实和未证实的，为2203万亿立方英尺（相当于62.4万亿立方米），差不多能满足90年的消费需求。EIA预测，2010～2035年，美国页岩气占全部

---

① 《我国页岩气资源量占全球总量的20%》，国家能源网，http://www.cmen.cc/2012/gas_0727/9031.html，2012年7月27日。转引自中国石油经济技术研究院2012年7月19日发布的《2012年国外石油科技发展报告》，其数据来自美国EIA。

天然气供给的比例将从 23% 提高到 49%[①]。

页岩气的大量生产和供应，大幅度降低了能源成本，为基于天然气的化工制造业回流提供了机会，也降低了其他制造业的能源成本。目前，页岩气的发展为美国提供了 140 万个就业机会，预计未来可能提供高达 300 万个新的就业机会。因此，页岩气产业的迅速发展，将加速美国经济的复苏。同时，能源产业的快速发展，也很有可能推动资本市场的新一轮繁荣。

但是，近年来，美国页岩气生产也遇到了一些问题，如对地下水的污染、一些资源区块储量衰减过快等。未来非常规油气的大规模发展，还需要解决一系列问题，绝不会是一帆风顺的。

三　新能源产业发展历程与现状

可以说，我国一直面临能源资源短缺的问题。即使在 20 世纪 70～90 年代中国石油、煤炭生产形势较好的时期，能源资源的供给充裕和出口也是在压低国内需求的背景下实现的。因此，我国一直非常重视替代能源尤其是可再生能源的开发利用。

（一）资源潜力

根据初步资源评价，我国潜力大、发展前景好的可再生能源主要包括水电、风能、太阳能和生物质能，西藏自治区和其他一些地区的地热能也具备开发价值。根据清华大学能源环境经济研究院 2004 年发布的《可再生能源立法研究与论证报告》[②]，我国风能、太阳能、生物质能、地热能等的资源可获量如表 5 所示。

---

① 中国石油新闻中心：《美国全球能源政策调整四大猜想》，http：//news. cnpc. com. cn/ system/2013/01/08/001407799. shtml，2013 年 1 月 8 日。
② 何建坤、张希良、肖江平：《可再生能源立法研究与论证报告》，清华大学能源环境经济研究院，2004 年 12 月。

表5 可再生能源资源可获量汇总

序号	品种	资源量	可开发潜力	相当标准煤（亿吨）
1	太阳能	6×10^{22}焦耳 即2.3万亿吨标准煤	没有上限*	—
2	风能 其中:陆上 近海	32.26亿千瓦	10亿千瓦 2.53亿千瓦 7.5亿千瓦	8.0 2.0 6.0
3	小水力发电	1.8亿千瓦	1.28亿千瓦	1.4
4	地热能	2000亿吨标准煤	600万千瓦 32亿吨标准煤	32
5	海洋能 其中:潮汐能	2.5亿千瓦 1.1亿千瓦	0.5亿千瓦 0.22亿千瓦	0.35
6	生物质能 其中:秸秆 薪材 工业有机废水 农业养殖粪便 城市生活垃圾	7亿吨 — 25亿吨 18亿吨 1.4亿吨	3.5亿吨 2.2亿吨** 沼气110亿立方米 沼气200亿立方米***	1.7 1.3 0.09 0.17 0.1

注：* 取决于转换技术水平，开发量几乎没有上限； ** 取决于森林活蓄木量； *** 考虑了可收集系数。

资料来源：何建坤、张希良、肖江平：《可再生能源立法研究与论证报告》，清华大学能源环境经济研究院，2004年12月；资源量数据转引自刘江《中国资源利用战略研究》（第6专题《新能源与可再生能源开发利用》），中国农业出版社，2002。

1. 太阳能

我国太阳能年辐射量为3300兆焦/平方米至8400兆焦/平方米，2/3的国土面积的太阳能辐射量超过6000兆焦/平方米·年（200瓦/平方米），年日照时数大于2000小时，每年的太阳能辐射量相当于2.4万亿吨标准煤。

2. 风能

我国陆地上离地面10米高度层上风能资源总储量约32.26亿千瓦，可开发利用的储量为2.53亿千瓦。近海可开发利用的储量有7.5亿千瓦，共计10亿千瓦。陆上风电和海上风电年上网电量分别按等效满负荷2000小时和2500小时计算，每年可提供0.5万亿和1.8万亿千瓦时电量，合计2.3万亿千瓦时，相当于我国2010年发电量的54.4%，可见风能利用空间非常大[①]。

3. 生物质能

我国农作物秸秆年产量约7亿吨，可用作能源的大约有50%，另有薪材合理年开采量为2.2亿吨，各种工农业有机废弃物通过技术转换成沼气的资源潜力达310亿立方米。此外，我国通过大量低质土地种植能源作物，以及对自然生长的多种能源植物进行改良育种，生物质资源潜力巨大。

4. 海洋能

我国有上万公里的海岸线，潮汐能、波浪能、温差能、盐差能等各种海洋能资源丰富。据专家估计，可供开发利用量为0.5亿千瓦，其中在我国已能够开发利用的潮汐能为0.22亿千瓦。

5. 地热能

我国地热资源以中低温为主，占世界地热资源潜力的7.9%。总盆地型地热资源潜力约2000亿吨标准煤。其中，可供开发的高温发电和中低温热利用的资源量分别为600万千瓦和33亿吨标准煤。

（二）发展历程

1. 早期发展

早在1979年，《国务院批转国家经委、国家科委、国家农委、农业部关于当前农村沼气建设中几个问题的报告的通知》，强调了开发利用沼气的重要价值，规定了管理体制、财政支持、统筹协作与综合协调等诸多制度。此后，《中华人民共和国大气污染防治

---

① 李春曦、王佳、叶学民、喻桥：《我国新能源发展现状及前景》，《电力科学与工程》2012年第28卷第4期。

法》（1987年通过，1995年修正，2000年再修正），在第九条规定国家"鼓励和支持开发、利用太阳能、风能、水能等清洁能源"。《中华人民共和国水法》（1988年颁布，当年实施）第十六条规定"国家鼓励开发利用水能资源"。1995年颁布的《中华人民共和国电力法》第五条规定"国家鼓励和支持利用可再生能源和清洁能源发电"；第四十八条规定"国家提倡农村开发水能资源，建设中、小水电站，促进农村电气化。国家鼓励和支持农村利用太阳能、风能、地热能、生物质能和其他能源进行农村电源建设，增加农村电力供应"。1997年颁布的《中华人民共和国节约能源法》第四条规定"国家鼓励开发、利用新能源和可再生能源"；第三十八条规定"各级人民政府应当按照因地制宜、多能互补，综合利用、讲求效益的方针，加强农村能源建设，开发、利用沼气、太阳能、风能、水能、地热能等可再生能源和新能源"。

与此同时，20世纪90年代中期，国务院及其有关部门发布了一系列相关决定、规定等法规、规章一级的规范性法律文件，如《中国1996—2010年新能源和可再生能源发展纲要》（1995年）、《新能源和可再生能源优先发展项目》（1995年）、《国家能源技术政策》（1996年）、《中共中央、国务院关于加强技术创新发展高科技实现产业化的决定》（1999年）、《国务院办公厅转发国家计委国家科委关于进一步推动实施中国21世纪议程意见的通知》（1996年）、《外商投资产业指导目录》（1998年）和《国务院关于扩大外商投资企业从事能源、交通基础设施建设项目税收优惠规定适用范围的通知》（1999年），以及经国务院批准发布的国家计委和国家经贸委《当前国家重点鼓励发展的产业、产品和技术目录》（2000年修订），经国务院批准财政部、国家经贸委、税务总局《关于调整部分资源综合利用产品增值税率政策的请示》（2000年）等。

原国家计委、科委、经贸委共同制定的《中国1996—2010年新能源和可再生能源发展纲要及新能源与可再生能源优先发展项目》提出了我国1996～2010年可再生能源的目标、任务和优先发展项目等。1994年，原电力部曾规定所有的电网必须购买风电场发的电，电价必须按本金和利息的偿付额定价，超过平均电价的部分由整个电网均摊。

近些年，中央政府在促进可再生能源技术研发、工程推广等方面投入了一些资金，通过科技、扶贫、农村电气化等资金项目对可再生能源项目给予补贴。如1990～1996年管理机构、示范工程及培训方面的管理费用达920万元；1996～2000年用于研究与发展的补贴达5亿元；2000年前后，国家经济贸易委员会为发展新能源提供1.2亿元的折扣贷款，水利部每年为小型水电工程提供折扣贷款3亿元，地方政府还对基层和用户给予不同程度的补贴。

通过个案处理方式，国家对可再生能源的某些项目或某些方面给予一定程度的税收减免、融资补贴、价格优惠。比如，对涉及可再生能源设备的进口环节的关税及增值税，以及可再生能源开发企业的所得税等给予临时性减免。1987年国务院决定设立农村能源折让贷款。中央财政提供融资，商业银行50%的利率用于可再生能源项目、小型风力发电机的制造（累计贷款总额达5000万元）及风电场建设（1996年达8.5亿元）。

在《可再生能源法》出台之前，我国可再生能源的开发利用已经具有相当规模。2002年我国小水电装机2840千瓦，居世界前列。太阳能热水器已安装4000万平方米，为世界第一。2003年风电装机达到57万千瓦，风电设备制造技术和水平有了很大的进步，已基本掌握了750千瓦风电机制造技术，并形成了批量生产能力。截至2003年已建农村户用沼气池超过1300多万口，年产沼气33亿立方米；已建大中型沼气工程2200多处，年产沼气12亿立方米；已推广被动式太阳房2660万平方米；已建生物质发电装机

200万千瓦，我国可再生能源产业的发展已经有了一定的基础①。

2. 产业快速发展期

2006年《可再生能源法》的颁布实施是我国新能源产业发展的一个里程碑。《可再生能源法》颁布实施之后，又相继出台了《可再生能源发电价格和费用分摊管理试行办法》、《可再生能源电价附加收入调配暂行办法》及《关于完善风力发电上网电价政策的通知》等配套措施，理顺了电网企业和发电企业之间的电价补贴以及电网企业之间的交易配额关系，从法律规章上建立了促进新能源产业持续发展的利益机制。

除对新能源发电进行补贴外，国家对新能源发电上网电价（见表6）也给予了高于火电价格的优惠政策。《可再生能源法》规定，电网企业按中标价格收购风电、光电等可再生能源，超出火电上网标杆价格部分，附加在销售电价中分摊。可再生能源电价附加最初的征收标准为0.002元/千瓦时，2009年11月调至0.004元/千瓦时。2012年1月开始实施的《可再生能源发展基金征收使用管理暂行办法》，规定可再生能源电价附加由0.004元/千瓦时调至0.008元/千瓦时。

一系列政策措施实施之后，新能源产业呈现强劲发展势头，装机容量（见表7）飞速增长。但是，我国的新能源发展并不均衡。风电发展最为迅速，目前我国已经成为世界第一大风电装机国家。光伏装机明显少于风电，在世界上的排名也不如风电那样靠前。以秸秆为燃料的生物质发电开始受制于原料来源的限制，其发展并不如预想的那么好。以市政垃圾为原料的垃圾焚烧发电项目带来了社会对环境污染的担忧，在一些地区还酿成了群体性事件。

---

① 何建坤、张希良、肖江平：《可再生能源立法研究与论证报告》，清华大学能源环境经济研究院，2004年12月。

表6　2007~2010年我国新能源发电上网电价

单位：元/（兆瓦·小时）

项目 年份	风电	核电	太阳能光伏	生物质能	火电
2007	617.58	436.23	—	—	346.33
2008	542.48	449.24	764.42	764.42	354.60
2009	553.61	429.39	570.11	570.11	377.15
2010	610.00	432.20	1170.00	750.00	394.77

注：2010年风电上网电价基于二类风场的数据。

资料来源：李春曦等（2012）。转引自国家电力监管委员会，2007~2008年《年度电价执行情况监管报告》和2009~2010年《年度电价执行及电费结算情况通报》。

表7　2007~2010年我国新能源发电装机容量

单位：兆瓦

项目 年份	风电	核电	太阳能光伏	生物质能	火电
2007	5610	8850	100	2200	556070
2008	8390	8850	145	3150	602860
2009	17600	9080	300	4300	651080
2010	29580	10820	700	5500	709670

资料来源：李春曦等（2012）。转引自国家电力监管委员会《2010年度发电业务情况通报》，2011。

专栏1　《可再生能源发展"十二五"规划》相关内容

目标	到2015年,可再生能源年利用量达到4.78亿吨标准煤,其中商品化年利用量达到4亿吨标准煤,在能源消费中的比重达到9.5%以上
重点	● 到2015年,水电装机容量达到2.9亿千瓦,其中常规水电2.6亿千瓦,抽水蓄能电站3000万千瓦;累计并网运行风电达到1亿千瓦,其中海上风电500万千瓦;太阳能发电达到2100万千瓦,太阳能热利用累计集热面积4亿平方米;生物质能年利用量5000万吨标准煤;各类地热能开发利用总量达到1500万吨标准煤,各类海洋能电站5万千瓦 ● 提出"十二五"时期可再生能源八大重点建设工程:大型水电基地建设、大型风电基地建设、海上风电建设、太阳能电站基地建设、生物质替代燃料、绿色能源示范县建设、新能源示范城市建设、新能源微电网示范建设

续表

重点	• "十二五"时期,要建立和完善支持可再生能源发展的政策体系,促进可再生能源技术创新和产业进步,不断扩大可再生能源的市场规模,努力提高可再生能源在能源结构中的比重 • 我国将组织100个新能源示范城市、200个绿色能源县、30个新能源微网示范工程建设,创建可再生能源利用综合示范区,同时,还将积极推进地热能、海洋能等新的可再生能源的技术进步和产业化发展

专栏2 《"十二五"国家战略性新兴产业发展规划》相关内容

目标	到2020年,力争使战略性新兴产业成为国民经济和社会发展的重要推动力量,增加值占国内生产总值比重达到15%,部分产业和关键技术跻身国际先进行列,节能环保、新一代信息技术、生物、高端装备制造产业成为国民经济支柱产业,新能源、新材料、新能源汽车产业成为国民经济先导产业
重点	• 加快发展技术成熟、市场竞争力强的核电、风电、太阳能光伏和热利用、页岩气、生物质发电、地热和地温能、沼气等新能源,积极推进技术基本成熟、开发潜力大的新型太阳能光伏和热发电、生物质气化、生物燃料、海洋能等可再生能源技术的产业化,实施新能源集成利用示范重大工程。到2015年,新能源占能源消费总量的比例提高到4.5%,减少二氧化碳年排放量4亿吨以上 • 在风电、太阳能、海洋能发电等可再生能源电力开发集中区域,示范建设以智能电网为载体、发输用一体化、可再生能源为主的电力系统;选择可再生能源资源丰富、经济条件较好的城市,在公共建筑、商业设施和工业园区推进太阳能、页岩气、生物质能、地热和地温能等新能源技术的综合应用示范;开展绿色能源和新能源区域应用示范建设,建成完善的县域绿色能源利用体系;在可再生能源丰富和具备多元化利用条件的中小城市及偏远农牧区、海岛等,示范建设分布式光伏发电、风力发电、沼气发电、小水电"多能互补"的新能源微电网系统。推进新能源装备产业化。到2015年,建成世界领先的新能源技术研发和制造基地

(三)产业现状

2008年金融危机之后,美国、中国都把发展新能源作为培育新的经济增长点、应对全球气候变化和环保压力的新兴产业,出台了一系列鼓励政策。人们寄予新能源缓解能源资源与环境压力的厚望，得到了国家政策的大力扶持和产业界的青睐。风电、光伏产业都曾经创造了辉煌的发展成绩。在"十一五"末期，中国在风电和光伏发电两个领域都是全球的"领头羊"。2009年，中国的新增装机容量和风机产量均占全球总量的大约1/3。2010年，世界光伏电池总产量的3/8是由中国企业生产的。

1. 风电

国家能源局监测数据显示，2013年新增风电并网容量1449万千瓦，累计并网容量7716万千瓦，同比增长23%，装机容量稳居世界第一。风电年发电量1349亿千瓦时，同比增长34%。风电成为继火电、水电之后中国的第三大能源。2014年上半年，全国风电新增并网容量632万千瓦，累计并网容量8277万千瓦，同比增长23%；风电上网电量767亿千瓦时，同比增长8.8%。2013年，中国出口风电机组338台，总容量65万千瓦，出口到美国、意大利、澳大利亚等21个国家和地区。

2014年国家能源局进一步优化风电开发布局，推动海上风电开发建设，加快推动清洁能源替代。到2014年底，全国风电并网装机容量超过9000万千瓦，年发电量达到1750亿千瓦时。

同样，国家采取了一系列政策措施推动风电产业的持续健康发展。国家能源局实施风电年度发展计划，加强风电产业监测和评价体系建设，采取有针对性的措施解决弃风限电问题，有序推进风电基地建设，继续保持了平稳较快的发展势头。2013年，风电利用小时数达到2074小时，同比增加184小时；全国平均弃风率为10.74%，比2012年降低了6个百分点。2014年上半年，全国风电弃风电量72.25亿千瓦时，同比下降35.8亿千瓦时；风电平均利用小时数为979小时，同比下降113小时；全国平均弃风率为8.5%，同比下降5.14个百分点（见表8）。

表8　风电发展情况与弃风治理

时间	新增并网容量 （万千瓦）	累计并网容量 （万千瓦）	上网电量 （亿千瓦时）	弃风电量 （亿千瓦时）	弃风率 （%）	利用小时数 （小时）
2013 年	1449	7716	1349	162.31	10.74	2074
2014 年上半年	632.06	8276.61	766.89	72.25	8.50	979

资料来源：国家能源局网站。

2. 光伏发电

国内光伏发电市场发育严重滞后于产能发展，导致面对欧美光伏"双反"时遇到了严重困难。风电由于并网消纳和产品质量等方面的问题，也遇到了困境。国家有关部门对新能源发展遇到的困难极为重视，通过与欧盟的多次谈判，最终达成了互相可以接受的协议方案。同时，为应对光伏行业遇到的困难，支持产业的良性发展，2013 年国务院出台了《关于促进光伏产业健康发展的若干意见》，在一系列配套政策支持下，光伏发电再次呈现快速发展的势头。截至 2013 年底，全国累计并网运行光伏发电装机容量 1942 万千瓦，其中光伏电站 1632 万千瓦，分布式光伏 310 万千瓦，全年累计发电量 90 亿千瓦时。2013 年新增光伏发电装机容量 1292 万千瓦，其中光伏电站 1212 万千瓦，分布式光伏 80 万千瓦[①]。

受益于国家利好政策的频频出台，国内市场应势启动。2013 年，中国首次超越日本、美国、德国，跃居世界光伏市场首位。国家能源局公布数据称，2014 年光伏发电建设规模新增备案总规模达 14 吉瓦，其中分布式 8 吉瓦，光伏电站 6 吉瓦。这比之前 9.5 吉瓦的规划提高近 50%，中国将继续巩固在全球光伏市场上的"老大"地位。《促进光伏产业健康发展若干意见》将 2015 年光伏总装机量

---

① 国家能源局：《2013 年光伏发电统计》，http：//www. nea. gov. cn/2014 - 04/28/c_133296165. htm，2014 年 4 月 28 日。

的规划目标从 20 吉瓦，进一步提高到 35 吉瓦以上，2013～2015 年，年均新增光伏发电装机容量 10 吉瓦左右[①]。

2014 年上半年，全国新增光伏发电并网容量 332 万千瓦，比上年同期增长约 100%。其中，新增光伏电站并网容量 233 万千瓦，新增分布式光伏并网容量 100 万千瓦。光伏发电累计上网电量约 110 亿千瓦时，同比增长超过 200%。甘肃、新疆和青海累计光伏电站并网容量最多，分别达到 445 万千瓦、367 万千瓦和 365 万千瓦。新疆新增并网光伏电站容量最大，达到 90 万千瓦。浙江、江苏和广东累计分布式并网容量最多，分别达到 70 万千瓦、53 万千瓦和 42 万千瓦。其中，江苏新增分布式光伏并网容量最大，为 27 万千瓦。全国各省（区、市）2014 年上半年新增光伏发电并网容量如表 9 所示[②]。

表 9　2014 年上半年新增光伏发电并网容量

单位：万千瓦

地区	新增光伏电站	新增分布式光伏电站	新增合计
全　国	233	99	332
天　津	1	—	1
河　北	14	5	19
山　西	17	1	18
内蒙古	22	—	22
辽　宁	2	3	5
上　海	5	2	7
江　苏	12	27	39
浙　江	10	17	27
安　徽	2	5	7

---

① 国家能源局：《2013 年光伏发电统计》，http：//www. nea. gov. cn/2014－04/28/c_133296165. htm，2014 年 4 月 28 日。

② 国家能源局：《2014 年上半年光伏发电简况》，http：//www. nea. gov. cn/2014－08/07/c_133539235. htm，2014 年 8 月 7 日。

地区	新增光伏电站	新增分布式光伏电站	新增合计
福　建	1	—	1
江　西	—	7	7
山　东	3	6	9
河　南	—	10	10
湖　北	1	1	2
湖　南	1	—	1
陕　西	—	1	1
甘　肃	15	—	15
青　海	17	—	17
宁　夏	8	—	8
新　疆	90	—	90
广　东	—	14	14
海　南	5	—	5
云　南	7	—	7

资料来源：国家能源局，http：//www. nea. gov. cn/2014 - 08/07/c_ 133539235. htm。

除风电、光伏发电之外，中国在生物质能源、地热、分布式能源、新能源汽车等可再生能源方面也有不同程度的发展。随着能源技术的不断进步，新能源将为我国减轻对化石能源和进口能源的依赖、保护环境、应对气候变化、保障能源安全等做出更大的贡献。但是，应避免过度补贴引发产能过剩问题的再次出现。

3. 生物质能源

（1）生物质直燃发电产业发展现状。

2012 年我国新增生物质发电核准容量 1156 兆瓦，截至 2012年底，全国累计核准容量达到 8781 兆瓦，其中并网容量 5819 兆瓦，直燃发电技术类型项目累计并网容量 3264 兆瓦，是应用最广泛的生物质能利用方式。在建容量 2962 兆瓦，并网容量占核准容量的 66%。2012 年全国（不含港、澳、台地区）生物质年上网电量 211.43 亿千瓦时。其中，华东地区 2012 年生物质年上网电量为

64.76 亿千瓦时，占全国总上网电量的 30.63%，居全国六大地区之首。江苏省生物质年上网电量为 32.62 亿千瓦时，居全国首位。

生物质发电行业的标杆企业在技术、成本方面已经形成明显优势，已投产的生物质发电项目实现稳定盈利。生物质发电技术研究和设备开发进展较快，目前已掌握高温高压生物质发电技术。

（2）生物质沼气工程产业发展现状。

截至 2011 年底，我国农业废弃物沼气工程已达到 12.3 万处，年产沼气约 13.77 亿立方米。其中，大型沼气工程 4.7 万处，年产沼气约 7.3 亿立方米；中型沼气工程 1.4 万处，年产沼气约 3.47 亿立方米；小型沼气工程约 6.2 万处，年产沼气约 3 亿立方米。

经过 20 年的发展，我国大中型沼气工程发酵工艺技术体系已基本成熟，相关装备技术进行了大量的标准化、系列化和产业化开发，取得了重要进展，还积极引进了国外的新材料与新工艺。另外，沼气利用设备，如燃气锅炉、大型灶具、沼气发电机组的研制也有进展。

（3）生物质成型燃料产业发展现状。

2010 年，我国生物质成型燃料生产厂家约 250 家，产量超过 350 万吨，近几年生物质成型燃料产业发展比较迅速，有多家生物质成型燃料企业相继投入生产，在国家产业政策的引导下，建立了多处年产万吨以上的产业化生产基地。总体而言，生物质成型燃料产业处于产业化示范推广阶段。

目前，我国生物质成型燃料技术发展已比较成熟，设备生产率、设备能效和工作部件使用寿命有较大提高，但大型生产线存在自动程度偏低、生产系统运行稳定性较差等问题。

（4）生物质液体燃料产业发展现状。

2011 年，4 个陈化粮乙醇项目和广西中粮木薯燃料乙醇项目合计生产燃料乙醇约 190 万吨，随着国家加大对粮食乙醇项目投资建设的政策限制，木薯燃料乙醇、甜高粱燃料乙醇将成为未来燃料乙醇项目的投资重点。据不完全统计，2010 年我国生物柴油产能超过 100 万吨，但受原料供应限制，全年产量约 40 万吨。

粮食乙醇与木薯乙醇生产技术基本成熟，甜高粱乙醇技术取得初步突破，纤维素乙醇技术研发取得较大进展，建成了若干小规模试验装置。生物柴油技术体系基本形成，生物质酯化技术和生物酶法合成技术分别进入应用推广和中试示范阶段。

4. 非常规油气

我国页岩气勘探工作主要集中在四川盆地及其周围，鄂尔多斯盆地，西北地区主要盆地。总体看来，页岩气试点工程主要集中在中南部页岩气发育地带。

中国的页岩气资源开采难度要高于美国。美国的页岩气资源多数位于平原地带，蕴藏地区水资源丰富。而中国的页岩气资源或者位于北方缺水地带，或者位于南方和西南多山地区，地质情况复杂。因此，对中国页岩气发展前景不宜过于乐观。

2009 年 10 月，国土资源部在重庆市綦江县启动了中国首个页岩气资源勘查项目。截至 2011 年底，中石油在川南、滇北地区优选威远、长宁、昭通和富顺－永川 4 个区块，完钻 11 口评价井，其中 4 口直井获得工业气流。中石化在黔东、皖南、川东北完钻 5 口评价井，其中 2 口井获得工业气流，优选了建南和黄平等有利区块。中海油在皖浙等地区开展了页岩气勘探前期工作。延长石油在陕西延安地区的 3 口井获得陆相页岩气发现。中联煤在山西沁水盆地提出了寿阳、沁源和晋城三个页岩气有利区。

2012 年 3 月，国家能源局发布了《页岩气发展规划（2011—2015 年）》，根据该规划，在"十二五"期间，计划完成探明页岩气地质储量 6000 亿立方米，可采储量 2000 亿立方米，实现 2015 年页岩气产量 65 亿立方米，基本完成全国页岩气资源潜力的评估与勘探，为"十三五"打好基础，目标是到 2020 年力争达到页岩气年开采量 600 亿～1000 亿立方米。如果这一目标得以实现，我国天然气自给率有望提升到 60%～70%，并使天然气在我国一次能源消耗中的占比提升至 8% 左右。

2013 年中国页岩气产量达到 2 亿立方米，中石化、中石油勘探开发已经粗具规模，并都已实现对外输送应用，二者将 2015 年产量目标分别上调至 50 亿立方米与 26 亿立方米，这标志着我国页岩气商业化已经提速[①]。

2014 年 7 月 17 日，国土资源部发布数据称，中石化涪陵页岩气田为大型优质的页岩气田，储量为 1067.5 亿立方米。至此，"中国第一个大型页岩气田"正式诞生，涪陵稳坐头把交椅。

5. 新能源汽车

新能源汽车既有纯电动汽车，也有油电混合动力汽车。无论是纯电动还是混合动力汽车的技术进步和产业化扩展，都涉及储能电池这一关键技术环节。储能电池需求的提升，催生了电池行业的快速发展，也引起了对不同技术路径的争论，并形成各自的子产业。以石墨烯为基础材料的新型电池材料，以及各种新型储能技术的出现，将带来更广泛的产业增长空间。

据中国汽车工业协会统计，2013 年中国新能源汽车产量达 17533 辆，比上年增长 39.7%。其中，纯电动汽车 14243 辆、插电式混合动力 3290 辆。中国新能源汽车的销量为 17642 辆，比上年增长 37.9%。其中，纯电动汽车 14604 辆、插电式混合动力 3038 辆[②]。

---

① 《页岩气关键技术获重大突破　6 大概念股解析》，和讯网，http：//stock. hexun. com/2014－10－14/169300662. html。

② 《2013 年 12 月汽车工业经济运行情况》，汽车工业协会统计信息网，http：//www. auto－stats. org. cn/ReadArticle. asp? NewsID＝8279。

在"十二五"的新能源汽车鼓励政策中，我国选择了纯电动汽车作为主攻方向。现在看来，相比混合动力汽车，纯电动汽车在技术完善上还存在瓶颈，在推广上仍存在更多的障碍。

电池行业是新能源汽车的配套行业，我国的电池行业在新能源汽车市场拉动下取得了长足的发展。我国新能源汽车扶持政策偏向纯电动汽车，因此，导致电池行业应用于混合动力的镍氢电池市场形势不如应用于纯电动汽车的锂离子电池市场。

2013年，我国锂离子电池总产量达337亿瓦时，同比增长14%；销售收入超过650亿元，同比增长5%。其中，智能手机、平板电脑等移动智能终端市场大幅增长，带动消费型锂离子电池市场增长，销售收入同比增长15%；动力型锂离子电池市场同比增长30%，销售收入达40亿元。我国锂离子电池产品占全球市场份额的比例从2012年的26.9%上升至2013年的30%，居世界第二位。

2013年，锂离子电池设备销售收入达40亿元，同比增长超过30%。受通信基站、新能源电站等新兴储能市场带动，2013年储能型锂离子电池市场规模大幅增长至20亿元，增幅达43%[①]。

2014年电动汽车用动力电池产量增加明显。2014年上半年产量为8.04亿瓦时，超过2013年全年的3.6亿瓦时，其中的重要原因是新能源汽车补贴政策进一步明确，促进了新能源汽车产销量快速增加，上半年产销量达到2.04万辆（超过上年全年产量），带动动力电池市场规模快速增长。锂离子电池行业新增投资持续增加。东部、中部地区在电池领域新建、扩建项目较多，正负极材料、隔膜材料等领域的骨干企业纷纷实施或计划扩建，韩国三星、

---

① 《2013年我国锂电池行业规模持续扩大　产值860亿》，华人电池网，http://www.bty168.com/quote/show.php？itemid=995，2014年5月3日。

SDI、LG 化学等企业也分别在西安、南京等地加大锂离子电池投资建厂力度[①]。

我国同时是镍氢电池的生产大国。镍氢电池现主要应用于混合电动车方面。全球 70% 以上的镍氢电池在中国生产，中国的镍氢电池生产企业主要包括超霸、豪鹏、比亚迪、环宇、科力远、力可兴、三普、迪生、三捷、量能、格瑞普等。日本企业，如松下、汤浅、三洋已将小型镍氢电池生产转移到中国。混合动力汽车用大型镍氢电池主要在日本生产，生产企业主要为 Primearth 电动车能源公司（PEVE）和三洋电机。由于松下和三洋两公司合并，松下的湘南工厂卖给了中国科力远公司。因此，大型镍氢电池已主要由松下生产。我国镍氢电池增长乏力，近几年的产品产值、产量均未超过 2008 年的高峰。2011 年，镍氢电池的产值、产量分别为 55 亿元、9.5 亿只，与 2008 年相比分别下降 15.38%、26.36%。产品规模的缩小使得镍氢电池更不具规模经济效应，未来发展前景堪忧，其发展空间仍然取决于混合电动车的应用情况[②]。

四 产业技术进步

新能源产业是高度依赖技术进步的新兴产业。研究新能源产业发展过程中的技术形成来源，以及技术进步的推动机制，对于了解新能源产业的发展规律、制定相应的扶持政策是十分必要的。

（一）新能源产业的技术进步特点

技术进步的来源是现代经济学中的重要内容。一般来讲，技术

---

① 参见伟仕电源网站，http：//www.wispower.com/xinwen/? news11422.html。

② 《镍氢电池》，全球金属网，http：//www.ometal.com/zhuanti_n/nieqingdianchi/。

进步有多个来源，包括：沿原有技术路线的技术进步与技术突破，技术路径变革带来的技术飞跃；转化效率提高带来的技术进步，材料制造技术提高带来的技术进步；能源效率提高带来的技术进步；管理与集成技术带来的技术进步，如风电预测准确率提高；设备大型化带来的技术进步；学习曲线与规模经济。

技术进步周期的不同阶段对应着产业周期的不同阶段。第一个阶段，是实验室阶段，也可以说是概念阶段，这一阶段的主要目标是形成产业的基本技术路线。第二阶段是产业的导入期，通过示范性和推广性项目，在特定环境下实现产业技术的初步应用，并逐步扩大其应用范围，在这一阶段，产业技术路线得以基本固定，生产技术日益成熟。第三阶段是大规模商业化阶段，由于技术日渐成熟，应用范围迅速扩大，伴随学习曲线和规模效应，生产成本迅速下降，同时参与厂商的增加使竞争加剧、价格下降。第四阶段是产业成熟阶段，技术进步步伐趋缓，市场集中度有所提高，整个产业演变为普通型产业，新进入厂商明显减少。

从技术进步的角度考虑，新能源的子产业可以分为三类：第一类是技术进步潜力很大、速度很快的新能源品种，如光伏、光电、风力发电、电池材料等。第二类是技术比较成熟，技术进步空间不大的新能源，如生物质发电、生物质制气、淀粉乙醇、地热发电等。第三类是创新式应用，如节能建筑材料与设计、能量管理、地源热泵与制冷等，这一类新能源技术主要是应用方式的创新，其技术进步并不明显。

（二）风电产业的技术进步

风电产业的技术进步主要表现在两个方面：设备的大型化和成本的下降。国内企业在这两个方面都取得了较大的进步。

我国风电机组研制技术表现出来的发展趋势主要是风电机组功

率向大型化发展。2012年中国新安装的风力发电机组平均功率为
1646.3千瓦，继续保持增长趋势（见图4）。其中，功率为1.5兆
瓦的机型占新增装机容量的63.7%，较上一年的74%有所下降；
功率为2兆瓦的机型占26.1%，较上一年的14.7%大幅增加；功
率为2.5兆瓦及以上的机型占6.6%，较上一年的3.5%也有所增
加。单机功率小于1兆瓦的风电机组市场份额仅占1.06%；其他
如1.65兆瓦、2.3兆瓦、1.25兆瓦等几类机型合计占2.55%[1]。
从这些数据可以看出，风电机组大型化趋势非常明显。

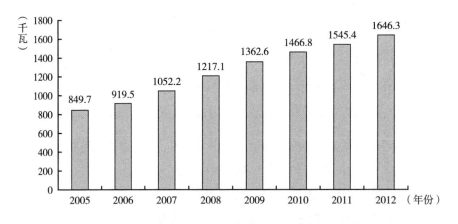

图4　2005～2012年全国平均单机容量

资料来源：李俊峰等：《中国风电发展报告2013》，中国环境科学出版社，
2013。

随着风电产业的技术进步，风电机组价格也呈现下降趋势
（见图5）。由于风电主机的成本占风电项目投资成本的70%左右，
因此，风电机组价格下降将大大提高风力发电的竞争力。不过，当
前的价格下降一部分是由于技术进步，另一部分是由激烈的市场竞
争造成的。

---

[1]　李俊峰等：《中国风电发展报告2013》，中国环境科学出版社，2013。

全球风能理事会的研究显示，风电成本的进一步下降，40%依赖技术进步，而60%将依赖规模化发展[①]。

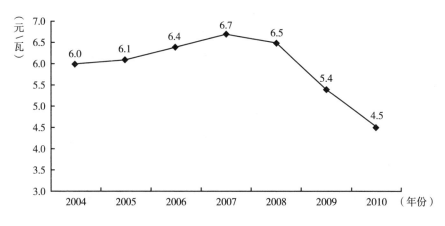

图5 2004~2010年的风电整机价格走势

资料来源：彭亚利、杨葳、钱蔚：《好风凭借力：全球化塑造中国风电产业》，《埃森哲卓越绩效研究院报告》2011年第3期。

（三）光伏产业的技术进步

我国光伏产业在市场形成规模经济之后，光伏组件价格呈现持续下降趋势，从2007年的32元/瓦，下降到2012年的4.5元/瓦，下降幅度达86%；光伏电价从3.2元/千瓦时，下降到1元/千瓦时；组件使用寿命从20年上升到30年。从能源效率角度看，2008~2012年，晶硅电池的光电转化率从15%提升至20%[②]。

对未来光伏发电的技术进步与成本下降趋势，不同研究的结论相差很大。比较乐观的估计是，到2020年，光伏发电的上网电价将达到0.6~0.8元/千瓦时，2025年光伏发电全面达到平价水

① 国家发改委能源研究所：《中国2030年风电发展展望》，2010。

② 王斯成：《光伏发电的发展现状和趋势》，2013年中国电机工程学会年会，http://www.csee.net.cn/data/upload/day_140506/201405060948536930.pdf。

平，不再需要国家补贴。然而，即便如此，光伏发电从消费利用的规模经济性方面看，无法与火电、核电、水电等传统电力相比，不太可能成为大电网的主要电力来源。但是，光伏电力作为边缘地区的分布式能源或者离网电力的来源，以及与风能、天然气发电、抽水蓄能发电等互补组成混合式的电力来源，却是大有发展潜力的。

因此，我们仍期待光伏发电在未来实现更大的技术进步和成本下降。从目前的情况看，单晶硅－多晶硅路线光伏发电的技术进步来源可以有两条：一是晶硅制造技术的提升；二是发电效率的提高。光伏成本发展路线如图 6 所示。同时，不能忽视其他替代技术经济路径的前景，如薄膜电池等。

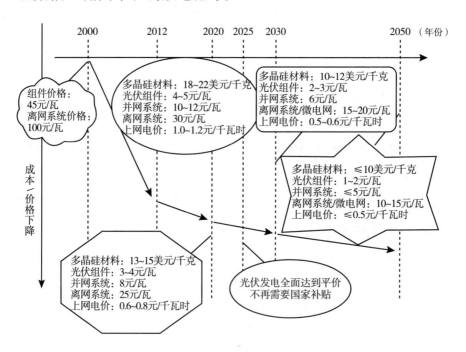

图 6　光伏成本发展路线

资料来源：王斯成：《光伏发电的发展现状和趋势》，2013 年中国电机工程学会年会，http：//www.csee.net.cn/data/upload/day_ 140506/201405060948536930.pdf。

（四）生物质能源的技术进步

1. 生物质发电

生物质发电技术并不是一项新技术，它与传统的燃煤火电技术并无根本性的差异。从温室气体排放角度看，它相当于零碳能源，即把生物固化的碳通过燃烧再排放到大气当中。从环境保护的角度看，生物质发电相当于节约了煤炭等化石能源，从而减少了二氧化硫、氮氧化物等污染物的排放（注意不是零排放，植物等生物质中也含有硫、氮等元素）以及开采煤炭引起的其他环境损害。

生物质直接燃烧发电主要适用于较大规模的电厂，一般在25～50兆瓦才能形成规模效益，但投资成本较高，投资效率一般为0.8～1.2万元/千瓦，是影响发电成本的重要因素。生物质气化发电的投资成本也较高，投资效率为0.6～1.2万元/千瓦，适用于较小规模的分布式发电系统。一般在6兆瓦以下的系统可采用内燃机发电机组，虽然效率较低，但投资成本也较低，可为0.6～0.8万元/千瓦，在村镇和中小企业具有广阔的应用前景。6兆瓦以上装机容量的系统可采用燃气锅炉，以汽轮机发电，投资成本与直接燃烧发电相当。生物质－煤混燃发电主要适合于污染严重、技术落后的中小煤电厂改造，投资成本较低，为0.3～0.6万元/千瓦。沼气技术是有机废弃物处理的常规手段，包括高浓度有机废水、有机垃圾和禽畜粪便的处理，这些处理工程中增加沼气发电系统对沼气开展综合利用，投资成本较低，在不计厌氧工程投资的情况下应为0.6～0.8万元/千瓦。今后，大型国产沼气内燃发电机组（800～1500千瓦）的开发将为实现这一低投资成本提供保障。

中国目前最主要的生物质资源仍是农业废弃物，品种多，资源分散，收集和运输困难，而且季节性强，原料供应的稳定性差，受作物种植规模等农业发展情况影响很大。生物质燃料成本与当地的生物质燃料市场、劳动力价格、农村生产生活习惯等有关。与发达国家以农场为主的农业生产方式不同，我国农业生产以农户为主，多数地区户均耕地占有面积很小，生物质资源分散。农业废弃物收集手段落后，导致生物质发电的原料成本居高不下。这一方面限制了生物质发电项目的规模；另一方面，使生物质发电成本远高于大型的燃煤发电成本，影响了生物质发电的市场竞争力[①]。因此，以植物资源为原料的生物质发电的技术进步主要来自相应的工业锅炉技术，如流化床技术的应用，以及更主要地来自原料收集体系的管理技术进步。

2. 生物乙醇与生物柴油

与生物质发电相似，液体生物燃料的技术也不是创新型的新技术，实际上是旧有技术路线的新应用。目前生物乙醇的应用最为广泛，但是它引起了有关粮食安全的争论，其在中国的发展陷于停滞状态。目前的技术攻关与突破集中在纤维素乙醇领域。如果这一领域能够取得突破，将会引起新的新能源产业革命。

尽管影响生产成本的因素很多，但是减少原料生产供应成本和价格则是最主要的方面。生物液体燃料成本构成表明，原材料费用在生产成本中占的比重很大，一般为 60% ~ 80%，各种生产酒精的原料经济性比较如表 10 所示。

[①] 生物质发电的投资成本描述来自中国可再生能源规模化发展项目"生物质发电电价研究"（中国可再生能源规模化发展项目管理办公室。咨询专家：袁振宏，2009 年 3 月）。

表 10　各种生产酒精的原料经济性比较

项目	鲜木薯	木薯干片	甘蔗	甘蔗糖蜜	玉米
原料价格(元/吨)	430	1200	260	650	1780
原料单耗(吨)	7	2.8	16	4.5	3.2
原料成本(元/吨)	3010	3360	4160	2925	5696
酒精加工费(元/吨)	800	600	700	500	800
酒精生产成本(元/吨)	3810	3960	4860	3425	6496
酒精市场价(元/吨)	4100	4100	4100	4100	4100
盈亏额(元/吨)	290	140	-760	675	-2396
原料成本占总成本比重(%)	79	85	86	85	88

注：以 2009 年 4 月末广西现货价格为基准计算。

资料来源：《南宁（中国 - 东盟）商品交易所甘蔗糖蜜现货交易手册》，2010。

生物柴油目前仍处于试验阶段，主要攻关方向在于寻找新的油料植物。

（五）新能源汽车的技术进步

我国高度重视电动汽车技术的发展。根据国家发改委《电动汽车科技发展"十二五"专项规划》，在"十五"期间，启动了"863"计划电动汽车重大科技专项，确立了"三纵三横"（三纵：混合动力汽车、纯电动汽车、燃料电池汽车；三横：电池、电机、电控）的研发布局，取得了一大批电动汽车技术创新成果。"十一五"期间，组织实施了"863"计划节能与新能源汽车重大项目，聚焦动力系统技术平台和关键零部件研发。经过两个"五年计划"的科技攻关以及北京奥运会、上海世博会、深圳大运会、"十城千辆"等示范工程的实施，我国电动汽车从无到有，在关键零部件、整车集成技术以及技术标准、测试技术、示范运行等方面都取得了重大进展，初步建立了电动汽车技术体系，已申请专利 3000 余项，颁布了电动汽车国家和行业标准56项，建成30多个节能与新能源汽车技术创新平台。科技创新为我国新能源汽车战略性新兴产业的形成奠定了良好基础①。

（六）其他领域的技术进步

新能源技术领域非常宽泛，光伏、风电、生物质能源只是其中技术比较成熟的三种。未来在新能源技术领域的突破，还将创造新的产业增长点。可以说，新能源产业就是由技术进步产生和推动的。其他新能源产业的技术进步可以分为以下几类。

第一，非常规油气资源开采的技术进步。我国拥有丰富的页岩气、页岩油、煤层气、致密气资源，海上油气田蕴藏量也非常丰富。目前以中石油、中石化、神华公司等为首的能源企业都十分重视非常规油气资源的开采技术。2014年10月13日中央电视台《新闻联播》报道，我国用于地下水平井进行分段的"分割器"——桥塞商用成功，这使我国成为继美国和加拿大之后第三个使用自主技术装备进行页岩气商业开采的国家。

第二，新的能源来源，既包括目前已经进行较多试验的潮汐能、海洋能、地热能、薄膜电池、太阳能集热发电、纤维素乙醇、海上风电等，也包括海藻提炼生物柴油、新的能源植物、新型光电材料与发电技术等尚停留在实验室阶段的技术创新。

五　政策讨论

新能源产业作为新兴的战略性产业，它的良性发展有赖于政策的支持。但是，政策扶持有一定的条件和限度，如果长期

---

① 国家发展和改革委员会：《电动汽车科技发展"十二五"专项规划》。

依赖政策扶持，或者扶持政策不适当，就难以培养产业的长期生存能力，其也难以成为真正的产业。本部分针对新能源产业政策的若干重要方面进行讨论，并给出了发展新能源产业的政策建议。

（一）产业政策的理论探讨

1. 产业政策存在的第一个经济学理论基础是市场失灵

新能源产业之所以受到世界各国的普遍重视，其出发点就在于能源领域普遍存在的资源节约与环境保护目标（包括应对气候变化目标）尚无法由市场自发地解决。化石能源的利用过程所产生的大量环境负效应（当然还有能源行业的垄断行为），是市场失灵的一个典型表现。图7是各种能源涉及人类健康和环境变化的外部成本的测算结果，是联合国环境署的研究成果。其结果表明，化石能源的外部成本普遍高于可再生能源。值得注意的是，可再生能源也是有外部成本的。

为实现上述目标，发展新能源产业之外的政策选择可以分为两类：供给侧政策与需求侧政策。供给侧政策包括提高生产者的能源效率、减少生产过程的污染物排放，如提高强制性能源效率标准，提高环境排放标准，提高能量与物质的循环利用水平等；需求侧政策包括提高能源产品的资源税、环境税，鼓励采取节约型的生活方式，强制性废弃物回收等。这些政策选择的总目标就是减少能源消耗。

减少能源消费政策的目的是延缓传统化石能源和铀矿资源这种可耗竭资源的耗竭过程，发展新能源则提供了一些替代性的选择，甚至希望在可耗竭资源真的消耗殆尽的时候可以有替代品来满足未来的能源需求。在欧洲部分国家，可再生能源的比例已经达到了比较高的程度，如德国2014年第一季度可再生能源占电力消费量的

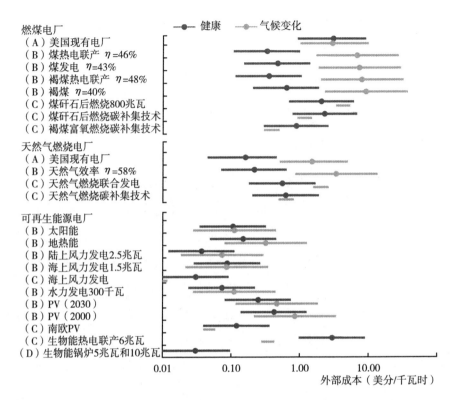

图7　与全球人类健康及环境变化相关的能源外部成本

注：η 为能量效率。

资料来源：IPCC，2011；UNEP，2011。

比例已升至创纪录的 27%[①]。值得注意的是，德国是一个工业大国，与芬兰、丹麦等国家在能源消费量上有本质的区别，这显示出可再生能源确实可以在能源供应上占据举足轻重的地位，可以部分地替代传统化石能源与核电。以此为证，通过产业政策推动新能源发展来实现可持续发展目标是值得的。

---

① 《德国可再生能源占电力消费比例创新高》，新华网，http：//news. xinhuanet. com/fortune/2014 - 05/10/c_ 1110625896. htm，2014 年 5 月 10 日。

2. 产业政策存在的第二个经济学理论基础是产业技术进步

技术进步是经济增长的源泉。自主研发和技术扩散（技术外溢）是技术进步的两种主要形式，这两种形式的技术进步都会引起经济扩张。一项生产技术从实验室开始，走向中试，再到大规模工业化生产，有一个技术效率提高和生产成本下降的过程（见图8）。这一过程的基础是规模经济和学习曲线效应。规模经济是指它需要一定的市场规模，来支撑企业的生存，并提供一定的利润水平来保持后续的研发投入，此外只有达到一定的规模，才能有效地摊销固定成本；学习曲线效应是指随着生产时间的积累，所有参与者变得更有经验，从而使事故率和次品率都下降，并带动成本的下降。

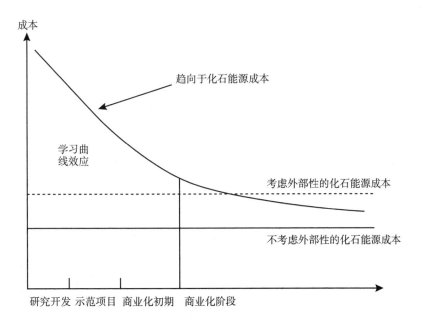

图8　新能源商业化过程

资料来源：何建坤、张希良、肖江平：《可再生能源立法研究与论证报告》，清华大学能源环境经济研究院，2014。

因此，从生产技术走出实验室进入示范项目阶段，它就开始需要一个数量不断成长的市场。但是，由于它的成本还不足以和已经成熟的替代品（如新能源与化石能源）相竞争，就需要由政府部门为其提供一定的补贴来弥补这一成本差距。

一个新的技术创新要形成新产业一定要具备可以摆脱财政补贴而独立生存的能力，如果必须长期依赖外部补贴才能生存，这样的产业是无法长久的。但是，技术创新一定会遵循从萌芽、培育、成长、成熟直至衰落的产业生命周期过程，在技术萌芽阶段，尤其是与其竞争的技术路线比较强势的背景下，确实需要外部条件来为它创设一个相对稳定的市场，从而使它赢得时间来逐步降低其成本[1]。

能源领域是技术进步最快的领域之一，未来实现低成本清洁能源仍然要依靠技术创新与进步。随着技术的成熟，可再生能源成本降低，这使得其竞争能力较其他能源技术逐渐提高，从而有可能最终在能源市场中占有一席之地。

3. 向传统能源征税还是补贴新能源？

为实现发展新能源的政策目标，目前主要使用各种正向激励，即通过补贴、强制购买份额等手段，为新能源尤其是新能源电力提供市场空间。但是，从经济学的角度，还有另外一种选择，那就是对传统化石能源征收更高的资源税与环境税来提高使用传统能源的成本，矫正其过度消耗、污染排放及温室气体排放，并改变传统能源与新能源之间的成本对比，使市场需求向新能源倾斜。由于能源价格在国民经济中的基础性地位，再加上传统能源已经形成了强有力的产业集团，这种政策很难出台和实施。

---

① 李平、刘强：《低成本清洁能源之思考》，《当代经济管理》2014年第10期，第1~4页。

如图 9 所示，不考虑外部性的化石能源成本和考虑外部性的化石能源成本之间有一个差额。能源政策既可以对化石能源征税，从而使厂商生产成本等于社会综合成本，也可以对新能源进行补贴，使其成本靠近不考虑外部性的化石能源成本，从而使新能源具备与化石能源相竞争的能力。

从欧洲的经验来看，应该是这种政策的结合才形成了可再生能源比例较高的能源供给格局。比如，在欧洲国家中，英国的汽油税为 0.92 欧元/升（约 1.19 美元），瑞典的汽油税为 0.89 欧元/升（约 1.15 美元），法国、芬兰、斯洛伐克的汽油税分别为 0.86 欧元/升（约 1.18 美元）、0.81 欧元/升（约 1.05 美元）、0.79 欧元/升（约 1.02 美元）；英国的柴油税为 0.94 欧元/升（约 1.22 美元），瑞典的柴油税为 0.80 欧元/升（约 1.04 美元），土耳其的柴油税则为 0.77 欧元/升（约 1 美元）[1]。较高的燃油税抑制了对石油产品的过度需求，也提高了新能源的成本优势。

值得注意的是，尽管通过税收能够提高化石能源的使用成本，对消费者的直接效应看似与涨价相似，但是，实际上的效应是很不同的。化石能源涨价将使传统能源产业集团获得更为丰厚的利润，其力量更为强大，更有力量促进有利于化石能源的政策出台。而税收从理论上说，是在全社会范围内进行二次分配，而且其分配原则是倾向居于多数的较弱势群体，如教育、医疗、社会保障等；或者有针对性地减少负的外部性，如污染预防和防治，资源消耗，地质灾难，社会不公等。因此，相比较而言，征税措施要优于涨价措施。

4. 补贴的时机选择与退出机制

表 11 显示了可再生能源技术成熟的 4 个阶段：研发、示范、

---

[1] 《土耳其汽油税 1.04 欧元/升高于欧洲各国》，新华社中国金融信息网，http://world. xinhua08.com/a/20120307/915033.shtml。

推广、商业化。也可以说，在技术路径的前三个阶段都需要一定的补贴，但是补贴的性质与目标存在差别。在研发阶段，需要由政府

表 11　可再生能源技术路径的生命周期

	研发	示范	推广	商业化
水电		流体动力涡轮机		河流 水库 抽水蓄能电站
生物燃料	水生植物衍生燃料	基于裂解的生物燃料 纤维素糖基生物燃料	气化基生物燃料 纤维素合成气基生物燃料	传统用途 锅炉 生活热水加热 小型/大型锅炉 厌氧消化 热电联产 共烧化燃料 燃烧供电 糖和淀粉基乙醇 植物和植物种子油燃料 气体燃料
风能	高海拔风力发电机	风力风筝	海上大型涡轮机	海上,大型涡轮机 分布式,大型涡轮机 涡轮机抽水
太阳能	太阳能燃料	太阳能制冷	太阳能烹饪 聚光光伏发电 聚光太阳能热发电	光伏(PV) 低温太阳能热利用 被动式太阳能房
地热能	海底热能	工程地热系统		直接利用 地源热泵 热流,U 形管 热流,冷凝管
海洋能源	海底热能	热浪 潮流 盐度梯度 海洋热能转换		潮差

资料来源：UNEP,《绿色经济》, 2011。

提供一定的资金帮助，这种帮助既可以投向公立研究机构，也可以是对企业研发投资的鼓励措施，如税收减免等。在示范阶段，需要对选定的若干示范项目进行补助。这两个阶段的补贴都是小规模的和定向的。

新能源技术进入推广阶段之后，就需要出台普适性的补贴政策，对具备条件的投资商应一视同仁。强制性可再生能源配额、固定电价、购电补贴等都属于这种推广性的普适性补贴。

全球可再生能源产业的发展验证了这一过程。各国通过可再生能源证书、财政补贴、配额政策等措施为光伏、风电等可再生能源产业创设了一个富于成长性的市场，之后其成本迅速下降。《可再生能源技术报告》指出，全球光伏板模块的平均价格从 1980 年的每瓦特 22 美元降低到 2010 年的每瓦特 1.5 美元（IPCC，2011）。成本的下降是研发、实现规模经济、产生学习效应和加强供应商间竞争的结果。

目前世界上已经有多种可再生能源技术路径，有的已经走向成熟的工业化阶段，有的在示范阶段，有的还处于实验室中。这些技术路径不会最终都进入工业化扩展阶段，只有那些具有显著成本下降潜力和大规模生产潜力的技术路径才能站稳脚跟。但是，在结果出来之前，并不能确定哪个技术路径能成功。

因此，能源政策应该鼓励能源技术创新，具体的政策，如对企业研发支出（R&D）进行退税或减税政策，也可以通过国家实验室支付基础性研究的成本等。在鼓励实验室阶段的技术创新之外，还应安排有前景的技术进行示范性建设，以检验其可行性。如果能够通过示范性阶段的检验，政策重点就应该转向市场创设阶段。这一阶段的政策从实质上讲，都是社会的补贴行为。

为保持整个产业的良性发展，产业补贴要符合以下两个原则：第一，补贴的水平应该有助于保护那些致力于技术进步的企业，也就是说，补贴水平不能过高，要使那些技术落后或者只是简单进行组装的企业无法实现赢利，避免行业内产能增长过快引起恶性竞争。第二，产业补贴要有明确的退出期或者退出机制，从而激励企业保持合理的技术研发投入。这一点对于保持适度的产能规模至关重要，否则企业就会依赖政府补贴而不思进取，并吸引过多的投资进入产业，从而一样会出现产能过剩、恶性竞争的局面[①]。图9是UNEP（2011）推荐的支持可再生能源在不同阶段的政策建议。

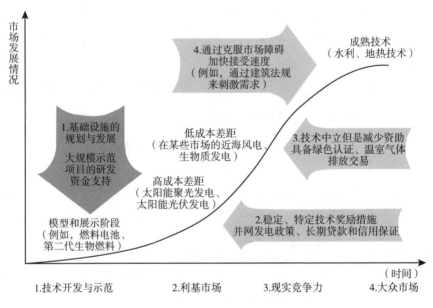

图9　支持可再生能源的一些政策

5. 供给侧补贴还是需求侧补贴？

补贴措施是对具有正的外部性的产品生产进行直接或间接（如减免税）的资金援助。就新能源来说，就是对新能源的生产者或者消费者进行补贴，或者同时补贴。比如，我国和其他一些国家都对风电、光伏、生物质发电等产业按发电度数进行补贴，使电网

---

① 李平、刘强：《低成本清洁能源之思考》，《当代经济管理》2014年第10期，第1~4页。

能够在财务成本上接受新能源电力，也有对企业研发活动的补贴或者由政府出资建立公共平台的做法。对消费者的补贴，如购买新能源汽车补贴，即对购买新能源汽车的消费者进行现金补贴或者减免部分税费。这两种补贴都能够取得一定的效果，其具体效果如何则取决于每种产品的成本收益分析。

6. 发展新能源的意义在于打破传统能源的垄断，并形成新的经济增长点

竞争性原则是市场经济的基本原则。垄断是制约创新、抬高价格、降低服务水平的重要障碍，对少数供应商和供应商品的依赖是能源不安全的重要原因。供给竞争意味着更多的选择空间，从而可以促进企业加大对创新的投入，降低个别厂商、个别行业提高价格的可能性，从而有利于降低能源组合的整体成本。

在能源领域，不仅应在每一个细分市场如石油、天然气、煤炭、热力、电力内部实现市场竞争，打破少数企业的垄断，还应通过消费端的技术手段，实现不同能源品种之间的竞争。比如，在汽车领域，除传统的燃油汽车之外，还可以有天然气汽车、纯电动汽车、混合动力汽车，以后还可以有基于太阳能的汽车可供选择。更进一步，如果通过发动机技术的改造，单辆汽车即可以在较大范围空间内实现燃油、醇醚燃料、电力之间的自由选择，则石油对车用燃料的垄断地位就可以被有效打破。

新能源的使用不仅有助于打破传统能源的垄断，增加消费者的选择，而且将形成新的经济增长点，促进就业，推动产业技术的进步和经济结构的转型。因此，发展新能源具有多方面的重要意义。

（二）我国新能源政策综述与评价

1. 建立了比较完善的新能源产业政策

我国的新能源政策分为五个方面：法律、规划、财税政策、强制配额与价格政策。经过多年的探索与努力，在这些方面都形成了比较完善的政策体系。世界各国应用的主要可再生能源政策见表12。

表12　世界各国应用的主要可再生能源政策

	经济激励政策（补贴/贷款/特许/财政措施）	非经济激励政策
研发	政府固定的研发补贴 提供示范、开发、试验设备等 无息或低息贷款	
投资	政府的固定投资补贴 投资补贴或担保上的投标机制 改投可再生能源产品或替代旧可再生能源设备的补贴 无息或低息贷款 投资税收优惠 投资贷款的税收或利息优惠	生产商和政府谈判协议
生产	长期保护性电价 以赢利运行为基础的保护性电价投标系统 可再生能源生产收入的税收优惠	生产配额制
消费	消费可再生能源的税收优惠	消费配额制

资料来源：何建坤、张希良、肖江平：《可再生能源立法研究与论证报告》，清华大学能源环境经济研究院，2004年12月。

（1）法律

2002年6月，《中华人民共和国清洁生产促进法》提出了清洁生产的概念。2006年我国颁布实施《可再生能源法》，是新能源发展的里程碑。《可再生能源法》为发展可再生能源的各种政策提供了法律的基础。该法规定，电网企业按中标价格收购风电、光电等可再生能源，超出火电上网标杆价格部分，附加在销售电价中分摊。

2007年10月，《中华人民共和国节约能源法（修正案）》发布，改进点主要在于：完善节能的基本制度，体现市场调节与政府管理的有机结合，增强法律的针对性和可操作性，健全节能标准体系和监管制度，加大政策激励力度。

2009 年 8 月，通过了《可再生能源法修正案（草案）》。此次草案的几项重要修改包括以下内容：中国的可再生能源发电将全面获得政府财政补贴，可再生能源发电的上网电价管理也将进一步完善。国家设立政府基金性质的可再生能源发展基金，确定其来源为国家财政年度安排专项基金和征收的可再生能源电价附加等。该草案还对可再生能源发电全额保障性收购制度提出了细化要求，要求国家有关部门制定全国可再生能源发电量的年度收购指标和实施计划，确定并公布对电网企业应达到的全额保障性收购可再生能源发电量的最低限额指标，电网企业应该收购不低于最低限额指标的可再生能源并网发电项目的上网电量。

（2）规划

经济社会发展规划与各能源专项规划中都对发展新能源与可再生能源提出了要求。以"十二五"为例，《能源发展"十二五"规划》提出，加快发展风能等其他可再生能源，要求：坚持集中与分散开发利用并举，以风能、太阳能、生物质能利用为重点，大力发展可再生能源。优化风电开发布局，有序推进华北、东北和西北等资源丰富地区风电建设，加快风能资源的分散开发利用。协调配套电网与风电开发建设，合理布局储能设施，建立保障风电并网运行的电力调度体系。积极开展海上风电项目示范，促进海上风电规模化发展。加快太阳能多元化利用，推进光伏产业兼并重组和优化升级，大力推广与建筑结合的光伏发电，提高分布式利用规模，立足就地消纳建设大型光伏电站，积极开展太阳能热发电示范。加快发展建筑一体化太阳能应用，鼓励太阳能发电、采暖和制冷，太阳能中高温工业应用。有序开发生物质能，以非粮燃料乙醇和生物柴油为重点，加快发展生物液体燃料。鼓励利用城市垃圾、大型养殖场废弃物建设沼气或发电项目。因地制宜利用农作物秸秆、林业剩余物发展生物质发电、气化和固体成型燃料。稳步推进地热能、海洋能等可再生能源开发利用。到2015年，风能发电装机规模达到1亿千瓦；太阳能发电装机规模达到2100万千瓦；生物质发电装机规模达到1300万千瓦，其中城市生活垃圾发电装机容量达到300万千瓦。

专栏3　"十二五"时期能源资源开发重点

　　大型风电基地：建设河北、蒙西、蒙东、吉林、甘肃、新疆、黑龙江以及山东沿海、江苏沿海风电基地，到2015年，大型风电基地规模达到7900万千瓦

　　太阳能电站：按照就近消纳、有序开发的原则，重点在西藏、内蒙古、甘肃、宁夏、青海、新疆、云南等太阳能资源丰富地区，利用沙漠、戈壁及无耕种价值的闲置土地，建设若干座大型光伏发电站，结合资源和电网条件，探索水光互补、风光互补的利用新模式

资料来源：国家发改委《能源发展"十二五"规划》。

　　同时，《能源发展"十二五"规划》要求推动能源供应方式变革，以发展分布式能源、智能电网、新能源汽车供能设施为重点，大力推广新型供能方式，提高能源综合利用效率，促进战略性新兴产业发展，推动能源生产和利用方式变革。

专栏4　"十二五"时期分布式能源发展重点和目标

天然气分布式能源	发展重点：推进天然气分布式能源示范项目建设，在城市工业园区、旅游集中服务区、生态园区、大型商业设施等能源负荷中心，建设区域分布式能源系统和楼宇分布式能源系统；在条件具备的地区，结合太阳能、风能、地源热泵等可再生能源，建设能源综合利用项目
	发展目标：到2015年，建成1000个左右天然气分布式能源项目、10个左右各具特色的天然气分布式能源示范区；完成天然气分布式能源主要装备研制，初步形成具有自主知识产权的分布式能源装备产业体系

续表

	发展重点:推进分布式可再生能源项目建设,以民用建筑为重点,在城市推广太阳能热水、太阳能发电、地热能、垃圾发电等新能源技术应用;在城市社区、工业园区、企业等能源消费中心,积极开展分布式风能、太阳能发电、地热能等资源综合利用;在条件适宜地区,大力推动新建建筑应用太阳能热水系统,实施光伏建筑一体化工程;在重要风景名胜区周边、林区、边远和农村地区,合理布局离网式风电、太阳能发电、小水电和生物质能等可再生能源项目
分布式可再生能源	发展目标:到2015年,分布式太阳能发电达到1000万千瓦,建成100个以分布式可再生能源应用为主的新能源示范城市

资料来源:国家发改委《能源发展"十二五"规划》。

　　《能源发展"十二五"规划》还对智能电网和新能源汽车发展提出了要求。该规划提出加快智能电网建设,着力增强电网对新能源发电、分布式能源、电动汽车等能源利用方式的承载和适应能力,实现电力系统与用户互动,推动电力系统各环节、各要素升级转型,提高电力系统安全水平和综合效率,带动相关产业发展。建设新能源汽车供能设施,加强供能基础设施建设,为新能源汽车产业化发展提供必要的条件和支撑,促进交通燃料清洁化替代,降低温室气体和大气污染物排放。结合充电式混合动力、纯电动、天然气(CNG/LNG)等新能源汽车发展,在北京、上海、重庆等新能源汽车示范推广城市,配套建设充电桩、充(换)电站、天然气加注站等服务网点。着力研发高性能动力电池和储能设施,建立新能源汽车供能装备制造、认证、检测以及配套标准体系。到2015年,形成50万辆电动汽车充电基础设施体系。

　　与新能源"十二五"期间发展相关的规划还包括《风电发展"十二五"规划》、《电动汽车科技发展"十二五"专项规划》、《风力发电科技发展"十二五"专项规划》、《国家能源科技"十二五"专项规划》、《煤层气(煤矿瓦斯)开发利用"十二五"规划》、《生物质能发展"十二五"规划》、《太阳能发电发展"十二五"规划》、《太阳能发电科技发展"十二五"专项规划》、《太阳能光伏产业"十二五"发展规划》和《页岩气"十二五"发展规划（2011—2015 年）》等。此外，还有《农业生物质能产业发展规划（2007—2015 年）》和《节能与新能源汽车产业发展规划（2012—2020 年）》等中长期规划。

（3）财税政策

我国已经初步建立了支持发展新能源的财税政策体系。财政支持新能源的重点如下：石油替代产品，包括生物液体燃料、煤制油；技术成熟且近阶段可实现较大规模煤炭替代的可再生能源，如风电以及太阳能、地能在建筑中应用等。另外，根据太阳能光伏发电等其他新能源技术与产业发展状况，促进新能源多元化全面发展。

财税政策体系包括以下方面。

投资补贴政策。我国政府从 1987 年起设立了农村能源专项贴息贷款，主要用于大中型沼气工程、太阳能的利用和风电技术的推广应用。农村每个沼气池的补贴平均为 800～1200 元；给予每吨燃料乙醇 1300～1800 元的生产补贴，与美国对燃料乙醇生产的补贴持平。

研究与发展投入政策。中央政府的可再生能源研究开发政策主要体现在两个方面：一方面，资助可再生能源的研究和开发，给予补贴；另一方面，支持可再生能源发展，制定并实施了一批大型发展计划。

税收减免政策。中国政府制定了可再生能源电力技术的增值税和所得税减免制度，小水电增值税税率从正常的 17% 降到 6%，风电降到 8.5%，生物质发电降到 13%。风电和生物质发电项目的所得税税率由 33% 降到了 15%。对于列为高科技产品的风机零部件，机组及整机的进口可以享受进口税优惠或减免。其他电力设备也可以享受类似的待遇，但是关税要视个别情况而定。

（4）强制配额

《可再生能源法》规定了为大型电力企业分配的可再生能源"强制配额制度"。这些公司中的每一个都必须生产或者购买一定比例的可再生能源电力。到 2010 年和 2020 年，大电网覆盖地区非水电可再生能源发电在电网总发电量中的比例分别达到 1% 和 3%以上；权益发电装机总容量超过 500 万千瓦的投资者，所拥有的非水电可再生能源发电权益装机总容量应分别达到其权益发电装机总容量的 3% 和 8% 以上[①]。

（5）价格政策

政府文件明确要求电网允许风电就近上网，并收购全部电量，上网电价按"发电成本 + 还本付息 + 合理利润"的原则确定，并规定高于电网平均电价的部分采取全网共同承担的政策。按风能资源状况和工程建设条件，将全国分为 4 类风能资源区，相应制定风电标杆上网电价。4 类资源区风电标杆电价水平分别为每千瓦时 0.51 元、0.54 元、0.58 元和 0.61 元。今后新建陆上风电项目，统一执行所在风能资源区的风电标杆上网电价[②]。

对于生物质发电，法律规定每千瓦时给予在当地燃煤脱硫标杆电价的基础上增加 0.25 元的固定电价，这一定价制度的结果是生物质发电固定电价为每千瓦时 0.55 ~ 0.60 元，足够吸引私人企业的投资。

---

① 国家发展和改革委员会：《可再生能源中长期发展规划》，2007 年 9 月。
② 国家发展和改革委员会：《关于完善风力发电上网电价政策的通知》（发改价格〔2009〕1906号）。

2. 化石能源实际上享受的环境补贴是造成新能源成本劣势的主要原因

燃烧化石燃料和传统燃料形成的污染将造成很高的间接成本。化石燃料的不完全燃烧产生的PM10和PM2.5污染，以及其他形式的空气污染（硫化物、氮化物、光化学烟雾、重金属等）对人类健康有致命危害（UNEP、WMO，2011）。在美国，由于燃烧化石燃料，每年耗费在人类健康方面的花费达到1200亿美元，大部分花费在成千上万死于空气污染的未成年人身上（NRC，2010）。国际能源署的研究表明：2005年，控制空气污染的成本达到1550亿欧元，而至2030年，该成本将会增长至原来的3倍（IIASA，2009；IEA，2009）。

尽管化石能源利用产生的环境负面外部效应，给当代人及后代带来健康方面的损害，但是各国政府出于经济方面的考虑，不愿意将这一负的外部性货币化。这一背景是导致可再生能源成本高、投资回报周期长、很难成为化石燃料的替代品的重要原因。

2012年3月国家电力监管委员会在其官方网站上公布了一份某环保组织的报告，认为中国十大发电集团的耗煤量总和占了全国煤炭总产量的1/5，其一年耗煤所造成的环境损失高达870亿元人民币[①]。以2011年火力发电量计算，相当于燃煤发电每度电的环境成本为0.0185元。不过，这一数据很有可能低估了燃煤发电的环境成本，因为它没有计算间接损失。比如，2002年发布的"两控区"酸雨和二氧化硫污染防治"十五"计划承认，每年酸雨造成的经济损失为1100亿元。而酸雨的主要来源就是煤炭燃烧。这一数据只包括酸雨的直接经济损失，并没有包括生态恶化的间接和长期损失。

---

① 参见中国电力新闻网，http://www.cpnn.com.cn/2012-03-07/201203061451595056.html。

　　除二氧化硫排放引起的酸雨污染外，我国以燃煤为主体的能源结构还带来了氮氧化物排放、烟尘排放、水资源损失、辐射污染、地质沉降等一系列环境问题，以及健康损害、职业病、矿难等社会问题。如果把这些外部成本都算上的话，传统化石能源尤其是煤炭能源的经济成本要远远高于可再生能源。表 13 是我国代表性燃煤电厂的主要污染物排放，表 14 是我国煤矿采出煤的放射性元素含量情况。据我国现有的资料，与联合国原子辐射效应科学委员会（UNSCEAR）的资料和 Swaine、Beck[①] 等人发表的资料相比，我国煤中放射性核素含量平均偏高。

表 13　代表性电厂机组的 SO_2、NO_x 和 PM（烟尘）排放水平

单位：克/千瓦时

	SO_2 排放速率	NO_x 排放速率	PM（烟尘） 排放速率
平圩电厂（1000 兆瓦机组）[a]	0.48	0.35	0.09
清河电厂（600 兆瓦机组）[a]	0.55	1.34	0.15
洛河电厂脱硫改造后[a]	0.27	0.68	0.26
（300 兆瓦机组）脱硫改造前[b]	2.94	1.46	0.52
清河电厂（200 兆瓦机组）[b]	3.36	2.19	0.56
清河电厂（100 兆瓦机组）[b]	3.41	2.41	6.38
小火电（9 兆瓦机组）[c]	11.00	6.40	11.30

注：a 为新建或在建机组，按其设计值的计算；b 为（要进行改造或替代的）现役机组，按其实际排放的计算；c 为（将要淘汰）现有的小火电机组，按其实际煤耗的计算。

资料来源：姜子英：《我国核电与煤电的外部成本研究》，清华大学工程物理系博士论文，2008。

[①] 黄文辉、唐修义：《中国煤中的铀、钍和放射性核素》，《中国煤田地质》2002 年第 14 期，第 55~63 页。转引自姜子英《我国核电与煤电的外部成本研究》，清华大学工程物理系博士论文，2008。

表14 全国煤矿煤的放射性核素含量分布

单位：贝可/千克

铀238			镭226			钍232			钾40		
范围	加权平均值		范围	加权平均值		范围	加权平均值		范围	加权平均值	
	样品	产量		样品	产量		样品	产量		样品	产量
3.4~9020	82.9	55.91	2.3~11200	72.22	38.9	2.2~4600	40.33	32.07	7~1200	149.8	101.8

资料来源："全国煤矿天然放射性核素含量数据库"，中国原子能科学研究院。转引自姜子英《我国核电与煤电的外部成本研究》，清华大学工程物理系博士论文，2008。

如果包括外部成本，传统化石能源尤其是煤炭要高于新能源，因此，成本并不是制约新能源发展的关键。阻碍新能源大规模发展的实际上是由于其规模经济性不如传统的化石能源、核电、水电，因此，无法满足大规模现代工业的能源需求。但是，如果我们不能理顺价格关系，就限制了新能源尤其是可再生能源的市场规模，造成其成本过高的假象。

因此，鼓励新能源发展的第一步是通过税收或者补贴的措施理顺传统能源与新能源之间的成本价格关系，然后通过鼓励技术进步、示范推广和相应配套措施提高新能源的规模经济性和用户友好性，使其能够适应电网或者燃气网这种已经形成的能源基础设施，或者另辟蹊径发展分布式网络，促进新能源市场的发展与壮大。

3. 国内可再生能源市场仍难取得突破

21世纪以来，我国可再生能源发展迅速，无论风电还是光伏发电都取得了举世瞩目的成绩。但是，从目前的情况看，可再生能源市场规模已经接近"天花板"。如果没有大的技术进步或者政策激励，很难取得市场突破。

在电力市场上，风电是成本最为接近燃煤电力的可再生能源，但是由于风电特殊的技术经济特性，电网消纳风电会形成对自身的冲击，并网光伏发电也存在类似的问题。另外，成品油市场已被中石油和中石化两家巨型央企所控制，替代液体燃料的生产仅限于少数几家企业，没有对社会资本开放，从而限制了技术创新与市场的扩大。

2013年以来，"弃风"现象虽有所缓解，但是问题并没有解决。公布的统计数据显示，2013年全国风电平均利用小时数为2074小时。国家电网区域利用小时数为2067小时，南方电网区域为2147小时。最低的吉林省只有1660小时①。2014年上半年，全国并网风电装机容量为8275万千瓦，发电量为785亿千瓦时，风电设备平均利用小时数为986小时，比上年同期降低114小时②。而美国和丹麦的年均利用小时数都在2500小时以上（2011年数据）。

由于我国光伏产业发展较快，而市场启动较晚，大量的光伏产能都是以出口为目标。2005年以后，中国光伏产业迅速吸引各类资本投资，加上各地政府的倾力支持，光伏组件产能迅速增长。2005～2012年，短短七年时间，中国光伏产能从0.42吉瓦扩张至35吉瓦，受到上游供应单位集中以及规模化生产等影响，中国光伏产品价格大大低于国外产品，迅速进入欧美市场。2012年的数据显示，当年中国光伏产品出口总量达到27吉瓦，占当年产量的85%左右，光伏市场严重依赖国外，且以欧盟市场为主。

2013年上半年，欧盟再次对华光伏产品"双反"，光伏产业顿时陷于困境，规模达全球第一的尚德电力也于2014年初进入破产重组模式。2013年8月，国家发改委接连下发文件，明确了全国范围内分布式光伏上网电价补贴标准为0.42元/千瓦时。另外，对集中式光伏发电项目进行划片区定价，最低档为0.9元/千瓦时，其次为0.95元/千瓦时以及1.0元/千瓦时。光伏发电项目除了能够弥补亏

---

① 国家能源局：《关于做好2014年风电并网消纳工作的通知》，2014。

② 北极星电力网，http://news.bjx.com.cn/special/？id=532288。

损，更是有了部分赢利，极大地刺激了下游光伏电站项目的开发。截至 2013 年底，中国新增光伏装机超过 10 吉瓦，是 2012 年总装机量的两倍。电池组件内销比例也从 2010 年的 15% 增至 2013 年的 43%。

截至 2013 年底，全国累计并网运行光伏发电装机容量 1942 万千瓦，其中光伏电站 1632 万千瓦、分布式光伏 310 万千瓦，全年累计发电量 90 亿千瓦时。2013 年全国发电装机增长情况见表 15。

但是，目前国内光伏市场尤其是分布式光伏市场仍然没有显著启动。分布式光伏普遍存在收益率低、屋顶难找、电网支持不足等问题。而且，很多拥有适应屋顶的单位并没有兴趣发展分布式屋顶光伏电站。

电动汽车的充电桩问题也比较相似。要发展电动汽车，必须有足够的、面向用户公开的充电桩网络。一般家庭都不可能为自己的车库建设充电桩，而各类停车场和加油站也没有意向建设充电桩，这种情况制约了电动汽车产业的发展。

表 15　2013 年全国发电装机增长情况

单位：万千瓦，%

指标名称	全年累计	
	绝对量	增长率
发电新增设备容量	9400	
其中:水电	2993	
火电	3650	
核电	221	
并网风电	1406	
并网太阳能发电	1130	
年末全口径发电设备容量	124728	9.3
其中:水电	28002	12.3
火电	86238	5.7
核电	1461	16.2
并网风电	7548	24.5
并网太阳能发电	1479	340

资料来源：《中电联快报统计》，国家能源局网站，2014 年 2 月。

4. 能源市场体制改革滞后，影响可再生能源发展

从绝对数量上看，中国新能源产业在近十年内取得了巨大的发展，多项指标位居世界前列。新能源电力装机情况如表 15 所示。但是，如果从所占份额和运行效果看，还有很大的提升空间。但是由于目前的市场结构和能源体制，国有企业之外的社会资本进入新能源领域受到制约。

现有的新能源投资，尤其是风力发电多数由大型国有企业投资，即使是民营资本投资的项目，在并网时也会受制于电网的消纳意愿。由于新能源项目的投资利润与传统能源无法相比，其对国有能源企业利润贡献能力很小，因此，这些巨型企业对新能源项目兴趣不大是很自然的。我国能源市场处于政府管理与国有企业垄断的双重约束之下，对于新能源企业的市场接入经常有意无意地设置了一些障碍。电网企业出于自身的利润考虑，没有足够的意愿支持可再生能源电力的发展，也没有意愿去投资建设充电桩。对于电网公司和石油公司来说，可再生能源的利润水平非常有限，难以调动它们的投资兴趣。

发展可再生能源最为重要的环节在于市场接入。而社会资本要进入能源市场，在上游资源大多被国有企业控制，下游买家又是市场控制力最强的电网企业的背景下，其赢利难以保障，或者势必要输送一大块利润给控制资源或下游市场的国有企业。赢利前景的不确定性影响了对新能源的投资。

因此，要实现新能源的突破式发展，能源体制改革是非常重要的基础性条件。

5. 能源供给结构中缺乏发展可再生能源必需的调峰电力

我国电力生产结构以燃煤电力为主。燃煤火电厂的启动与关闭都需要几天的时间，不像以天然气为燃料的发电厂和水电可以随时启动、关停，其调峰能力非常弱。在这种结构下，燃煤火电厂与新

能源电力之间的互补性非常差。而发展新能源电力尤其是风电、光伏发电这种波动很大的电力供应，需要类似天然气发电这种类型即启即停的电力作为调峰电力。因此，电网公司不愿意消纳过多的风电和光伏电力，也是可以理解的。

相比之下，美国和欧洲很多国家都有大量的天然气发电厂，通过电网智能化和可再生能源电力的生产预测系统，可以实现准确的调峰行为。有些国家的可再生能源电力占到总电力消费的30%（不包括水电），远远超过我国的水平（2013年为2.6%）。

6. 产能过剩问题

我国很多行业在不同时期都存在产能过剩问题。产生这一问题的根源有很多，但是最直接的根源是中国劳动力资源丰富，土地与环境成本相对较低，在中国组织生产活动的综合成本要明显高于其他多数国家。光伏组件和风电设备制造业都曾出现过严重的产能过剩。

2013年12月5日，德勤发布了一份《2013中国清洁技术行业调查报告》，其中对中国2013年光伏市场发展趋势的描述为：尽管产业发展外部环境不断改善，业界对于中国光伏行业回暖预期乐观，但从目前中国光伏整个产业链来看，无论是上游制造业还是下游电站开发，产能过剩的矛盾依然十分突出。2012年，全球晶硅组件产能共60.3吉瓦，其中来自中国的产能就高达40吉瓦。也就是说，全球2/3的光伏产能在中国。而当年，全球光伏的装机容量也就是30.5吉瓦[①]。

然而，市场经济出现产能过剩是很正常的事情，激烈的市场竞争有利于降低下游市场的成本压力，并且在这一过程中淘汰落后产能。因此，问题的关键不在于是否存在产能过剩，而在于是否存在

---

① 《全球2/3光伏产能在中国产能过剩致企业濒临破产》，http://news.xinhuanet.com/energy/2013-05/27/c_124767577.htm，2013年5月27日。

淘汰落后产能的市场机制。如果落后产能不能退出，而以降低产品质量来维持微薄利润，并进行相互之间的血拼，产能过剩对于全行业来讲都是致命的。

不幸的是，我国光伏产业的发展就重复了这一产能过剩的技术经济路径。光伏行业技术门槛低，其扩张迅速。光伏行业的技术都固化在设备中，企业花钱从国外进口设备就能生产光伏产品。我国形成的绝大多数产能都是引进国外设备的产物，企业自身未拥有自主知识产权。光伏组件的基础是多晶硅和单晶硅行业，我国引进的"西门子法"生产技术属于西方比较落后的技术，生产过程中存在四氯化硅的环境污染问题，而且能耗也很高。因此，国内的光伏产能实际上是建立在环境与资源消耗的基础之上，从全周期看，其化石能源消耗一点都不低。

在国家有关政策的支持下，国内光伏市场有所启动，中国太阳能发电站投资领域不断升温。太阳能光伏制造企业纷纷向产业价值突出的下游渗透，投资发电站的建设。国电集团、中国华电、国投集团等大型国有能源企业纷纷通过合作或者独立建设的方式进入太阳能投资领域。可以说，此番行业挽救行动抑制了落后产能的退出，再次推动了产能的扩张。但是，毫无疑问，这种产能扩张是建立在大量财政补贴基础之上的，既有针对上游原材料行业的暗补（环境排放成本明显低于应有水平），也有针对下游市场，如光伏电站、屋顶式分布式光伏电站的明补。

与光伏组件行业把主要市场定为国际市场不同，风电设备行业主要受国内市场拉动。天则经济研究所发布的报告指出，风电设备产能利用率低于60%。与光伏产业类似，风电设备同样经历了大起大落。前几年，随着中国风电产业的迅速发展，众多企业进入风电制造行业。从2011年开始，中国风电新增装机年均增长率开始出现负增长，突然减速使国内风电设备40%以上的产能处于闲置状态①。

不过，风电机组制造企业之间的恶性竞争，使风机投标均价大跌，许多制造企业面临生存困境。经过近几年的产业重组和市场选择，这个问题有所缓解。目前，中国风电机组制造企业已减少至30家左右，产业集中度明显增强。然而，除了产能过剩，中国风电电网发展多年来严重滞后于风电场建设，"弃风限电"现象十分突出。据统计，2011年、2012年和2013年，全国风电场弃风率平均值分别达14.5%、17.1%和10.7%，这意味着每分钟都有大量的清洁风电被浪费②。

光伏组件和风电设备两个典型产业的发展历程表明，我国新能源产业甚至多数新兴产业的发展机制与技术经济形成过程存在严重的问题，其根源在于对生产行为的过度补贴行为，尤其是来自环境成本和土地成本人为压低所带来的隐性补贴，导致形成生产能力的门槛过低。只要有资金，不需要掌握多少技术就可以形成产能。在市场扩张时期，产能快速增长，无需技术投入就能获得可观利润；而产能的过快增长在短时期内就会摊薄企业的正常利润水平，使得企业无力进行技术研发活动。

7. 产业技术尤其是关键技术相对落后

新能源是各国重视的战略性新兴产业，其产业驱动力主要来自技术创新。我国尽管形成了较大规模的生产能力，但是，在产业技术水平上仍然落后于世界先进国家。

我国光伏产业排名前5位企业的产品大约90%用于出口，光伏生产设备基本上由国外进口，上游的硅料和硅锭生产在很长时间

---

① 《中国9大产能过剩行业发展情况分析》，中国有色金属网，http://www.acs.gov.cn/sites/aqzn/jptjnr.jsp? contentId=2815411654099，2014年8月13日。

② 《中国风电发展面对产能过剩与弃风限电问题》，集邦新能源网，http://www.energytrend.cn/news/20140410-8456.html，2014年4月10日。

内也依靠国外技术。多晶硅核心技术——三氯氢硅还原法垄断在美国、德国、日本等六七家企业手中，中国企业很难获得关键技术。改良西门子法是国内多晶硅企业一般采用的方法，属于欧美淘汰的旧技术，相对于国外最先进的硅烷法，其成本高、能耗大、污染重。在晶体硅、太阳能电池主流技术等方面，核心技术还主要掌握在国外企业手中，中国仍存在一定差距[①]。

我国风电设备制造业的技术形成也主要来自技术引进。虽然我国曾经在小规模风电机制造技术上拥有较好的基础，但是没有及时向大型化、并网风电机组制造方向进步，错过了产业发展的最好机会。后来的产业发展主要依靠购买图纸等方式引进国外技术，由于国内市场的高速发展期为企业带来了可观利润，多数企业忽视了对技术研发的投入。

在发展可再生能源电力的基础技术领域——智能电网方面，我国同样起步晚、投入少，发展落后于欧美国家，没有占得产业发展的先机。根据国际能源署（IEA）定义，智能电网是使用数字和其他先进技术监控与管理来自所有发电源的电力输送，以满足最终用户各种电力需求的一种电力网络。智能电网协调所有发电厂、电网运营商、最终用户和电力市场利益相关者的需求和能力，尽可能高效地运行系统的所有部分，最大限度地降低成本和环境影响，同时保证系统的可靠性、适应性和稳定性[②]。

智能电网标准的制定是一项复杂的系统工程，涉及很多技术与产业环节，而且需要一整套的技术标准体系。一旦在这一决定未来新能源发展的关键领域落后，就很可能再也无法赶上，只能被动地引进先进技术。

---

① 《多晶硅污染》，上海有色网，http：//www. smm. cn/newsseo/3040185. html。

② 《国际能源署"智能电网技术路线图"简述》，国家能源局能源节约和科技装备司网站，http：//www. chinaequip. gov. cn/2011 – 06/17/c_ 13935145. htm。

六　政策建议

推动新能源发展的政策是一个复杂的经济系统性问题。目前的政策多属于扶持与补贴政策，可以说是"就新能源讲新能源"，而较少有从整个经济体系的调整角度提出对策。本报告在前述分析的基础上，提出系统性的政策建议，希望能够推动新能源产业实现突破式发展。

（一）在保持宏观税负水平不升高的前提下提高传统能源使用成本

如前所述，化石能源享受的环境补贴是其比较优势的重要来源。如果考虑化石能源的环境成本，它相对于新能源的价格优势就会减少。因此，以执行更严格的环境标准的形式提高化石能源的使用成本，是增强环境保护、推动新能源发展的最根本措施。更高的环境标准意味着生产成本和消费价格的提高，并通过消费函数减少对化石能源的消费。

其他提高化石能源使用成本的方法包括资源税、环境税等措施。资源税是对化石资源利用导致的储量减少行为进行征税；环境税则是针对使用过程中的环境排放行为征税。从提高化石能源使用成本上来讲，都具有一定的效果。但是，资源税无助于使用中排放强度的降低；环境税则既可以减少总消费水平，也可以降低使用过程中的排放强度。

在实际执行过程中，这三种方法经常同时使用，区别在于不同方式的使用强度不同。从发达国家的经验看，其环境标准普遍较高，资源税水平也较高。由于对严重污染物几乎采取零容忍的态度，因此环境税的应用目前还不多。欧盟推出的碳税可以被视为一种环境税，在环境排放规制上，一般都要求达标排放。因此，排放标准的高低与执行力度的强弱成为环境规制是否有效的关键。

中国的环境排放标准明显低于发达国家。以车用汽油二氧化硫含量标准为例，美国的标准为10ppm，而当前我国国家第三阶段机动车污染物排放标准和国家第四阶段机动车污染物排放标准（国三和国四标准），汽油中的硫含量分别是不大于150ppm和50ppm。美国的柴油硫含量是10ppm，我们的国家标准为2000ppm，是美国的200倍。"国十条"仅要求到2017年达到137ppm，仍然是美国的10多倍。这个标准也并未完全得以实行。因此，即使中国与美国汽车保有量相近，且每车平均行驶里程相似，中国车辆的二氧化硫排放也将是美国的5倍。二氧化硫在空气中的存在与雾霾形成有直接的关系。

中国电力企业联合会统计，截至2012年底，累计已经投运火电厂烟气脱硫机组总容量约为6.8亿千瓦，占全国现役燃煤机组容量的90%[①]。与此同时，2012年累计已经投运火电厂烟气脱硝机组总容量超过2.3亿千瓦，占当时全国现役火电机组容量的28%。到2013年底，烟气脱硝机组占全国现役火电机组容量的比例提高到一半左右[②]。但是，这些脱硫脱硝设备基本上都是安装了却不运转，只是在应付检查的时候才运转一下[③]。

我国大气污染物排放控制标准低。除电厂、钢铁厂等大型用户外，大多数用煤小用户的排放标准低、管理不严。我国好的燃煤电厂烟尘的排放可达到每立方米30微克，二氧化硫排放可以控制到

---

① 《中电联发布2012年度火电厂烟气脱硫、脱硝产业信息》，中国电力企业联合会网站，http：//www.cec.org.cn/yaowenkuaidi/2013－03－19/98992.html，2013年3月19日。

② 《火电环保禁令7月实施多负责人称时间紧质量会打折》，新浪财经，http：//finance.sina.com.cn/chanjing/sdbd/20140214/163418217000.shtml，2014年2月14日。

③ 《去年北京20天一次雾霾迷城专家称要有减排清单》，人民网，http：//energy.people.com.cn/n/2014/0414/c71661－24891001.html。

30ppm 或者以下，但是国家控制标准是国际先进水平的 3~4 倍[①]。

这种对环境行为规制的失灵，一方面，导致环境污染加剧，雾霾现象频繁出现；另一方面，对发展新能源产业也是非常不利的。在化石能源经济优势明显的情况下，只有通过财政补贴才能弥补新能源的成本劣势。而任何财政补贴都增加了经济与社会的总体成本。它造成了我们一方面补贴污染行为，形成对化石能源的过量消费；另一方面，耗费大量资金补贴新能源的尴尬局面。

因此，我们建议国家有关部门要提高能源利用过程的排放标准，同时加强环境执法监督。这有利于形成对环境污染的全面遏制局面，强化清洁型新能源的比较优势；同时，有助于消除化石能源的负外部性，理顺经济体系的价格关系，减少对化石能源的过度消费。

（二）加速能源转换与煤炭替代过程

煤炭是我国能源供应的主体，也是造成大规模环境破坏的主凶，包括地质破坏、水系破坏、大气污染、土地污染、酸雨污染等。前已述及，以煤炭为主的电力结构限制了调峰电力的发展，只有减少燃煤发电发展能够即启即停的电厂，才能满足智能化电网消纳风电、光伏发电等不稳定电力来源的要求。

减少煤炭在总能源消费中的比例有两条道路可以依循：一是利用进口低硫煤炭为尚在服役期的燃煤电厂提供动力；二是把退出或将退出服役的燃煤电厂发电产能转换为天然气、生物质和风电等清洁电力。

中国能源结构过度偏重煤炭，对环境形成了巨大的挑战。只有

---

① 《李俊峰谈雾霾控制》，中国循环经济学会可再生能源专业委员会网站，http://www.creia.net/news/creianews/1700.html，2014 年 2 月 27 日。

实现能源转换，增加低排放的天然气、可再生能源、核能（保障安全的前提下），由煤炭带来的污染才可能从根本上得以缓解。尽管有人担心能源转换带来较高的能源成本，但是这种代价是必须付出的，否则全民族都将付出更大的健康代价。

我国煤炭资源已经不再丰富，经过30多年尤其是近十年的高强度开采，很多地区的煤炭资源都出现了开采难度加大、成本增加、资源储备减少的问题。同时，大规模北煤南运、西煤东运也带来了较高的运输成本和以石油换煤炭的问题。今后，沿海地区应加强煤炭的进口资源替代，多进口澳大利亚、印度尼西亚甚至美国的优质煤炭，减少内陆地区煤炭开采带来的生态破坏与环境污染。

十八届三中全会提出要调整资源价格体系，这是一个很好的机会，有利于通过价格体系的调整，在全社会有效分担由能源转换带来的成本增加。结合经济结构调整，应推进以下工作。

1. 发展天然气能源

天然气是最清洁的化石能源，除传统天然气之外，还包括致密气、煤层气、油层气、页岩气等。中国虽然传统天然气储量一般，但是如算上各种非常规天然气资源，总量也相当可观。另外，中国可以通过管道进口中亚、俄罗斯、缅甸的天然气，以及通过LNG形式进口澳大利亚、中东地区的天然气，今后还可以进口俄罗斯、蒙古国的煤层气资源以及北美洲的页岩气资源。

天然气能源既可以用于家庭炊事能源，也可以用于建设天然气电厂作为发展风电等可再生能源的调峰电场，以及发展风、光、天然气互补的分布式能源系统。

2. 安全发展核电

核电一直存在较多争议。2011年日本福岛事故之后，德国宣布弃核，中国暂停了一系列核电项目。但是，核电是唯一可以大规模替代煤电的可选项。核电安全问题更多的不是来自核电本身，而是来自各种人为责任事故。第四代、第五代核电技术基本上解决了安全问题，只是成本偏高。法国核电比例超过了60%，我国台湾地区主要依靠核电提供电力，日本也没有弃核，中国只要在保障安全的情况下仍然可以发展核电。建议逐步启动沿海地区的核电项目，同时选用安全性最高的核电技术，并参与国际上核电建设项目的竞争，培育我国经济新的竞争力和增长点。

3. 适度发展低污染替代能源与新能源汽车

2003年之后的十年是世界可再生能源发展的黄金时期，但是也引起了很多争论。问题的关键是技术与市场形成的时间差。很多技术还处于未成熟阶段，与传统能源技术路线的成本存在加大的差异。这时候是通过财政补贴或者可再生能源份额机制创设一个市场，来鼓励技术进步和成本降低，还是等待技术进一步成熟之后引导市场应用，这是问题的关键。

目前已经成熟的可再生能源是水电，其他如风电、地热发电、太阳能集热发电也在技术上比较成熟稳定，在一定条件下具备与传统能源相竞争的能力。在传统化石能源尤其是煤炭因资源税水平较低、污染的社会成本未计入价格的前提下，建议通过提高传统化石能源的资源成本，来推动传统能源的清洁化和推动可再生能源的发展。

除可再生能源之外，甲醇、乙醇、生物柴油等也可以作为替代能源投入市场。尽管目前还存在一定的技术性问题，但是应该鼓励各种替代能源的适当发展。

新能源汽车是降低汽车尾气污染、减轻雾霾的另一个选择。目前我国选用了纯电动汽车作为发展方向，但是这一路线面临汽车安全性方面的挑战。而油电混合动力在发达国家已经证明能够较好地提高燃油经济性。建议国家有关部门重新论证新能源汽车的产业技术路径，选取技术前景较好、推广可能性更大的新能源汽车产业技术路径，并出台适当的鼓励性政策。

（三）发展多种利用模式，形成更大的国内市场

中国是世界上最大的能源市场，能源与电力的消费、生产均居世界首位。但是，我国的光伏产业在很长时间内都把国际市场作为首要目标，风电虽然依托国内但依然受到限电的困扰。这反映出国内市场尤其是新能源市场的不成熟，也可以说启动不充分。要实现新能源产业的良性发展，国内市场的真正启动是无法回避的，具体建议如下。

1. 加速发展智能化电网

尽管智能电网目前仍处于概念和试验阶段，但是电网的智能化无疑是发展的方向。提高电网消纳能力将成为大规模风电基地良性运转的必要条件，也是解决存在多年的弃风弃光问题的主要抓手。而提高消纳能力的核心在于电网的智能化。智能化电网有三个必需的基础条件：准确预测能力、调峰调频电源保障、安全稳定的电网调控能力。

接入可再生能源电力的智能化电网的关键是发电预测系统，要对不稳定发电出力的未来发展做到准确把握才能及时采取有效的调峰调频措施，保障电网的安全稳定运行。要做到准确预测虽然有一定难度，但是在具备现代气象预测能力的条件下还是能够实现的。

由于可再生能源发电出力的波动性，调峰调频电站就显得非常重要。由于燃煤电厂并不适合作为调峰调频电源，发展天然气发电或者抽水蓄能电站对于建设智能电网就显得非常重要。我国北方的几大风电基地，以及蒙西和河西走廊两个基地可以与黄河上的水电站形成调峰调频组合，其他几个基地虽然没有这一条件，但是可以利用附近煤矿的煤层气资源作为天然气调峰电厂。目前，蒙东煤炭

基地、晋陕蒙煤炭基地的煤层气资源都没有好好利用，未来可以用于这一用途。

电网调控技术目前实际上已经比较成熟，而且还有进一步提高的空间。虽然智能电网对电网企业提出了较高的要求，但是为了中国的环境改善和能源结构的优化，电网企业应该承担起这一责任。

2. 发展区域分布式能源

"分布式能源"是指分布在用户端的能源综合利用系统。所用一次能源以气体燃料为主，可再生能源为辅，利用一切可以利用的资源；二次能源以分布在用户端的热电冷联产为主，其他中央能源供应系统为辅，实现直接满足用户多种需求的能源梯级利用，并通过中央能源供应系统提供支持和补充。在环境保护上，将部分污染分散化、资源化，争取实现适度排放的目标；在管理体系上，依托智能信息化技术实现现场无人值守，通过社会化服务体系提供设计、安装、运行、维修一体化保障。各系统在低压电网和冷、热水管道上进行就近支援，互保能源供应的可靠。分布式能源可以实现多系统优化，将电力、热力、制冷与蓄能技术结合，实现多系统能源容错，将每一系统的冗余限制在最低状态，利用效率发挥到最大状态，以达到节约资金的目的[1]。

我国可再生能源资源非常丰富，而且各种资源可以有效搭配。小水电、风电、光电、天然气发电、抽水蓄能发电、生物质发电等可以组成运转良好的小区域甚至小区楼宇的分布式清洁能源系统，为城乡居民生活提供稳定的电力供应。

今后应鼓励建设中小型可再生能源项目，如风电和光伏的接入配电网就地消纳，在西北、华北适宜地区，鼓励以分散式风电及储

---

[1] 《什么是分布式能源？》，中国燃气网，http://www.chinagas.org.cn/fbsny/dingyi/2012-08-07/3118.html，2012年8月7日。

能设施等为主、电网为辅的微型电网运行项目，创新风电就地消纳的模式。

3. 在东部发达地区发展低风速风电机组和海上并网风电

风电是成本上最接近燃煤火电的可再生能源，但是其瓶颈在于远距离输送与并网困难。发展远距离输送风电在经济上会大大提高风电的综合成本，而在沿海电力负荷中心发展低风速风电和海上风电，虽然看似成本较高，但是如果考虑建设远距离特高压直流输电线路的投资，那么无疑沿海地区的低风速风电和海上并网风电更为划算。

目前低风速风电和海上风电是风电产业技术进步最快的领域。随着低风速风电技术的不断进步，中东部地区和南方地区的分散风能资源的开发价值也逐渐提高，这些区域市场消纳能力较强，大力开发利用风电将进一步促进我国风电产业持续健康发展。海上发电虽然目前成本较高，但是海上风电不占用土地，环境影响小，且临近我国电力负荷中心区，可以就近消纳。目前东部地区的山东、江苏、上海、浙江、福建、广东等地都提出要发展海上风电。可以预计，未来随着技术进步的加快，我国海上风电将有更大的发展空间。

（四）建立和完善产业补贴评价体系

新能源产业的发展，目前基本上仍建立在财政补贴基础之上。但是，没有任何一个产业可以长期依赖财政补贴来维持生存。财政资金是全社会共有的资源，它的使用效益必须符合社会福利最大化的导向。如果它扶持的产业长期无法形成自我成长的能力，就会造成财政资源的浪费。因此，建立和完善产业补贴绩效的评价体系就非常有必要。

对新能源产业补贴的评价，应包括以下内容：产业是否在全周期内具有正的环境外部性；产业是否属于朝阳产业，而且受到国外企业的抑制需要一个保护期；产业技术是否已经超过了示范阶段并马上进入工业规模的生产阶段；是否可以在明确的时间内形成自我良性发展的能力；补贴是否有助于国内企业形成自主知识产权和产业技术创新能力；补贴是否投向了抑制产业形成与发展的关键环节；等等。

按照这种评价方法，我国光伏产业的问题就是，把补贴错误地大规模投向组件制造环节，从而形成了巨大的组装产能，然而由于没有解决光伏电站的应用环节（入网或独立应用），下游市场没有有效形成，大量的产能过剩并过度依赖国际市场。目前应该纠正这种偏向，把补贴从生产环节投入并网或独立应用环节中，如对屋顶光伏电站的建设和电价进行补贴。

生物质发电的补贴效果比较好。直接对电价进行补贴，拉平了生物质发电与燃煤发电之间的成本差距，而且生物质电厂所发电力与电网没有接入障碍，从而可有效地促进生物质发电的发展。

（五）建设以企业为主体的产业技术创新体制，支持关键技术研发

产业技术创新是新能源产业发展的主要动力，也是其竞争力所在。产业技术创新是一个复杂的系统性活动，它需要多方面力量的参与和社会研究与发展力量的集成。我国技术创新体制目前主要以国家公立的科研院所为主，国家投入大，收效一般。这反映出产业创新机制上存在很多问题，也是造成我国制造业大而不强的主要原因之一。

目前产业技术创新体制最大的问题就是主体不对称。由于产业活动主要由企业进行，而科研的主要投入却在公立科研院所，其活动目标并非推动企业技术进步，而是着眼于课题与获奖，其所研发的产业技术很容易与企业需求产生脱节。因此，国家应该分清公立

科研机构与企业研发活动的区别，前者的主要任务是基础研究领域，后者才是产业技术创新活动的主体。因此，财政资金中可以有比较大的一部分投向支持企业的有效科研活动。在实际操作中，具体做法并非从财政资金的二次分配中拨付一部分给企业，而是应该通过对研发活动的成本部分进行税收减免。

通过对新能源产业的研究，我们认为未来 5～10 年应该支持以下关键技术的研发活动，争取实现产业技术的突破。

1. 灵活能源单元技术

能源单元是指每一个进行能源最终消费的单元，如锅炉、汽车、电脑、家用电器等。随着工业技术的进步，设计能够适应多种燃料的设备已经不是问题。比如，汽车发动机经过改造，可以在一定范围内实现汽油与甲醇、乙醇燃料的任意比例混合。有的卡车发动机可以适应柴油和甲醇在一定范围内的混合；有的工业锅炉可以在天然气、煤制气之间转换；发电机组可以接受煤炭与煤矸石、生物质燃料在一定比例内的混配。此外，在新能源发电领域，风电、光伏发电与天然气发电相结合，可以建立高效的分布式供电系统。

灵活燃料是未来能源利用技术的一个重要发展方向。这种技术不但能够有效降低对少数能源的依赖，而且能够催生新的经济增长点。它很有可能与智能化电网一起成为下一代能源技术的突出代表，其实智能化电网也是一种在不同用能单元之间的灵活能源技术。

2. 非常规发电与微电网技术

毫无疑问，向社会供电的主体仍然是大型电网。但是，如果所有地区的电力都由主干电网来供电，未免成本太高，而且随着电网覆盖地区增加，其复杂程度也迅速提高，风险迅速累积。对于那些偏离主干电网的地区和相对独立的地区来说，发展分布式电力和微电网供电，是既经济又安全的办法，而且能够有效地利用各种可再生能源，能够与主电网实现互联。

此外，如上所述，低风速风电技术和海上风电技术也是关键性的技术环节，对这两项技术的推动有助于提高可再生能源的利用水平和利用效率。

3. 生物液体燃料与制气技术

我国生物质资源丰富，但是目前应用效率不高，很多资源都被浪费了。先进的生物质能源产业具有巨大发展潜力，生物质能源关键技术研发是当前生物质能源发展的主要任务。国家应支持原料植物、高效产油微生物、沼气微生物等种质的筛选和培育，鼓励基因技术在生物质原料物种开发中的应用，深入研究有关基因工程、代谢工程、酶工程的基础理论和应用等方面的科学问题，加强有关平台化合物及下游产品的基础性研究。推进纤维素水解、发酵生产平台化合物的示范项目，生物质气化多联产示范项目，纤维素生产乙醇、低浓度乙醇脱水制乙烯示范项目等工程的建设，提高技术产业化转化能力。支持国内和国际合作，鼓励成果共享，实现跨越发展。

（六）促进非常规能源有序发展

我国常规能源包括石油、煤炭、天然气资源，其储量并不能满足自身的能源需求，可以说，优质资源基本上已经耗竭。但是，根据最新的地质评估数据，我国的非常规油气资源还很丰富，包括页岩气、页岩油、煤层气、油层气、致密气等。以前我国曾经浪费了大量的煤层气资源，在经济快速增长时期，煤炭开采利润丰厚，对伴生的煤层气资源简单地放空了事。我国是世界第一大煤层甲烷排放国。2005 年，全国煤矿开采排放到大气中的甲烷约 140 亿立方米[1]。

---

[1] 王庆一：《中国煤炭工业面临根本性的变革》，《中国煤炭》2007 年第 2 期，第 19~23 页。

页岩气革命支撑了美国的能源独立政策，很多人对中国页岩气的发展也寄予厚望。我国已经出台了鼓励页岩气发展的若干措施，在西南地区的页岩气试采也已经取得了进展。实际上，页岩气和煤层气、致密气等气态能源在利用方式上比较一致，如果大规模发展都需要庞大管道网络的支撑。为实现我国能源清洁化的目标，加快发展气体燃料已经成为必由之路。页岩气、煤层气、致密气等非常规能源在其中需要发挥重要作用；否则，我国势必要进口大量的天然气，并重复石油进口快速增长的过程。

发展非常规能源可以借鉴美国的市场运作经验，通过向民营资本开放上游的勘探开发和下游的管网建设与终端输配送市场，吸引各种力量参与非常规能源的开发。

参考文献

1. 《BP 世界能源统计年鉴》，https：//www. bp. com/statisticalreview #BPstats，2014 年 6 月。

2. IEA，*Key Energy Statistics*，2013.

3. 《2013 全球可再生能源现状报告》，21 世纪可再生能源政策网（REN21）。

4. 李春曦、王佳、叶学民、喻桥：《我国新能源发展现状及前景》，《电力科学与工程》2012 年第 28 卷第 4 期。

5. 何建坤、张希良、肖江平：《可再生能源立法研究与论证报告》，清华大学能源环境经济研究院，2004。

6. 王斯成：《光伏发电的发展现状和趋势》，2013 年中国电机工程学会年会，http：//www. csee. net. cn/data/upload/day _ 140506/201405060948 536930. pdf。

7. 马玉荣：《从尚德破产看光伏危局》，中国破产法网，http：//www. chinainsol. org/show. aspx？id = 6756&cid = 3，2013 - 05 - 03。

8. 中国可再生能源规模化发展项目《生物质发电电价研究》（咨询专家：袁振宏），2009。

9. IPCC（2011），Special Report on Renewable Energy Sources and Climate Change Mitigation，Working Group Ⅲ-Mitigation of Climate Change，Edited by O. Edenhofer，R. Pichs-Madruga，and Y. Sokoma，Published for the Intergovernmental Panel on Climate Change.

10. UNEP，《绿色经济——实现可持续发展和消除贫困的各种途径》，2011。

11. 《"十二五"主要污染物总量减排核算细则》（征求意见稿），http：//www. zyepb. cn/news34/edit/UploadFile/201112/2011122695812413. pdf。

12. 姜子英：《我国核电与煤电的外部成本研究》，清华大学工程物理系博士论文，2008。

13. 王庆一：《中国煤炭工业面临根本性的变革》，《中国煤炭》2007年第2期。

14. UNEP and WMO（2011），Integrated Assessment of Black Carbon and Tropospheric Ozone：Summary for Decision Makers.

15. NRC（2010），Hidden Costs of Energy：Unpriced Consequences of Energy Production and Use.

16. IIASA（2009），Emissions of Air Pollutants for the World Energy Outlook 2009 Energy Scenarios Final Report（report prepared for the International Energy Agency using the GAINS model），Laxenberg.

17. IEA. （2009），*World Energy Outlook 2009*，OECD Publishing，Paris.

产 业 篇

Industries Reports

风电产业的技术形成与产业发展研究

刘 强*

摘 要:

本文对中国风电产业的发展历程进行了历史性的回顾,并对市场创设、技术形成与发展、发展中遇到的主要问题进行了分析与讨论。笔者认为,发展风电产业是实现能源清洁化和温室气体减排的重要举措,应该大力发展。但是,我国选择的发展大规模风电基地的技术经济路径,使得整个产业面临生产与消费之间在地理空间上的不平衡,加大了电网消纳风电的难度并提高了风电的综合成本。今后应该加强电力需求预测研究,拓展新的消纳模式,提高风电本地消纳比例。另外,

* 刘强,中国社会科学院数量经济与技术经济研究所资源技术经济研究室主任,全球能源安全智库论坛秘书长,副研究员,经济学博士。

还应通过发展智能电网和离网与分布式风电等措施，推动产业技术进步，促进风电产业的优化发展。

关键词：

风电产业　技术进步　市场创设　智能电网

风电产业可以说是我国 21 世纪以来发展最快的产业，2013 年风电装机容量是 2001 年的 2388 倍，为拉动投资、创造就业、减少温室气体排放等做出了重要贡献。在我国全社会注重治理雾霾的大背景下，风电作为低碳清洁的可再生能源，受到了各方面的重视。但是，在风电发展过程中也遇到了很多问题，如对电网的冲击、风电装机发展过快超出电网输送能力、风电设备本身的安全性、风电价格补贴等。

目前中国已经是世界上装机容量最大的国家。但是，与大多数产业相似，"产能过剩"、"关键技术依赖国外"和"自主创新能力不足"等老生常谈的问题同样上演于中国的风电产业。从理论上来说，一个市场创设型[①]的产业如何发展，是一个重要的理论与实践问题，值得深入探讨。

本报告将对中国风电产业进行深入分析，重点研究风电产业发展与技术扩散的过程与机制，以及推动产业良性发展的政策因素。

---

① 市场创设型产业是指一个如果没有来自政府的人为政策推动，就不会产生的产业。也就是说，如果单纯地依靠市场竞争，这一产业就无法产生。以风电产业、光伏发电产业为例，在正常条件下，燃煤火电、水电甚至核电的成本都显著低于风电和光伏发电，如果没有来自政府的补贴或强制措施，市场上以盈利最大化为目标的企业不会选择建设这样的项目。只有政府给予一定的补贴或者其他强制措施，企业才会选择这样的技术路线，从而产生一个新的行业。这种通过创设一个原本不存在的市场来形成的产业被称为市场创设型产业。

同时，以风电产业为例，探讨困扰中国产业发展中面临的上述共性问题，并提出相应的政策建议。

一 产业描述

（一）产业定义

产业定义的目的在于界定中国风电产业的产业链，也是界定研究的范围。根据产业特点，风电产业链构成如图 1 所示。

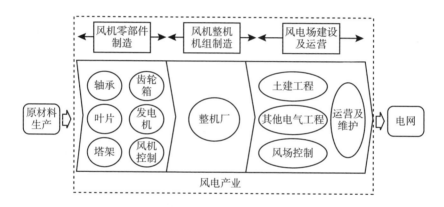

图 1 风电产业链构成

风电产业链可以按照生产阶段划分为三个部分。

1. 电网

电网作为市场的需求方，具有重要作用。电网的消纳能力与消纳意愿，决定了风电产业的发展空间。

2. 风电产业

包括风机零部件制造、风机整机机组制造、风电场建设及运营三个组成部分。风电产业自身的技术进步，是形成风电产业的必要条件。其中，风机生产商是制造业厂商，而风电场建设运营一般由电力公司进行。

3. 原材料生产

风机制造可以算得上高科技产业，风机需要在野外恶劣环境中运行，因此，对材料的要求相对较高。如风机对所使用的钢铁、铜线、碳纤维等都有较高的要求，原材料的价格走势也对风机的成本有重要的影响。

（二）产业特点

1. 我国拥有丰富的风电资源，具备发展风电产业的资源基础

风能是一种清洁的永续能源。与传统能源相比，风力发电基本不依赖外部能源，没有燃料价格风险，发电成本稳定。目前风电已经成为除水电之外成本最接近传统燃煤发电的可再生能源。

我国风力资源丰富，根据国家气象局的资料，我国离地10米高的风能资源总储量约为32.26亿千瓦，可开发利用的风能储量约10亿千瓦。其中，陆地上风能储量约2.53亿千瓦（按陆地上离地10米高度资料计算），海上可开发和利用的风能储量约7.5亿千瓦[①]。发展风电产业对于推动化石能源向清洁能源转变，以及实现绿色发展具有重要意义。同时，风电产业也是国家重点支持的战略性新兴产业之一。

2. 风电产业是典型的市场创设型产业

风电产业与其他产业最大的不同是，如果没有来自政府的扶持，它的市场就仅限于偏远地区、荒漠、海岛等普通电力网络无法覆盖的边缘市场，而不能成为一个快速发展的大规模产业。

---

① 参见中国科普博览网，http://www.kepu.net.cn/gb/technology/new_ energy/web/a4_ n18_ nn44.html。

从产品性质上讲，风电的竞争者——传统能源电力，如燃煤发电具有完全的替代性，甚至还要优于风电，因此，如果单纯依靠市场力量，在常规地区就不会存在风电的市场。出于发展绿色电力来减少温室气体排放和替代可耗竭化石能源的目的，政府选择通过补贴甚至强制手段来形成这一市场。一旦这种强力支持不存在，目前技术水平的风电产业在瞬间就会消亡。

对外部支持力量的依赖是风电产业的最大缺陷。新能源产业发展始终面临一个问题，就是如何推动行业本身的技术进步来降低成本，直到其成本可以与传统能源相竞争；否则，其发展是不可持续的。因此，技术进步是风电产业得以持续下去的关键要素，这是研究风电产业的出发点。

3. 风电产业是高度集成的技术创新型产业

风电产业集成了多项复杂技术，包括高强度、大半径叶片的生产技术，垂直轴风力发电机生产，控制系统技术，风力预测，风电出力平滑，风光互补，风电并网等。这些复杂技术集成在一个系统之内，对设计、制造、安装、运营维护、并网等都提出了很高的要求。正因为如此，风电产业在技术形成期需要较高的成本。伴随产业成长，每一个环节都可能发生明显的技术创新，包括关键材料的生产技术，发电效率的提高，关键零部件寿命的延长，维护水平的提高，设备利用效率的提高等。另外，生产规模的扩大和学习曲线的演进，也会导致风电产业成本迅速下降。这一特性是风电产业值得进行政策扶持的基础。因此，风电产业是典型的技术创新型产业。

实验室中不停地诞生新技术，但是一项工业技术能否从培育阶段进入大规模工业化，其关键在于能否为之提供一个快速增长的市场，这一市场由于规模经济会给工业技术提供足够的时间来降低成本，而成本的降低又反过来推动市场的扩大。一个典型的例子就是计算机技术从实验室走向大规模民用的过程。计算机技术产生之后，一开始只能用于少数部门，但是随后出现的工业市场为其降低成本提供了机遇，当成本下降到接近于普通家庭用户可承受水平的时候，就逐步打开了无限广阔的个人电脑市场。

未来随着风电产业的技术创新与市场的扩大，风电产业将克服目前遇到的困难，为能源清洁化做出更大的贡献。

4. 风电产业有极强的资产专属性

风电设备的专属性非常强，它只能用于发电，而且它的位置一旦选定，就和它的下游用户形成捆绑，没有再次选择下游用户的机会。因此，风电场与下游用户即电网的关系是极端不对称的，虽然上网电力目前不是由电网决定，但是电网可以单方决定是否消纳风电场的电力，以及消纳风电数量的多少。

与风电场和电网的关系相比，风电机生产企业与发电企业的关系要平等得多。发电企业可以自由决定购买哪家企业的风电设备，设备生产企业也可以自由决定卖给哪家发电企业。但是，在实际市场中，那些控制一定数量风电场资源的设备生产企业，以及拥有自己设备生产企业的发电企业就具有更多的话语权和定价权。

5. 风电项目的成败高度依赖资产利用率

在发电与电网分离的背景下，所有发电企业的利润水平都毫无疑问地受制于电力上网小时数。但是，风电在技术特性上与电网要求的平稳性存在冲突，因此，电网对风电的入网有严格的数量限制。相比火电、核电、水电项目，风电项目具有更大的不确定性。除受电网消纳能力的制约外，气候因素、政策因素都会影响风电项目的利润水平。无论风电场是否并网运行或效率高低，都会发生较高的折旧与财务费用。因此，发电资产利用率即并网消纳的发电小时数，对于风电项目来说是至关重要的。

（三）产业现状

世界各国都十分重视风电产业的发展。21 世纪以来，全球风电应用与风电产业发展迅速。REN21 （Renewable Energy Policy Network for the 21st Century，21 世纪可再生能源政策网络）统计，2013 年，全球新增 35 吉瓦风电装机容量，同比增长 12.4%，总装机达 318 吉瓦（见图 2）。从 2008 年底至 2013 年，全球累积装机容量的平均增长率达到了 21.4%，全球总装机容量增长了 7 倍。

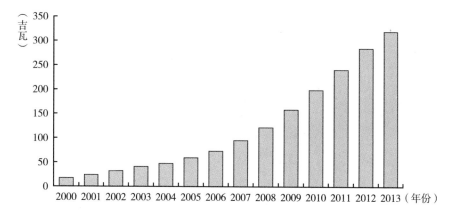

图 2　2000～2013 年全球风电装机容量

资料来源：REN21，2014。

2013 年，中国新增风电装机 16.1 吉瓦，总装机容量达 91.4 吉瓦，居世界第一位；美国以 61.1 吉瓦列第二位（见表 1）。截至 2013 年底，全球 85 个国家和地区安装了商业风电装置，71 个国家和地区累计装机超过 10 兆瓦，24 个国家和地区累计装机超过 1 吉瓦，其中排名前十位的国家累计装机占全球总装机容量的 86%[①]。

---

① REN21，Renewables Global Status Report 2014，http：//www. ren21. net/REN21 Activities/ GlobalStatusReport. aspx.

中国是风电装机增长最快的国家。根据国家能源局统计，2013年新增风电并网容量1449万千瓦，累计并网容量7716万千瓦，同比增长23%，装机容量稳居世界第一位。风电年发电量1349亿千瓦时，同比增长34%。风电成为继火电、水电之后中国的第三大能源。预计到2014年底，全国风电并网装机容量超过9000万千瓦，年发电量达1750亿千瓦时[①]（见图3）。据此推算，"十二五"规划1亿千瓦装机目标可以顺利完成。

表1　世界风电装机与2013年增量前十位国家

单位：吉瓦

国家或地区	2012年底	2013年增量	2013年底
中国	60.8/75.3	14.1/16.1	74.9/91.4
美国	60.0	1.1	61.1
德国	31.3	3.2/3.6	34.5/34.9
西班牙	22.8	0.2	23
印度	18.4	1.7	20.1
英国	8.6	1.9	10.5
意大利	8.1	0.4	8.5
法国	7.6	0.6	8.2
加拿大	6.2	1.6	7.8
丹麦	4.2	0.7	4.9
世界其他地区	41.0	7.0	48.0
世界合计	283.5	34.9	318.4

注：中国左侧数据为并网容量，右侧数据为总的容量。
资料来源：REN21，2014。

[①] 国家能源局：《2013年风电产业继续保持平稳较快发展势头》，http://www.nea.gov.cn/2014-03/06/c_133166473.htm，2014年3月6日。

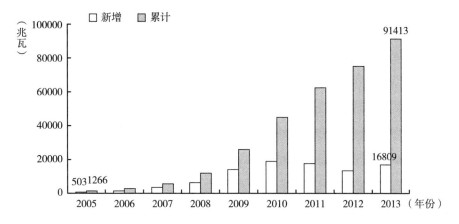

图3　2005～2013年中国风电装机容量增长

资料来源：历年《中国风电发展报告》。

　　风电产业是一个全球性的行业。全球风电制造企业主要集中在美国、中国、丹麦、印度、德国、西班牙等少数国家。就中国市场而言，这些外国的企业也都参与中国风电的发展进程，甚至外资企业一度成为市场的主角。但是，随着中国风机制造业的发展和国产化政策的实施，中国风机市场上内资企业已经占据了主导地位（见表2）。

表2　2013年全球市场排名前十位风电设备供应商

排名	制造商	装机容量（兆瓦）	市场份额（%）
1	维斯塔斯	4893	13.1
2	金风科技	4112	11.0
3	安耐康	3687	9.8
4	西门子	2776	7.4
5	GE	2458	6.6
6	歌美飒	2069	5.5
7	苏斯兰	1995	5.3

续表

排名	制造商	装机容量（兆瓦）	市场份额（%）
8	国电联合动力	1488	4.0
9	明阳电力	1297	3.5
10	恩德	1254	3.3
	其他	11448	30.5
	合计	37477	100.0

资料来源：BTM Consult-A part of Navigant Consulting，World Market Update 2013，转引自李俊峰等《中国风电发展报告2014》，2014。

（四）产业市场结构

1. 电网

风电产业的市场结构是一个金字塔形结构。在金字塔的最高一层是一个垄断的电网公司——国家电网公司或者南方电网公司。无论客观条件如何，电网公司的消纳能力和意愿是风电发展的重大制约因素。以2013年数据为例，新增装机容量1680.9万千瓦，新增并网装机容量为1449.2万千瓦；累计装机容量9141.3万千瓦，累计并网装机容量为7715.65万千瓦。新增和累计装机均小于相应的并网容量。

2. 风电开发

市场结构的第二层则是以国有发电公司为主的风电开发企业，2013年，华能、大唐、华电、国电和中电投五大发电集团新核准开发建设的项目容量为15247.9兆瓦，占全国当年新核准容量的49.2%（见表3）。截至2013年底，全国近1300家项目公司参与了我国的风电投资和建设，其中国有企业约960家，累计并网容量62440兆瓦，占全国总并网容量的81%。五大发电集团仍然是风电装机的主力企业，累计并网容量 42560 兆瓦，占全国总并网容量的 55%[①]。

表3　2013年主要投资企业核准容量统计

单位：万千瓦（十兆瓦），%

序号	投资企业	核准情况			
		2013年新增	占全国比例	2013年累计	占全国比例
1	国电	585.36	18.9	2622.08	19.0
2	大唐	301.31	9.7	1647.59	12.0
3	华能	278.09	9.0	1604.91	11.7
4	华电	174.13	5.6	875.99	6.4
5	中广核	245.45	7.9	799.50	5.8
6	中电投	185.90	6.0	677.38	4.9
7	国华	83.20	2.7	583.87	4.2
8	华润	105.91	3.4	415.35	3.0
9	三峡	92.65	3.0	290.98	2.1
10	京能	49.80	1.6	249.55	1.8
11	天润	61.20	2.0	241.55	1.8
12	中国风电	90.55	2.9	235.10	1.7
13	河北建投	58.40	1.9	228.08	1.7
14	中节能	34.95	1.1	208.95	1.5
15	中水顾问	17.55	0.6	110.29	0.8
16	中国水电	27.27	0.9	81.97	0.6
17	国投	9.90	0.3	69.30	0.5
18	其他	693.55	22.4	2822.51	20.5
	合计	3095.17	100.0	13764.95	100.0

资料来源：李俊峰等：《中国风电发展报告2014》，2014。

从市场集中度情况看，风电开发市场累计核准装机容量的 M3 比率（前三大企业的市场占有率之和）为 42.7%，M5 比率为

---

① 李俊峰等：《中国风电发展报告2014》，2014。

54.9%，M1 比率为 19.0%，这表明风电开发市场并不存在显著的垄断现象。尽管国有能源企业在获得风电场方面存在一定的优势，但是由于参与企业众多，因此，没有任何一家企业能够谋求支配性地位。

3. 风电整机制造

风电市场结构的第三层则是风电整机生产企业。整体机组总体技术壁垒较低，壁垒主要为整机设计能力，但仍然可以通过购买图纸获得，因此，在该领域的参与厂商颇多。目前国内已经有 80 多家企业进入整机集成领域。由于国内大型发电集团为整机的客户，客户集中度高，因此，中小整机集成商议价能力低，这种局面造成少数企业在市场中的领先地位。但是，这种局面将随着风电开发企业的增多有所弱化。

2013 年，中国风电新增装机容量排名前 15 位的企业占据了国内约 90% 的市场份额，其中最大的整机供应商是金风科技，2013 年装机 3750.3 兆瓦，占全国新增装机容量的 23.31%。排名第二位的是联合动力，新增装机 1487.5 兆瓦，市场份额为 9.25%；紧随其后的是明阳风电和远景能源，新增装机分别为 1286 兆瓦和 1128.1 兆瓦（见表 4）。从风机市场结构看，M1 比率为 23.31%，M3 比率已经从 2010 年的 50% 下降至 40.55%，M5 比率为 54.1%。按产业经济学的理论，这属于典型的垄断竞争市场，即不同公司生产的产品有较强的替代性，但是在产品质量和品牌上存在一定差异。

4. 风电零部件生产

风电产业的第四层次是风机零部件和关键材料制造业。在零部件制造产业中，主要涉及叶片、齿轮箱、发电机、轴承、电控设备等制造商。这一层次虽然是整个产业链的最底层，却是技术含量最高的环节，因此，也就有比较高的技术壁垒，不易进入，行业集中度相对较高。根据埃森哲公司的研究（2011），齿轮箱领域国内前2家企业占据70%~80%的市场份额；发电机领域，前3家企业占据全国85%的市场份额；叶片市场国内前5大企业占据50%的市场份额。

表4   2013年中国新增风电装机市场排名

序号	单位名称	装机容量（兆瓦）	市场份额（%）
1	金风科技	3750.3	23.31
2	联合动力	1487.5	9.25
3	明阳风电	1286.0	7.99
4	远景能源	1128.1	7.01
5	湘电风能	1052.0	6.54
6	上海电气	1014.0	6.30
7	华锐风电	896.0	5.57
8	重庆海装	786.7	4.89
9	东方电气	573.5	3.56
10	浙江运达	538.8	3.35
11	维斯塔斯	507.7	3.16
12	沈阳华创	474.0	2.95
13	株洲南车	343.5	2.13
14	浙江华仪	314.1	1.95
15	太原重工	293.0	1.82
	其他单位	1643.7	10.22
	合计	16088.9	100.00

资料来源：李俊峰等：《中国风电发展报告2014》，2014。

一方面，在国家政策以及各级政府科研项目的支持下，经过企业、高校和科研单位的共同努力，我国风电产业的技术水平已经有了大幅度的提高，风电整机、叶片、齿轮箱和发电机等领域的产业规模和技术水平基本能够满足市场的需要；但另一方面，目前，技术要求较高的大功率风机和关键零部件（如齿轮箱、控制系统等），在很大程度上仍依赖进口，40米以上的叶片生产技术主要掌握在外资巨头手中（埃森哲公司，2011）。

表5 中外风电企业主要整机和零部件供应商

整机厂商	主要零部件供应商			
	叶片	齿轮箱	发电机	控制系统
国外企业				
维斯塔斯	维斯塔斯	汉森，弗兰德	ABB	维斯塔斯
通用风电	泰科思	弗兰德，通用	劳尔，通用	通用
歌美飒	歌美飒	歌美飒	歌美飒	歌美飒
爱那康	爱那康	直驱，不用齿轮箱	爱那康	爱那康
西门子	西门子	弗兰德	ABB	西门子
苏司兰	苏司兰	汉森，弗兰德	苏司兰，西门子	苏司兰，MITA
恩德	恩德	弗兰德，艾柯夫	劳尔	恩德，MITA
中国企业				
金风科技	中航惠腾、中复连众	南高齿、重齿	株洲电机、永济电机	金风科技、西门子
东方电气	中航惠腾	南高齿、重齿	东方电机、兰州电机	MITA
大连华锐	中复连众	南高齿、太重	永济电机	美国超导

资料来源：《埃森哲卓越绩效研究院报告》，2011。

从表5可以看出，风电制造业中技术含量最高的部分就是关键零部件的制造，国外风机制造企业的关键零部件，尤其是叶片和控制系统两个关键部件全部是自给的，已把这个利润率最高的环节掌握在自己手里。相比之下，国内整机厂商的关键零部件主要来自外购，这显示出国内风机制造产业在核心技术上的落后。

二　发展历程与贡献

（一）产业形成

1. 产业启动

中国的风电产业起步并不晚，自 20 世纪 70 年代就开始尝试风电机组的开发，在风况资源较好的内蒙古、新疆一带风电应用已经得到了发展。当时中小型风电技术作为送电到乡项目的重要组成部分，为边远地区的农牧民供电。

此时的风电机组，主要用于解决地处边远、居住分散、电网难以到达地区的农牧区群众的用电问题，重点推广了户用微型发电机。到 2001 年，全国约有 14 万台百瓦级风电机组在运行，主要分布在内蒙古地区，对解决牧民的生活用电问题发挥了积极作用（倪受元，2001）。

2. 产业成长

从 1996 年开始，中国启动了"乘风工程""双加工程""国债风电项目"以及科技支撑计划等一系列的支持项目，推动了风电的发展。1997～2003 年风电场装机增长速度较快，每年装机量为 50000～80000 千瓦，年平均增长率达 49%。建设规模在 1 万千瓦以上的有 18 个风电场，即新疆达坂城二场、新疆达坂城一场、甘肃玉门、宁夏贺兰山、内蒙古克什克腾、内蒙古辉腾锡勒、吉林通榆、辽宁仙人岛、辽宁丹东、辽宁康平、辽宁彰武、大连东岗、山东即墨、浙江括苍山、浙江鹤顶山、广东南澳、广东惠来、广东汕尾（浙江省风力发电发展规划背景研究，2004）。

截至 2003 年底，我国已建成风电场 40 个，安装 1042 台风力发电机组，风力发电机组装机容量达 567020 千瓦。其中，由于辽宁省建设了 11 个风电场，安装 202 台风力发电机组，累计装机容量达 126460 千瓦，居全国第一位。第二是新疆自治区，已安装 208 台风力发电机组，累计装机容量达 103450 千瓦。第三是内蒙古自治区，安装 174 台风力发电机组，累计装机容量达 88340 千瓦。第四是广东省，安装了 177 台风力发电机组，累计装机容量达 86390 千瓦。第五是浙江省，共安装了 66 台风力发电机组，累计装机容量达 33350 千瓦。第六是吉林省，共安装了 49 台风力发电机组，累计装机容量达 30060 千瓦。其他如山东、甘肃、河北、福建、宁夏、海南、黑龙江、上海等地区也都建设了风电场。我国风电产业开始步入稳步发展阶段（浙江省风力发电发展规划背景研究，2004）。

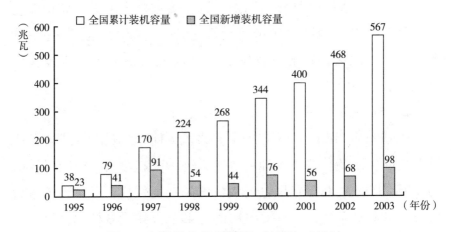

图 4　全国风电发展情况（1995～2003）

资料来源：李俊峰等：《中国风电发展报告 2007》，中国环境科学出版社，2007。

3. 产业繁荣

2003 年之后，随着中国经济增长的步伐不断加快，能源、资源与环境问题日益突出，中国面临的国际气候谈判压力增大。对传统化石能源尤其是煤炭的过度依赖，造成了中国生态环境恶化的严重后果。在这一背景下，以风电为代表的各种新能源尤其是可再生能源受到了各方面的重视，风电和光伏发电成为市场的新宠。政府有关部门先后出台了一系列的法律和政策鼓励新能源的发展，其中发挥效用最大的就是《可再生能源法》。

图 4 显示了我国 1995～2003 年风电发展的情况，自 2005 年《可再生能源法》实施以来，中国的风电产业和风电市场发展迅速，市场规模迅速扩大。2004 年底，全国的风力发电装机容量约有 76.4 万千瓦。2005 年 2 月，《可再生能源法》颁布之后，当年风力发电新增装机容量超过 60%，总容量达到了 126 万千瓦；2006 年当年新增装机容量超过 100%，累计装机容量超过 259.7 万千瓦；2007 年又新增装机容量 340 万千瓦，累计装机容量达到 604 万千瓦，超过丹麦，成为世界第五风电大国，当年装机仅次于美国和西班牙，超过德国和印度，成为世界上最主要的风电市场之一[①]。

2009 年，我国超过美国成为全球当年新增装机容量最多的国家。当年新增装机增长率达 124.3%，累计装机增长率达 114.8%，连续四年实现翻番。2010 年，我国成为全球风电累计装机最多的国家。当年我国除台湾地区外共新增风电装机 12904 台，装机容量达 18.93 吉瓦，自 2009 年后继续保持全球新增装机容量第一的排名。累计风电装机容量 44.73 吉瓦，全球累计装机排名由 2008 年的第四位、2009 年的第二位上升到第一位。在 2006 年至 2009 年连续四年保持翻番增长后，2010 年风电装机累计增长率首次低于 100%[②]（中国可再生能源学会及中国水电工程顾问公司统计，不含台湾地区数据）。

---

① 李俊峰等：《中国风电发展报告 2008》，中国环境科学出版社，2008。
② 李俊峰等：《中国风电发展报告 2011》，中国环境科学出版社，2011。

2003～2010 年是我国风电产业发展最快的时期，8 年间累计装机增长 78 倍，我国成为全球装机总量最多的国家。与此同时，快速增长的市场带动了风机制造业的发展。

4. 产业调整

2011 年，我国风电产业前期快速发展过程中积累的问题开始显现。最主要的问题来自电网的消纳能力限制，行业快速发展所带来的设备质量问题也开始出现。2011 年当年风电新增装机 1763 万千瓦，比上年下降了 6.9%，预示了超高速增长时期的结束。2012 年我国风电场限制发电情况更为严重，"弃风限电"达 200 亿千瓦时以上。这不仅使风电开发商投资收益大打折扣，而且已经影响投资商向风电领域的进一步投资。2012 年，在市场增速放缓带来的各种压力以及原有发展瓶颈的共同作用下，我国风电企业经历了一次寒冰期。2012 年新增装机 1296 万千瓦，与 2011 年相比，降幅达 26.5%。

但是，在这一调整期也有积极的一面，海上风电有了实质性的发展。到 2012 年底，全国共建成海上风电试验、示范项目 5 个。2012 年我国新增海上风电装机 12.7 万千瓦，累计海上风电装机量达 39.8 万千瓦，仅次于英国、丹麦，居世界第三位。商业运行的风电场主要有上海东海大桥海上风电示范项目、江苏如东 30 兆瓦潮间带试验风电场、江苏如东 150 兆瓦潮间带示范风电场，另有江苏响水海上试验项目（12.5 兆瓦）、中水电如东海上风电场（潮间带）100 兆瓦示范项目处于在建阶段。获得国家能源局同意开展前期工作批复的项目有 17 个，总装机容量为 395 万千瓦[①]。

2012 年，我国《风电发展"十二五"规划》出台，明确了未来风电发展的目标，到 2015 年并网装机容量达到 1 亿千瓦，到

---

① 李俊峰等：《中国风电发展报告 2013》，中国环境科学出版社，2013。

2020 年装机容量达到 2 亿千瓦。

为应对风电产业的下滑，2013 年，国家能源局连续出台了一系列政策措施，加强风电产业监测和评价体系建设，有针对性地解决弃风限电问题，强化规划的引领作用，实施风电年度发展计划，有序推进风电基地建设，使风电产业发展更加理性。与上一年相比，风电场建设有所加快，风电市场出现了平稳回升的势头。据中国可再生能源学会风能专业委员会的统计数据，2013 年全国风电新增装机容量 16809 兆瓦，与 2012 年相比增加 3849 兆瓦，自 2010 年以来，风电新增装机数据首次企稳回升（见图 5）。

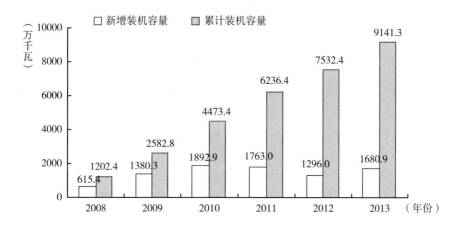

图 5　2008 ~ 2013 年累计与新增风电装机容量

资料来源：历年《中国风电发展报告》。

2014 年国家能源局进一步优化风电开发布局，推动海上风电开发建设，加快推动清洁能源替代。预计到 2014 年底，全国风电并网装机容量超过 9000 万千瓦，年发电量达到 1750 亿千瓦时。

（二）市场创设

中国风电产业并不是市场力量自发形成的，而主要是通过国家政策、政府招标方式形成的对风电设备的需求。因此，风电产业规模严格受到市场创设力度的制约。在目前的情况下，风电产业规模既受到国家有关政策的支撑，也受到电网消纳意愿的制约，电网的消纳意愿则完全取决于政府有关政策对它的要求。未来如果要形成风电产业自我发展的能力，只能从提高风电电力的竞争力入手，既包括可以与普通化石能源相竞争的成本优势，也要降低风电入网冲击的技术难度。

1. 离网型风电产品的市场创设

离网型小型风电设备是中国最接近市场需求的风电产品，它在解决内蒙古牧区、沿海海岛、边防哨所等边远地区的供电方面发挥了重要作用。但是，这一市场仍然是由政府项目推动的，其购买者也是政府。

目前，小型风电机组已批量供应于联通和网通发射转播电站、街道与庭院照明、渔船等，并由传统的农、牧、渔民应用逐步转向了工业、集体单位、公益事业应用，以及分布式供电系统应用。

2. 并网风电场的市场创设

中国并网风电场的发展分为三个阶段[①]。

初期示范阶段（1986~1993年）：此阶段主要利用国外赠款及贷款，建设小型示范风电场，政府对投资风电场项目及风力发电机组的研制在资金方面给予扶持。

产业化建立阶段（1994~2003年）：原电力部1994年规定电网管理部门应允许风电场就近上网，并收购全部上网电量，上网电价按发电成本加还本付息、合理利润的原则确定，高出电网平均电价部分，其差价采取均摊方式，由全网共同负担，电力公司统一收

---

① 李俊峰等：《中国风电发展报告2007》，中国环境科学出版社，2007。

购处理，贷款建设风电场开始发展。后来原国家计委规定发电项目按照经营期核算平均上网电价，银行还款期延长到15年，风电项目增值税减半（为8.5%）。

规模化发展阶段（2003年以后）：为了大规模商业化开发风电，国家发改委从2003年起推行风电特许权项目，每年一期，通过招标选择投资商和开发商。其主要目的是扩大开发规模，提高国产设备制造能力，约束发电成本，降低电价。从2006年开始，《可再生能源法》正式生效，国家陆续颁布了一系列法律实施细则，包括要求电网企业全额收购可再生能源电力、发电上网电价优惠以及一系列费用分摊措施，从而大大促进了可再生能源产业的发展。中国风电进入快速增长时期。

并网型风电场的市场创设主要有以下措施。

第一，国产化率。2005年7月国家发改委发布了《关于风电建设管理有关要求的通知》，明确规定了从2006年开始，风电设备国产化率要达到70%以上，未满足国产化要求的风电场不许建设，进口设备要按规定纳税。《2006年风电特许权招标原则》规定：每个投标人必须有一个风电设备制造商配套，并提供保证供应符合75%国产化率风电机组的承诺函。投标人在中标后必须而且只能采用投标书中所确定的制造商生产的风机。这一措施迫使国际风电设备制造商选择在中国建立设备生产基地，推动了中国风机制造业的发展。

第二，全额并网。《可再生能源法》要求通过减免税收、鼓励发电并网、优惠上网价格、贴息贷款和财政补贴等激励性政策来激励发电企业和消费者积极参与可再生能源发电。

《可再生能源法》规定电网企业要为可再生能源电力上网提供便利，全额收购符合标准的可再生能源电量，并逐步提高其在能源市场上的竞争力。随后颁布的配套法规《可再生能源发电有关管理规定》明确了发电企业和电网企业的责任，《可再生能源发电价格和费用分摊管理试行办法》具体规定了电价的制定和费用分摊方法，对风力发电项目的上网电价实行政府指导价，电价标准由国务院价格主管部门按照招标形成的价格确定。

第三，电价分摊。根据《可再生能源发电价格和费用分摊管理试行办法》的相关规定，风力发电暂不参与市场竞争，风能发电价格实行政府指导价即通过招标确定的中标价格，可再生能源发电项目上网电价高于当地燃煤机组标杆上网电价的部分的费用，各省级电网企业按其销售电量占全国的比例，分摊全国可再生能源电价附加额，其实际支付的可再生能源电价附加与其应承担的电价附加的差额，在全国范围内实行统一调配。该试行办法相当于给出了参与企业稳定的长期利润预期。

第四，财税优惠。为加快技术开发和市场形成，《可再生能源法》还规定设立可再生能源发展专项资金，为可再生能源开发利用项目提供有财政贴息优惠的贷款，对列入可再生能源产业发展指导目标的项目提供税收优惠等扶持措施进行了规定。

第五，风电特许权。为促进我国风电发展，政府实施了风电特许权示范项目。2003年国家发改委首次批复了对江苏省如东县和广东省惠来县首批两个100兆瓦风电场示范项目的特许权公开招标方案。随后每年都对规划中的风电场进行特许权招标。

（三）技术形成与技术进步

对于一个新兴产业来说，技术经济路径反映其随着市场和生产规模的扩大而产生的技术进步和成本下降的过程。由于风电产业是一个市场创设型产业，技术经济路径决定了对其进行政策补贴的合理性是否存在。如果没有足够的技术进步速度，政策补贴就失去了意义。

1. 产业技术初级阶段——国内小型风电机组的自主研发与生产

我国从 20 世纪 50 年代就开始风电利用研究、试点，主要在海岛、牧区等地建设小型电站。到 20 世纪 70 年代，中国已经开始自主开发小规模风电机组。从 20 世纪 80 年代初开始，原国家科委和国家计委将新能源利用列入国家科技攻关计划，其中包括风力发电的科技攻关项目，全国先后共研制出从 50 瓦到 200 千瓦机型 40 多种（倪受元，2001）。这些小型离网风电机组主要应用在内蒙古牧区等边远地区，同时在这些地区也开展了一些几十千瓦到几百千瓦级风力/柴油联合发电系统以及几千瓦到几十千瓦级风/光联合发电系统的示范应用，但是没有形成规模。

离网风电机组在我国一直存在并且取得了较大的发展。离网型风电的主要用户是电网未覆盖地区的牧民、渔民和农民，利用户用风电机组解决家庭照明和收看电视的用电问题。随着生活水平的提高和更多家用电器的应用，对单机容量的要求不断增大，从 50 瓦、100 瓦和 150 瓦机组升级到 200 瓦、300 瓦、500 瓦和 1000 瓦的较大型机组，200 瓦以上的机型占离网型风机年产量的 80%。2007 年，约有 70 家单位从事离网风电产业相关的业务，其中大专院校、科研院所 35 家，生产企业 23 家，配套企业 12 家（含蓄电池、叶片、逆变控制器等），年产量较大的企业有江苏神州风力发电有限公司、内蒙古龙信博风电设备制造有限公司（原内蒙古商都牧机厂）、内蒙古天力机械有限公司（原内蒙古动力机厂）、广州红鹰能源科技有限公司等①。

这一领域也进行了技术引进方面的尝试。从 1988 年起，中国在山东腔炯岛、浙江大陈岛和内蒙古塞汗塔陆续引进英国、欧共体及德国的风力/柴油混合供电系统进行示范，后来国内又开发了辽

---

① 李俊峰等：《中国风电发展报告 2007》，中国环境科学出版社，2007。

宁乌蟒岛风力/柴油混合供电系统和山东小管岛风力/光伏混合供电系统。

但是，近年来，随着国家鼓励支持的重点转向大规模并网风电，我国自主实现的小型离网风电技术能力受到忽视，甚至进入了自生自灭的境地。

2. 技术引进：市场换技术

"市场换技术"是中国改革开放的一个重要政策考虑，在风电发展领域也不例外。在小型离网风电机组领域，中国与外国的差距并不大。但是，在大型和并网风力发电机组方面，中国与世界先进国家存在较大差距。为实现风电快速发展的目标，中国开始通过开放市场的方式引进了维斯塔斯、歌美飒、苏司兰、GE 等国外企业，国内企业通过购买技术图纸等方式获得先进技术。

我国从 20 世纪 70 年代开始进行并网型风力发电的尝试，1983年山东荣成引进了 3 台丹麦 55 千瓦风力发电机组，开始了并网型风力发电技术的试验和示范。1986 年，新疆达坂城安装了 1 台丹麦 100 千瓦风力发电机组，1988 年又安装了 13 台丹麦 150 千瓦风力发电机组；1988 年在内蒙古朱日和也安装了 5 台美国 100 千瓦风力发电机组，开始了我国风电场的运行试验和示范（梁玉萍，2002）。

缺乏核心技术是中国发展大型并网风电时所面临的问题。中国风电技术主要有四种来源：购买国外风电机组生产许可证，按图纸生产风电机组；与国外企业合资，获得外资的技术；与国外设计咨询公司联合开发风电机组；请国外设计咨询公司对国内自行研发的风电机组进行评审。

在产业发展过程中，内资企业逐步开始重视增强自主技术能力，产品开发方式逐步从"技术引进"转向"联合设计"和"自主研发"。自 20 世纪 90 年代以后，我国风电整机制造企业的技术引进方式主要是通过与国外知名风电制造企业成立合资企业或向其购买生产许可证,直接引进国际风电市场主流的成熟机型的设计图纸。在早期直接进口主要部件,然后逐步实现零部件国产化。这种做法的代表企业(产品)有:金风(600千瓦、750千瓦)、运达(750千瓦)、东方汽轮机(1.5兆瓦)、华锐(1.5兆瓦)、重庆海装(850千瓦)、上海电气(1.25兆瓦)、哈电集团(1.5兆瓦半直驱)等。例如,东方汽轮机厂和华锐电气适应常温和较高/低温度环境的1.5兆瓦变速恒频风力发电机组,就是分别在引进德国Repower和弗兰德公司风电技术的基础上,进行的国产化,并针对中国风况、气候特点进行了适应性开发。新疆金风(1.2兆瓦直驱、1.5兆瓦直驱)、浙江运达(1.5兆瓦)、上海电气(2兆瓦)、重庆海装(2兆瓦)、北京华锐(3兆瓦)等是采取联合设计的方式开发。新疆金风公司还通过收购Vensys公司大部分股权加强了技术研发能力[①]。

3. 产业技术进步:大型化、成本下降

风电行业技术进步主要表现在两个方面:设备的大型化和成本下降。国内企业在这两个方面都取得了较大的进步。

我国风电机组研制技术表现出来的发展趋势主要是风电机组功率向大型化发展。2012年中国新安装的风力发电机组平均功率为1646.3千瓦,继续保持增长趋势(见图6)。其中,功率为1.5兆瓦的机型占新增装机容量的63.7%,较上一年的74%有所下降;功率为2兆瓦的机型占26.1%,较上一年的14.7%大幅增加;2.5兆瓦及以上的机组占6.6%,较上一年的3.5%也有所增加。单机功率小于1兆瓦的风电机组市场份额仅占1.06%,其他如1.65兆

---

① 李俊峰等:《中国风电发展报告2007》,中国环境科学出版社,2007。

瓦、2.3 兆瓦、1.25 兆瓦等几类机型合计占 2.55%[1]。从这些数据可以看出，风电机组大型化趋势非常明显。

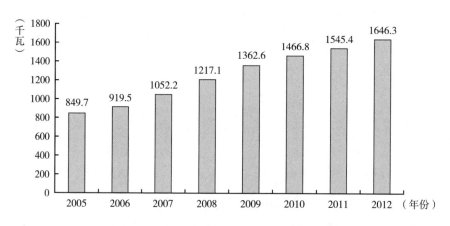

图 6　2005～2012 年全国平均单机容量

资料来源：李俊峰等：《中国风电发展报告 2013》，中国环境科学出版社，2013。

随着风电产业技术进步，风电机组价格呈现下降趋势（见图 7）。由于风电主机的成本约占风电项目投资成本的 70%，因此，风电机组价格下降将大大提高风力发电的竞争力。不过，当前的价格下降一是由于技术进步，二是由于激烈的市场竞争。

全球风能理事会的研究显示，风电成本的进一步下降，40% 依赖技术进步，而 60% 将依赖规模化发展（国家发改委能源研究所，《中国 2030 年风电发展展望》，2010 年）。

（四）风电产业的贡献

作为最具经济竞争力的新能源类型，风电不仅在能源安全和能源供应的多元化方面发挥了重要作用，也在经济增长、扶贫、大气污染防治和温室气体减排中发挥了重要作用。2013 年，风电上网电

---

① 李俊峰等：《中国风电发展报告 2013》，中国环境科学出版社，2013。

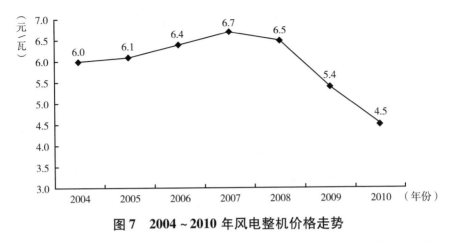

图7　2004～2010年风电整机价格走势

资料来源：彭亚利、杨葳、钱蔚：《好风凭借力：全球化塑造中国风电产业》，《埃森哲卓越绩效研究院报告》2011年第3期。

量达1349亿千瓦时，相当于减少了1.35亿吨温室气体排放，也相当于减少了4600万吨煤炭。此外，2013年中国风电行业创造就业岗位约为36.5万个，为全球之最，比2012年的26.7万增加了36.7%[①]。

三　主要问题与政策讨论

（一）发展风电的基础性政策

发展风电产业是我国实现温室气体减排目标、发展可再生能源的重大战略。2009年底，中国政府在哥本哈根气候变化大会上向国际社会做出郑重承诺：到2020年，非化石能源将满足中国15%的能源需求。风能发展也得到了一系列法律法规的支持，其中最重要的是2005年通过的《可再生能源法》，并在2009年对其进行了修订。

---

① 中国储能网新闻中心：《2013年全球风电行业就业人数增加11%》，http：//www.escn. com.cn/news/show－135930.html，《中国能源报》2014年5月21日。

建设"千万千瓦级风电基地"是中国发展风电的重要措施，其分别位于内蒙古东部和西部、新疆哈密、甘肃酒泉、河北、吉林西部和江苏沿岸及近海地带。"十二五"规划建设蒙东、吉林、黑龙江、蒙西、河北、甘肃、新疆、山东、江苏九大风电基地。2008年在国家能源局的领导下，这些风电基地的开发规划开始启动，目前进展迅速。根据该规划，各大基地到2020年将实现总装机容量1.38亿千瓦。然而，这些基地除江苏沿海外，大多位于电网传输能力较弱的边远地区，远离中国的主要电力负载中心，这成为一个突出的需要解决的问题。

价格支持政策是风电产业发展的基础，是影响开发商投资的关键因素。中国风电的价格机制最开始是以资本回报率为基础形成的价格，和通过竞争性招标制度实现的平均价格（特许权招标），经过改革实现了根据风能资源的差异性进行调整的固定电价制度。2009年开始，通过将全国划分为四类风能资源区域，固定电价制度确立了陆上风电的基准价格。

（二）风电价格政策

风电价格是影响风电产业发展的决定性因素。这一价格同时受到多方面因素影响，包括风机价格、风机单机容量、维护水平、运转和上网小时数等都能显著影响风电输出的价格。

在一些风能资源条件优越、适宜发展风电的国家（如美国、瑞典、墨西哥以及巴西等国），其风电项目中，风电成本已经低于0.068美元/千瓦时（包括资本和维护成本，但不包括补贴影响的支出），燃煤火电厂的发电成本为0.067美元/千瓦时，天然气发电厂的发电成本则为0.056美元/千瓦时。价格已不再是风电的弱点，在北美以及欧盟各国，风电价格已经拥有了和其他能源竞争的实力。

中国风电上网电价的价格形成机制，经历了五个不同的历史阶段。

1. 完全竞争上网的阶段

这是风电发展的初期阶段，即 20 世纪 90 年代初到 1998 年左右。由于基本上使用国外援助资金购买风力发电设备，上网电价很低，售电收入仅够维持风电场运行。例如，20 世纪 90 年代初期建成的达坂城风电场，上网电价的水平基本上与燃煤电厂持平，不足 0.3 元/千瓦时。

2. 审批电价阶段

从 1998 年左右到 2003 年，上网电价由各地价格主管部门批准，报国务院主管部门备案。这一阶段的风电价格差异较大，最低的仍然是采用竞争电价，与燃煤电厂的上网电价相当，最高上网电价超过 1 元/千瓦时，如浙江括苍山风电场上网电价高达 1.2 元/千瓦时。

3. 招标和审批电价并存阶段

从 2003 年到 2005 年，这一阶段与前一阶段的分界点是首期特许权招标，出现招标电价和审批电价并存的局面，即国家组织的大型风电场采用招标的方式确定电价。在省区级项目审批范围内的项目，仍采用的是审批电价的方式。

4. 招标加核准方式阶段

这一阶段是在 2006 年之后，2006 年 1 月《可再生能源法》生效，国家可再生能源发电价格等有关政策相继出台。规定：可再生能源发电项目的上网电价，由国务院价格主管部门根据不同类型可再生能源发电的特点和不同地区的情况，按照有利于促进可再生能源开发利用和经济合理的原则确定。国家发改委出台了《可再生能源发电价格和费用分摊管理试行办法》（发改价格〔2006〕7号），出台了《可再生能源发电价格和费用分摊管理试行办法》，提出了风电电价确定的原则：风力发电项目的上网电价实行政府指导价，电价标准由国务院价格主管部门按照招标形成的价格确定。

5. 按资源分类电价阶段

国家发改委于2009年7月发布了《关于完善风力发电上网电价政策的通知》（发改价格〔2009〕1906号），确定了分资源区制定陆上风电标杆上网电价的原则，并按风能资源和工程建设条件，将全国分为四类风能资源区，相应制定了0.51元/千瓦时、0.54元/千瓦时、0.58元/千瓦时以及0.61元/千瓦时四类风电标杆上网电价（见表6）。

表6　我国风电标杆电价的详细区域划分

资源区	标杆上网电价（元/千瓦时）	各资源区包括的地区
Ⅰ类资源区	0.51	内蒙古自治区除赤峰市、通辽市、兴安盟、呼伦贝尔市以外其他地区,新疆维吾尔自治区乌鲁木齐市、伊犁哈萨克自治州、昌吉回族自治州、克拉玛依市、石河子市
Ⅱ类资源区	0.54	河北省张家口市、承德市,内蒙古自治区赤峰市、通辽市、兴安盟、呼伦贝尔市,甘肃省张掖市、嘉峪关市、酒泉市
Ⅲ类资源区	0.58	吉林省白城市、松原市,黑龙江省鸡西市、双鸭山市、七台河市、绥化市、伊春市、大兴安岭地区,甘肃省除张掖市、嘉峪关市、酒泉市以外其他地区,新疆维吾尔自治区除乌鲁木齐市、伊犁哈萨克自治州、昌吉回族自治州、克拉玛依市、石河子市以外其他地区,宁夏回族自治区
Ⅳ类资源区	0.61	Ⅰ类、Ⅱ类、Ⅲ类资源区以外的其他地区

资料来源：李俊峰等：《中国风电发展报告2010》，海南出版社，2010。

随着风电装备制造、风电场管理、发电控制的技术发展与进步，风力发电成本与价格的下降趋势非常明显。即使不考虑传统化石能源尤其是中国煤炭发电的环境与社会成本，发电成本也在逐步接近燃煤电力成本。如果考虑燃煤发电的环境与社会成本，风电在成本上更不占劣势。即使这样，风力发电也面临一个重要的瓶颈，那就是电网接入与消纳问题。

（三）电网接入与弃风问题

电网消纳问题是风电产业发展的瓶颈。作为一个间歇性、多变化的电源，电网消纳能力势必成为大型风电开发的瓶颈。中国的风电场主要位于远离负载中心的地区，并且当地的电网设施相对较差。这一点已经成为大型风电基地面临的最大问题。

在河北、江苏、内蒙古、甘肃、新疆等地规划建设的千万千瓦级风电基地大都远离消费中心，电网网架结构不够坚强、电源结构单一，风电大规模接入给这些地区电网的稳定运行带来了很大压力。

中国的《可再生能源法》明文规定，要求电网企业收购与日俱增的可再生能源发电量，目标是要在 2020 年达到可再生能源发电量占总发电量的 8%。然而，如果没有外来压力，电网企业没有动力积极接纳风电这种不稳定的直流电力上网。这种风电场发电与电网消纳之间的矛盾导致了严重的"弃风"问题。

以弃风最为严重的 2012 年为例，全国限制风电出力的弃风电量约 200 亿千瓦时，比 2011 年的弃风电量翻了一番，占 2012 年实际风电全部发电量的 20%。限制风电出力最严重的地区仍集中在风能资源富集的"三北"地区，从目前的风电运行情况看，蒙东、吉林限电问题最为突出，冬季供暖期限电比例已经超过 50%；蒙西、甘肃酒泉、张家口坝上地区电网运行限电比例达 20% 以上；黑龙江、辽宁风电运行限电比例达 10% 以上；吉林和蒙东的风电利用小时数甚至已经低于 1500 小时，大大超过了行业的心理可接受程度；蒙东、吉林、黑龙江几个区域限电量占全国限电量的一半左右[1]，各地风电利用情况如表 7 所示。

根据国家能源局统计，2013 年平均弃风率为 11%，同比下降

---

[1]　李俊峰等：《中国风电发展报告 2013》，中国环境科学出版社，2013。

6 个百分点。风电平均利用小时数为 2074 小时，同比提高 184 小时。风电利用小时数经历 2011 年、2012 年两年低谷后，回升态势明显，达近年来最高值。2013 年全国弃风电量为 162.31 亿千瓦时。其中，河北、蒙西、蒙东、吉林、甘肃五地弃风电量最多，甘肃省弃风率高达 20.65%，居全国首位。显然，风电消纳问题仍集中在"三北"（东北、西北、华北）地区[①]。

表 7　2013 年度各省级电网区域风电利用小时数统计

单位：小时

国家电网				2067
华北电网	2112	西北电网	2112	东北电网	1915
京津唐	2006	陕西	2090	蒙东	2010
河北南网	2251	甘肃	1806	辽宁	1934
山西	2220	青海	1753	吉林	1660
蒙西	2188	宁夏	2084	黑龙江	1951
山东	2008	新疆	2582		
华中电网	2141	华东电网	2264		
河南	2202	上海	2282		
湖北	2167	江苏	2150		
湖南	2000	浙江	1950		
江西	2225	安徽	1948		
四川	2415	福建	2666		
重庆	2185				
南方电网				2147
广东	1900	云南	2388	海南	2239
广西	2100	贵州	2060		
全国平均				2074

注：以上数据仅供参考，西藏自治区无完整年运行风电项目，故数据暂缺。

资料来源：《国家能源局关于做好 2014 年风电并网消纳工作的通知》（国能新能〔2014〕136 号）。

---

① 《国家能源局关于做好 2014 年风电并网消纳工作的通知》（国能新能〔2014〕136 号）。

（四）风电远距离输送

我国经济中心和用电负荷中心地处东部沿海地区，而能源生产基地和风电基地主要位于华北和西北地区，电力生产和消费布局在地理空间上存在巨大的不对称性。这为风电发展和电力输送带来了极大的困扰。

风电大容量远距离输送系统输送距离长，输送功率大，存在电压稳定性问题，国家能源主管部门和电网企业目前采取的方案是远距离输送风电。主要办法是，除东北的风电基地全部由东北电网消纳以及江苏沿海等近海和海上风电基地主要是就地消纳之外，其余各大风电基地均已考虑风电外送通道。河北风电基地和蒙西风电基地近期主要送入华北电网，2020 年前后需要山东电网接纳部分电力和电量。蒙东风电基地近期送入东北电网和华北电网。甘肃酒泉风电基地和新疆哈密风电基地近期送入西北网，远期送入华中网。

《国民经济发展"十二五"规划纲要》提出，要适应大规模跨区输电和新能源发电并网的要求，加快发展现代电网体系建设，完善区域主干电网，发展特高压等大容量、高效率、远距离先进输电技术，依托信息、控制和储能等先进技术，推进智能电网建设，切实加强城乡电网建设与改造，增强电网优化配置电力能力和供电可靠性。为了落实该纲要精神，国家电网提出了配合 2015 年风电装机容量 1 亿千瓦和 2020 年 1.5 亿千瓦的发展，建设大型风电基地外送通道的规划。

第一，建设酒泉至湖南 ±800 千伏特高压直流通道，将酒泉风电配套部分火电打捆送至华中电网负荷中心。

第二，蒙东、蒙西、河北、新疆风电基地电力除本地区消纳外，与近区煤电打捆，通过特高压交直流通道，送至"三华"电网负荷中心。

第三，江苏沿海风电就近接入江苏电网。

第四，吉林风电部分容量接入 220 千伏及以下电网就地消纳，部分容量通过 500 千伏交流接入东北主网消纳。

目前电力部门提出的建设蒙东至华东（容量 1000 万千瓦）、酒泉至华中（容量 800 万千瓦）主要输送风电的特高压直流输电工程，需 3418 亿元。其中，蒙东—华东直流输电工程发端在内蒙古通辽地区，受端在浙江北部，全长约 1800 千米，初步测算总投资约需 1960 亿元（其中，风电 1280 亿元，火电 80 亿元，抽水蓄能电站 150 亿元，直流输电工程 300 亿元，配套交流输电工程及其他约 150 亿元）。上网电价按 0.55 元/千瓦时（包括弃风补偿）计，至华东落地电价约 0.7 元/千瓦时。酒泉至华中 ±800 千伏容量 800 万千瓦特高压直流输电工程，设想发端在甘肃省酒泉市西部风电集中地区，受端在湖南长沙附近，全长约 2000 千米，初步测算工程约需总投资 1468 亿元。其中，风电 1280 万千瓦，投资 1024 亿元；火电 160 万千瓦，投资 64 亿元；直流输电工程约需投资 260 亿元；配套交流输电工程及其他投资 120 亿元（吴敬儒、王建生、何百磊，2013）。

然而，远距离输送风电只是解决了风电的外送通道问题，并没有从根本上缓解风电直流电力对电网的冲击。远距离特高压输送风电，虽然可以减少部分线损，但是巨大的投资成本和依然存在的线损仍会增加风电消费的成本，给产业发展带来不利影响。上述两个工程的输送电价不算很高，但是这一计算方法并没有考虑新投资所带来的综合成本上升。特高压电网给全国电力安全和能源安全带来的风险也是一个存在巨大争议的问题。

四　主要政策建议

发展风电产业是一个系统性的工程。如前所述，风电产业链包括从原材料、零部件、整机生产到风电场建设运营维护和电网消纳等多个环节。由于风电所发电力的特殊技术特性，它对电网消纳有特殊的要求。同时，在目前的技术水平和成本结构下，风电与传统能源电力尤其是燃煤发电相比在成本上不占优势，但是，风电仍然是成本最为接近燃煤发电的可再生能源，为了实现大气污染和温室气体减排目标，发展风电仍然具有重大的意义。本部分将在前文分析的基础上提出发展风电的若干建议。

（一）加强电力需求预测研究，合理定位风电地位

我国能源领域存在多方面的不平衡。首先是生产与消费在地理空间上的不平衡，消费中心位于东部沿海地区，包括环渤海、长三角、浙江和福建沿海、珠三角地区，而各种能源的生产基地几乎都在内陆。比如，石油、天然气资源主要分布在黑龙江、山东、新疆、甘肃和四川，煤炭资源主要分布在蒙东、晋陕蒙、新疆、贵州等地，水电资源主要分布在青海、甘肃、四川、贵州、云南、湖北。其次是能源品种的不平衡，除煤炭资源比较丰富之外，其他常规能源资源包括石油、天然气、铀矿等的储量都不高。风电资源的分布同样极不平衡，除山东和江苏沿海外，其他主要风电基地分布在蒙东、蒙西、吉林、河北北部、河西走廊、新疆东部地区，远离电力消费中心。

因此，电网消纳问题成为并网风电发展的绝对瓶颈，而"弃风"问题一直伴随我国风电产业的发展历程。由于电力项目投资和运行期都很长，因此，发展风电必须对我国中长期的电力需求有比较准确的预测。目前，我国电力消费增长速度已经从"十五"、"十一五"和"十二五"前半段的高速增长期回落，未来电力消费需求增长趋势如何关系到风电产业的发展空间。

当前我国城市化与工业化过程已经基本结束。现有城镇化率数

据并没有包括那些在城镇里工作和生活的没有户口或暂住证的人口，如果把这部分人口算在城镇化率内，则中国的城镇化率毫无疑问将更高。未来城镇化工作的重点实际上是如何把来享受城镇公共服务的人口纳入社会服务体系当中。但是，以人口迁徙为基本特征的城镇化过程已经结束。工业化也存在类似的情况，中国的工业生产能力不仅满足了国内的需求，而且满足了全球很大比例的需求，大部分家庭在工业产品的拥有与享受上并不比发达国家差很多，所差的其实是社会保障、医疗服务等非工业的内容。从这个角度来讲，未来工业生产能力不是增长，而是要减少，因为大规模房地产建设和基础设施建设接近完成，至少增长速度减缓，对钢铁、有色、建材等高耗能、高耗电的产品的需求在减少，相应的电力需求也在减少。工业生产所耗电力约占总电力需求的70%（2011年为73.8%[①]），钢铁、有色、建材等高耗电产品耗能占工业电力需求的很大一部分（2011年这三个行业连带其采矿的电力消费占工业电力消费的36.4%[②]）。如果大规模建设过程结束，未来电力需求出现下跌也是有可能的，中国电力生产趋势如图8所示。因为居民生活和商业用电需求与工业相比是比较小的，这部分需求的增长很难填补工业需求下降的部分。

目前我国已经重启了沿海核电项目，未来电力生产能力并不缺乏，大力发展并网风电作为电力来源的提法是不成立的。因此，对风电的定位应该集中在两方面：第一是作为清洁能源进入电网，替代部分燃煤电力，缓解由燃煤发电带来的严重环境问题，如雾霾现象，并为温室气体减排做出贡献，这一角色是实现我国能源生产清洁化的一个重要战略构成；第二是作为离网电力和分布式小型或微

[①] 数据来源于《中国统计年鉴2013》。

[②] 数据来源于《中国统计年鉴2013》。

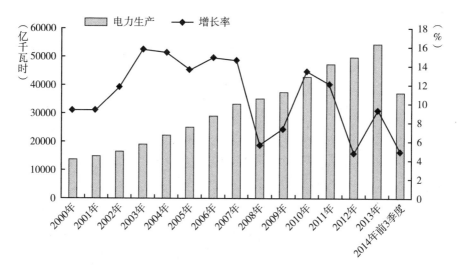

图8　中国电力生产增长趋势

资料来源：《中国统计年鉴2013》；2014年前三季度数据来自国家能源局网站。

型电力网络的电力来源，成为远离主干电网的边缘地区的能源供应来源，降低全国的总体能源成本。

（二）拓展渠道，创新利用方式，提高风电就地消纳比率

我国目前已经建成了以并网风电为主的九大风电基地，并且多数位于远离电力负荷中心的地区。因此，提高本地消纳水平是最为经济的办法，远距离输送尤其是超高压专用线路远距离输送是次优的甚至可以说是不得已而为之的选择。各大风电基地除山东和江苏沿海外，均处于内陆，但是它们距临近的城市群并不是很远。比如，蒙东和吉林风电基地离哈尔滨、长春、通辽、四平、沈阳城市群的直线距离只有300公里左右，河北北部风电基地离北京、天津、唐山、保定、张家口的距离更近，蒙西风电基地距离包头、乌海、银川、兰州、白银等地不远，河西走廊风电基地与河西走廊城市带几乎重合，哈密达坂城风电基地与哈密、吐鲁番、乌鲁木齐也

111

并不远。

随着我国"一路一带"战略的实施，西部地区尤其是河西走廊及其延伸地带的经济发展和电力消纳能力势必有较大的提高，将为风电消纳提供更大的需求。今后应推进西北地区的产业结构调整，发展和培育中西部地区负荷，促进风电就地消纳。在东北地区可以开展冬季低谷期风电供热、风电热泵等扩大风电消纳的示范项目，拓展当地风电的利用方式。

北方地区普遍存在漫长的冬季，供暖问题一直是煤炭和电力供给的重要保障对象，如果能够把北方风电基地的直流电力用于临近城市的冬季供暖，就可以大大缓解冬季发电与供暖之间的矛盾，也为风电寻找了一个新的出路。而且，冬季是北方风力供给最强的季节，供暖需求对风电的频率和波动性都没有很强的限制，建议各风电开发商探索这种新的利用模式。此外，也有很多其他的利用模式可以探索。

（三）发展智能电网是保障风电良性发展的重要举措

提高电网消纳能力成为大规模风电基地良性运转的必要条件，也是解决存在多年的弃风问题的主要抓手。而提高消纳能力的核心在于电网的智能化。智能电网有三个必需的基础条件：准确预测能力、调峰调频电源保障、安全稳定的电网调控能力。

接入风电的智能电网的关键是风力发电预测系统，要对风电出力做到准确把握才能及时采取有效的调峰调频措施，保障电网的安全稳定运行。要做到这一点虽然有一定难度，但是在现代气象预测能力条件下还是能够实现的。

由于风电出力的波动性，调峰调频电站就非常重要。由于燃煤电厂并不适合作为调峰调频电源，发展天然气发电或者抽水蓄能电站对于建设智能电网就非常重要。我国北方的几大风电基地，蒙西和河西走廊两个基地可以与黄河上的水电站形成调峰调频组合，其他几个基地虽然没有这一条件，但是可以利用附近煤矿的煤层气资源作为天然气调峰电厂。目前蒙东煤炭基地、晋陕蒙煤炭基地的煤层气资源都没有好好利用，未来可以考虑这一用途。

电网调控技术目前实际上已经比较成熟，而且有进一步提高的空间。虽然智能电网对电网企业提出了较高的要求，但是为了中国的环境改善和能源结构的优化，电网企业应该承担起这一责任。

（四）在东部发达地区发展低风速风电机组和海上并网风电

前文已述及，发展远距离输送风电在经济上会大大提高风电的综合成本，而在沿海电力负荷中心发展低风速风电和海上风电，虽然看似成本较高，但是如果考虑建设远距离特高压直流输电线路的投资，那么无疑沿海地区的低风速风电和海上并网风电更为划算。

目前低风速风电和海上风电是风电产业技术进步最快的领域。随着低风速风电技术的不断进步，中东部和南方地区的分散风能资源的开发价值逐渐提高，这些区域市场消纳能力较强，大力开发利用风电将进一步促进我国风电产业持续健康发展。虽然海上发电目前成本较高，但是海上风电不占用土地，环境影响小，且临近我国电力负荷中心区，可以就近消纳。目前东部地区的山东、江苏、上海、浙江、福建、广东都提出要发展海上风电。可以预计，未来随着技术进步的加快，我国发展海上风电将有更大的空间。

（五）积极发展离网型和分布式微网风电

美国和欧洲的风电场规模都不是很大，但是分布广泛。在这种模式之下，美国有些州风电占电力消费的比例达到10%，欧洲风电比例也远高于我国。由于风电是一种不稳定的电力来源，发展大规模风电场、风电基地受到严格的电网消纳能力制约，并非最佳的技术经济路径。而发展分布式的微网风电或者离网型风电，是利用风电的最有效方式。

但是，在中国，虽然 2006 年 1 月《可再生能源法》开始生效后风电产业取得飞速发展，但小型风力发电机组的分布式发电应用还处于空白，急需国家出台相关政策推动小型风力发电产业的发展。

早在 20 世纪 80 年代，我国就把小型风力发电机组作为解决偏远地区农牧民供电问题的主要产品，为几十万户农牧民提供基本电力供应。目前，在新能源产业中，风力发电机组是技术最成熟、最具备大规模发展条件的产品。但我国的产业经济发展重点放在了大型风力发电机组上，小型风力发电机组产业虽然有了较大发展，但基本上处于自生自灭状态[①]。

小型风力发电机的容量范围广，小至 50 瓦、100 瓦，大至 10千瓦、100 千瓦，就容量而言有几十种。年平均风速 3 米/秒（测风高度 10 米）以下，大风场无法利用的农村地区、城乡接合部、居民小区、别墅庭院，甚至写字楼顶都可以安装风机。这样，既美化了环境，也充分利用了局部环境的风能。正如大水电不能取代小水电一样，大型并网风电也不能取代小型风电，不应忽视小型风电的发展。

建议今后鼓励建设中小型风电项目接入配电网就地消纳，在西北、华北适宜地区，鼓励以分散式风电及储能设施等为主、电网为辅的微型电网运行项目，创新风电就地消纳的模式。

（六）推动产业技术进步，提升产业制造能力

风电产业是典型的技术推动型产业，设计、制造、应用、管理等各环节都处于不断进步的过程之中。只有跟上技术进步的步伐，

---

① 都志杰等：《中国小型风能产业发展战略研究》，2009 年 5 月。

才能在未来的国际化竞争中立于不败之地，也才能实现产业的良性发展。我国风电产业在 20 世纪 70～80 年代曾经在小型风电设备领域打下了较好的技术研发与产业制造基础，但是没有及时向大型化和并网领域发展。20 世纪 90 年代之后，整个产业采取了"以市场换技术"的发展战略，风电装机容量快速增长，并通过购买先进企业图纸等方式获得了技术水平的提升。

尽管这种方式促进了国内风电产业的技术进步，但是国内企业大多仍然停留在引进、吸收阶段，核心技术仍然依赖从国外引进，并没有解决产业技术进步的内生性问题。形成这种状况的原因是多方面的，首先最大的因素是前些年风电装机快速发展，市场需求巨大，导致很多企业只要把采购的零部件组装起来就能获得可观的利润，因此，企业就没有必要花大力气进行技术创新；其次是中国制造业整体的技术能力与创新能力不强，无法支撑风电产业的技术创新，最为基本的原材料的质量与国外有明显的差距。因此，推动风电产业的技术创新与进步也是一个系统工程。对此，提出以下建议。

第一，要加强对风电场的质量与技术监督，从末端需求倒逼风电制造企业加强质量管理，让那些简单拼装的企业没有存在的空间。第二，加强风电产品认证体系建设，建立风电产品准入的严格技术标准。第三，探索建立国家级的风电产品技术研发与产品测试平台，为风电企业进行技术研发活动提供支持。第四，鼓励风电制造企业、风电开发商与电网企业之间的合作研究，打破各自为政的局面。

参考文献

1. REN21, Renewables Global Status Report 2014, http：//www. ren21. net/REN21 Activities/GlobalStatusReport. aspx.

2. 彭亚利、杨葳、钱蔚：《好风凭借力：全球化塑造中国风电产业》，《埃森哲卓越绩效研究院报告》2011 年第 3 期。

3. 北京银联信信息咨询中心：《2009 中国风电产业发展研究报告》。

4. 《产能过剩倒逼我国风电产业调整转型》，《财经界》2012 年第 7 期。

5. 都志杰等：《中国小型风能产业发展战略研究》，2009 年 5 月。

6. 国电能源研究院：《新能源产业发展趋势研究报告》，2012 年。

7. 国家发改委能源局、国家发改委能源研究所、中国资源综合利用协会可再生能源专业委员会、中国可再生能源学会产业工作委员会联合编制《中国可再生能源产业发展报告（2006）》，2007 年 4 月。

8. 国家发改委能源研究所：《中国 2030 年风电发展展望——风电满足 10% 电力需求的可行性研究》，2010 年 4 月。

9. 国信证券（香港）：《风电设备行业报告》，http：//www. guosen. com. hk/upload/20120113/2012011313264417094875. pdf，2011 年。

10. 吴敬儒、王建生、何百磊：《蒙东、酒泉风电送出特高压直流工程需加快建设》，中电新闻网，http：//www. cpnn. com. cn/zdyw/201308/t20130813_ 601512. html，2013 年 8 月 13 日。

11. 李俊峰等：《中国风电发展报告 2007》，中国环境科学出版社，2007。

12. 李俊峰等：《中国风电发展报告 2008》，中国环境科学出版社，2008。

13. 李俊峰等：《中国风电发展报告 2010》，海南出版社，2010。

14. 李俊峰等：《中国风电发展报告 2011》，中国环境科学出版社，2011。

15. 李俊峰等：《中国风电发展报告 2013》，中国环境科学出版社，2013。

16. 李俊峰等：《中国风电发展报告 2014》，2014。

17. 梁玉萍：《风力发电技术现状及展望》，《东方电机》2002 年第 30 卷第 3 期。

18. 倪受元：《风力发电讲座第六讲风力发电的现状和展望》，《太阳能》2001 年第 3 期。

19. 田德：《国内外风力发电技术的现状与发展趋势》，《农业工程技术（新能源产业）》2007 年第 1 期。

20. 《浙江省风力发电发展规划背景研究之一：国内外风力发电发展现状及趋势》，http：//www. opet. org. cn/article/wind – ele – world. pdf，2004 年。

21. 《中国可再生能源行业分析报告（2012 年 2 季度）》，中国经济信息网，www. cei. gov. cn，2012 年 8 月。

22. 白朝阳：《最绿色的跃进——中国新能源产业 10 年纪事》，《中国经济周刊》2012 年 10 月。

23. 中国电力科学研究院新能源研究所：《中国风电并网状况及风电规模化发展对电网的要求》，2010 年 7 月 31 日。

中国光伏产业发展分析与评价

贾凤伶 *

摘　要：

本文对中国光伏产业发展进行了分析，探讨了光伏产业当前存在的问题，并对光伏产业技术发展进行了评价。目前中国光伏产业在政策及产业内部还存在各种问题，但从市场前景来看，笔者认为将光伏发电系统接入大电网并网运行，是今后技术发展的主要方向。由于我国缺乏光伏产业核心技术，我国光伏企业主要集中在产业链下游。今后光伏企业应注重光伏核心技术的研发，提升光伏企业自主创新能力，降低经营成本，提高利润率。另外，还应通过加强产业组织管理、完善光伏产业政策法规、政府指导行业规范发展、多方融资等措施，推动光伏企业健康发展。

关键词：

光伏产业　核心技术　并网发电　产业政策

随着世界经济的快速发展，石油、煤、天然气等一次能源供应日趋紧张，全球性的能源短缺、环境污染、气候变暖等问题日益凸

---

* 贾凤伶，天津市农村经济与区划研究所，副研究员，管理学博士，中国社会科学院数量经济与技术经济研究所在站博士后。

显。建设生态文明，积极推进能源革命，大力发展可再生能源，已经成为世界各国可持续发展的重大战略选择。太阳能作为取之不尽的、清洁的可再生能源，其开发利用对生态环境保护、缓解能源危机意义重大。本文通过对光伏产业发展历程的综述，深刻剖析产业发展存在的各种问题，通过案例点评总结经验教训，探索未来光伏产业发展的方向与政策，为未来光伏企业发展提供经验借鉴，同时为相关部门制定光伏产业政策提供参考。

一　光伏产业分析

（一）产业定义

光伏产业，简称"PV"（Photovoltaic），是指通过光伏效应，使太阳光直射到硅材料上产生电流来直接发电。光伏产业主要包括晶硅、硅锭、硅片、电池片、电池组件、应用系统 6 个环节，另外还包括生产设备这一辅助环节。其中，上游产业链主要包括硅棒、硅锭、硅片等环节；中游产业链主要包括电池片、电池组件等环节；下游产业链主要是应用系统环节。光伏产业链结构如图 1 所示。

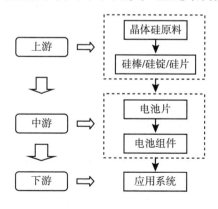

图 1　光伏产业链结构

（二）产业结构

围绕光伏产业链，目前全球光伏企业主要涉及光伏生产设备、光伏零部件、光伏原材料、太阳能电池组件、销售商、光伏系统安装等领域。全球光伏产业结构如图 2 所示。

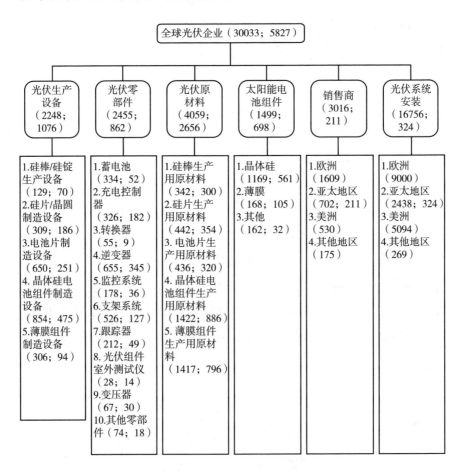

图 2　光伏产业结构

注：图中数据表示从事这一行业的企业数量，括号中前面数据表示全球企业数据，后面数据表示中国企业数据，包括台湾和香港地区。图中为 2014 年 1 月数据。

资料来源：参见 http://www.enf.com.cn/directory/equipment，经作者整理。

1. 中国光伏企业在全球光伏企业中居主导地位

经统计，截至 2014 年 1 月，全球光伏企业数量总计 30033 个。其中，中国企业数量为 5827 个，占全球总量的 19.40%。在光伏产业链的各环节，首先，中国光伏原材料企业占据绝对优势，占全球总量的 65%；其次，中国光伏生产设备企业与太阳能电池组件企业也较多，接近全球总数的 50%；最后，光伏零部件生产企业也占到了全球总数的 35%，这些企业对世界光伏产业的发展起到了重要的推动作用。全球光伏企业布局结构如图 3 所示；中国光伏企业布局结构如图 4 所示；全球与中国光伏企业数量对比如图 5 所示。

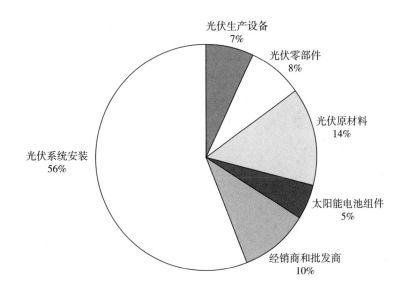

图 3　全球光伏企业布局结构

2. 从产业链的总体布局来看，光伏企业主要集中在产业链下游

截至 2014 年 1 月，首先是光伏系统安装企业（安装太阳能电池板的公司）数量已达到 16756 个，包括地面安装、屋顶安装以及光伏建筑一体化（BIPV）安装公司等，占到总数的 55.79%；其次是光伏原材料生产企业，总计有 4059 家，占到总数的 13.52%，

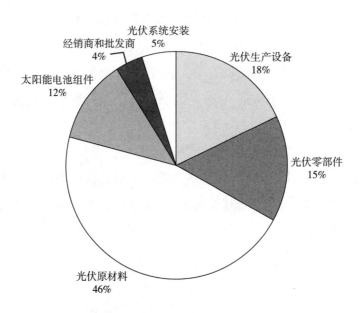

图 4　中国光伏企业布局结构

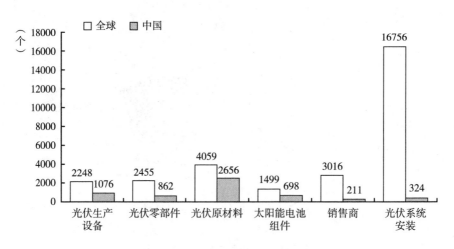

图 5　全球与中国光伏企业数量对比

主要生产用于制造太阳能电池板/光伏组件、电池片、硅锭以及硅片所需的原材料。另外，经营光伏套件、电池板、逆变器、支架系统及其他光伏零部件的经销商和批发商总数为 3016 家，占到企业总数的 10.04%。

3. 从单个领域来看，主要以生产晶体硅和电池片的相关企业为主

光伏生产设备企业主要以晶体硅电池组件制造设备企业和电池片制造设备企业为主。其中，晶体硅电池组件制造设备企业占光伏生产设备企业的 37.99%，电池片制造设备企业占到 28.91%。光伏零部件企业中，生产逆变器、支架系统、蓄电池及充电控制器等产品的企业在该领域占有较大比重。其中，逆变器企业占光伏零部件企业的 26.68%，支架系统企业占到 21.43%，蓄电池企业占到 13.60%，充电控制器企业占到 13.28%。光伏原材料企业主要以晶体硅电池组件生产用原材料企业和薄膜组件生产用原材料企业为主，分别占光伏原材料企业总数的 35.03% 和 34.91%。太阳能电池组件企业主要以晶体硅企业为主，占到太阳能电池组件企业总数的 77.99%。光伏产品的销售商主要分布在欧洲地区，占总销售商的 53.35%，其次是亚太地区占到总数的 23.28%。光伏系统安装企业主要分布在欧洲，占安装企业总数的 53.71%，其次是美洲地区，占到企业总数的 30.40%。

（三）产业特点

1. 技术特点

与常规发电产业相比，光伏产业技术具有如下特征。

第一，发电能源可持续。太阳辐射能取之不尽，用之不竭，世界各地均有太阳光照。另外，地球中光伏发电所需的硅元素也很丰富，为太阳能持续利用提供了保障。

第二，发电能量回报率高。太阳能光伏发电是由光子直接转换成电能，没有传统发电的中间机械部件，维护成本低，转换效率高，可达到 80% 左右，具有较高的能量回报率。

第三，生产装备成本高。传统发电技术壁垒低，生产成本低。而太阳能技术包括太阳光转化电能的一系列过程，装备是整个产业链的基础，技术要求高，导致生产成本高，是制约光伏产业发展的重要因素。

第四，储能技术是关键。目前，光伏产品未能完全普及，其主要原因是夜里光伏产品接收不到太阳，不能实现白天和黑夜的连续发电。这就需要发明储能技术，解决夜间不能发电的问题。目前，储能技术成本较高，发展还不太成熟。待储能技术成熟了，光伏产品实现了白天和黑夜的连续发电，光伏产业才能逐渐普及。

第五，光伏发电是清洁能源。燃煤是环境污染的重要因素。目前，我国发电还是以燃煤为主，对环境的污染很严重。而太阳能是清洁能源，在光伏发电过程中没有排泄物，对环境不产生任何污染，系统报废后也能进行循环再利用，没有遗留问题，有利于环境保护。

第六，发电网络布局灵活。太阳能光伏发电的光伏阵列设置，可以安装在任何有太阳光的地方，不需要额外投资建立专门的场所。另外，太阳能光伏发电系统适合在偏远地区、沙滩戈壁安装，解决偏远、零星分布地区传统发电不足的问题。

2. 产业发展特点

第一，光伏产业日益集中。从世界光伏产业链的企业组成来看，目前，大部分光伏企业的产品主要集中在硅片、电池片和电池组件，以及光伏系统安装等方面。我国光伏产业链主要集中在下游，投资少，技术门槛低，企业之间竞争很激烈，于是出现了恶性降价争夺市场的局面。光伏产业的过度集中，导致产品低附加值，再加上恶性竞争，使得这些环节的利润迅速减少，价格战不断升级。

第二，光伏市场存在供过于求的现象。2008年以来，美国金融危机的出现，导致全球的光伏市场供过于求，2011年的欧债危机更加剧了这一状况。直到 2013 年以来，光伏市场产能过剩有所缓解，但仍然处于产能过剩的状态。据 SEMI China[①] 预测，2013年上半年以来，国内光伏业产能达 40 吉瓦，目前实际出货量仅为11.5 吉瓦，全球产能过剩 20%。可以预见，未来在短时期内光伏市场的供过于求状态很难改变。

第三，光伏发电装机快速扩张。近年来，全球光伏发电装机容量不断增长，除了德国，中国、美国、日本的光伏市场也在迅速扩大，2012 年全球光伏发电累积装机容量达到 1.02 亿千瓦。目前，中国已超过美国，在累积数据方面跃居世界第三位。随着绿色能源的普及，光伏发电装机容量有进一步增长的趋势。

第四，发达国家掌握着核心技术。太阳能光伏产业的关键环节是推广应用，核心问题是技术创新。目前，核心技术主要在于提高光电转换效率和稳定性，以及如何降低成本等方面，而这些技术主要掌握在美国、德国和日本等发达国家的企业手中。在光伏产品安装领域，德国和日本占据市场 2/3 的份额。我国目前主要靠进口生产线，尤其是在多晶硅主流技术方面，我国仍与发达国家存在一定差距，并且各产业链单兵作战的现状亟待改变。

（四）技术进步与市场应用前景

1. 技术进步情况与展望

目前，太阳能电池主要包括晶体硅电池、薄膜电池以及其他材料电池，其最重要的参数是光电转换效率。目前单晶硅电池转换率普遍为 16% ~ 18%，多晶硅电池普遍转换率为 15% ~ 16%。据调查[②]，2013 年，博世太阳能（阿恩施塔特，德国）和哈梅林太阳能研究

---

① SEMI（国际半导体设备与材料协会）在中国的常驻机构。
② 参见 http://solar.ofweek.com/2013 - 09/ART - 260018 - 8300 - 28718945.html。

所（ISFH，Emmerthal，德国）使用离子注入指叉背结背接触（IBC）技术，生产的高效晶体硅太阳能光伏电池效率可达到22.1%。中电光伏（CSUN）的单晶太阳能电池转换率已达20.26%。尚德的电池片早在2012年3月12日就宣布，采用其专利Pluto（冥王星）技术已将光伏电池的转换效率提升至20.3%。2013年3月，松下开发的面积超过100平方厘米的实用级别晶体硅太阳能电池单元实现了24.7%这一世界最高的单元转换效率，比美国Sun Power公司2010年达到的24.2%高出0.5个百分点。晶体硅太阳能电池单元的理论效率为29%，但实际应用中只能达到25%~26%。2013年6月，日本夏普（Sharp）研发的太阳能电池转换效率为44.4%，是目前全球最高的转换效率。可以预计，随着科技的快速发展，光伏发电效率将逐步得到提高。

薄膜电池是用一层薄膜制成太阳能电池，用硅量少，成本低，又是一种新型建筑材料，可以与建筑相结合。目前，硅原材料日趋紧张，薄膜太阳能电池已成为光伏市场发展的新趋势，其种类主要包括硅基薄膜太阳能电池、铜铟镓硒薄膜太阳能电池（CIGS）、碲化镉薄膜太阳能电池（CdTe）[①]。薄膜电池具有成本低、弱光性好及适合与建筑结合等优点，但是，在如今的市场环境下，薄膜电池的劣势也非常明显。从市场份额角度来说，晶硅电池占有绝对的主导优势。另外，从转化率角度来讲，晶硅电池转化率高且稳定，大面积电池最高转化率可达24.7%，而同等条件下，薄膜电池转化率最高仅可达15.7%[②]。可见，薄膜电池技术短时间内超越晶硅不太可能实现，但从长期来看，由于薄膜电池技术具有可实现较高的极限转化率、对光照要求低、弱光性能好等一系列的先天优势，薄

---

① 参见http：//baike.baidu.com/link？url=Y_ widOAFsnLD3eFFJ1B8QjYQVY3ZKLGXB － v6qGcwQhhBLih2NurCBbmci1oEbbw8MmyQ4OxOpSydtCwn_ 0EFB_ 。

② 参见http：//news.solarbe.com/201401/16/47808.html。

膜电池较光伏电池具有更广阔的市场前景。

2. 主要应用方向

根据光伏系统的运行方式，发电系统可分为离网光伏发电系统（以下简称"离网系统"）和并网光伏系统两大类。20 世纪 90 年代后期，离网光伏发电系统是每一家太阳能公司的主打产品。随着工业化国家实施了各种奖励措施，并网光伏市场在 2006 年后蓬勃发展，离网光伏发电系统在今天看起来落后了：光伏组件进入离网光伏发电市场的应用仅为全球太阳能光伏市场规模的 10%。尽管其占很少的市场份额，但离网光伏发电系统对于远离公共电网的无电地区和一些特殊应用领域发挥了重要作用，如为偏僻农村、牧区、海岛、高原、沙漠的农牧民提供照明、电视、广播等基本的生活用电，为通信中继站、沿海与内河航标、输油输气管道阴极保护、气象台站、公路道班以及边防哨所等提供稳定电力，也是光伏应用中唯一自由和非补贴市场下仍可以赢利的方向。换言之，到目前为止，离网光伏发电系统在一些应用领域是经济的，具有无可取代的地位，特别是随着未来分布式能源的进一步发展、储能技术的不断提高，离网光伏发电系统具有广阔的市场前景。

当前，太阳能电池的效率大多在 15%，再加上成本高，使光伏并网系统产生的电力在成本上较传统发电成本高很多，在技术或生产工艺方面没有取得革命性突破前大力推广应用的经济性不大。另外，随着未来能源结构的多元化，以及分布式发电、微电网技术、智能电网技术的不断发展，可打破大电网的垄断，为离网系统的应用提供更多机会，未来离网光伏系统份额存在逐步增加的趋势[①]。光伏发电系统并网运行，是提高光伏发电规模的重要技术出路，也是未来技术研究的主要方向。当前，光伏发电系统并网

---

① 刘宁：《离网光伏系统应用研究与实践》，中山大学硕士学位论文，2010。

有集中式并网和分散式并网两种方式。集中式并网的优点是电能可以直接被输送到大电网，适于大型光伏电站及荒漠光伏电站并网；缺点是投资大、建设期长、占地面积较大。分散式并网的优点是所发出的电能可直接分配到用电负载上，特别适于与城市建筑结合。由于这种方式投资小、建设快、占地面积小，国家大力支持，是当前我国光伏发电并网的主流[1]。2010 年 12 月，我国实施了金太阳示范工程，推进了我国光伏发电的规模化发展。2012 年 5 月，龙源西藏羊八井 20 兆瓦光伏电站正式投产发电。2013 年 2 月，甘肃永昌正泰公司的 100 兆瓦光伏电站正式并网发电。该项目是该公司在国内已建成的装机规模最大的光伏电站，也是甘肃省内最大规模的光伏电站。正泰公司光伏并网发电项目总建设规模为 100 兆瓦，地址位于金昌市永昌县河清滩，海拔高度 1670 米，占地面积约 237 公顷，运营期超过 25 年，平均年发电量为 13770 万千瓦时，与同容量燃煤发电厂相比，每年可节约标准煤约 6 万吨，氮氧化物约 444 吨、烟尘约 899 吨，对节能减排和环境保护具有非常重大的意义[2]。在国家政策的大力支持下，较大规模并网发电同样具有较好的发展前景。

二　光伏产业当前问题深度分析

（一）政策问题

1. 电池原料行业门槛高

多晶硅是制造太阳能电池的重要原材料。为了避免重复建

---

① 参见 http：//baike. baidu. com/link？ url = LrDUGsmWINuPXnPLAr_ qeLd5_ ujkj3AG6v7aZ – UXQzODliG0JUulBRFYH0i8eXpu_ tDh9vT4oJrLLljDmgyxD_ 。

② 参见 http：//guangfu. bjx. com. cn/news/20130217/418076. shtml。

设，确保产业健康发展，工信部、国家发改委以及环保部联合出台了相关文件，设置了入行门槛。相关文件的出台，一方面，促进了行业有序发展；但另一方面，限制了新入行的企业，对新项目产生了很大影响。这促进了大企业的价格垄断，使原材料价格居高不下。

2. 国家投入力度不高

太阳能光伏发电自身调节能力差，其发电会受昼夜变化、气象变化、季节变化等多种因素的影响。面对这种状况，我国电网技术还不能满足现状发展需求。要实现以清洁能源替代传统能源的"能源革命"，必须建立适应清洁能源间歇式发电的信息化、自动化、互动化的"智能电网"。这就意味着要增加对"智能电网"的投入。由于电网投资巨大，我国一直忽视对电网的建设投资。到目前为止，我国对电网的累计投资占电力累积总投资的40%左右，导致电网建设滞后问题异常突出。

3. 电厂电网规划脱节

目前，电厂和电网建设规划严重脱节，使二者建设也不相配套。我国光伏发电入网的标准全是推荐标准，有的已经过期，入网标准制定以及检测能力严重滞后于产业发展，导致产品质量良莠不齐，给电网安全带来了隐患。

4. 产业政策的实施缺乏监督

目前，国家先后出台并启动了一系列促进光伏产业发展的政策，如"光伏特许权招标"、"光电建筑一体化"、"金太阳示范工程"和"标杆上网电价"等，这些政策的实施对我国光伏产业发展起到了一定的促进作用。但由于没有建立监督机制，一些项目批复之后存在"低购高报"、"围而不建"、工程质量差等情况，借工程名义骗取国家补贴资金。这些问题严重制约了我国光伏产业做大做强以及可持续发展。

（二）产业自身问题

1. 上游产业缺乏核心技术

目前，美国、日本和德国掌握着光伏产业链上游技术，我国大多以模仿为主，形成了技术依赖，只能通过进口满足产业发展需求。我国上游产业的落后，严重影响了中游及下游产业的生产匹配度，导致下游产业恶性竞争，阻碍了整个产业链的健康发展。

2. 国内市场极不稳定

目前，我国光伏产业发电的成本普遍为传统能源的 10 倍以上，发电成本较高。同时，由于垄断组织的控制，以及我国光伏产品市场发展不健全，新能源产品进入市场的成本也很高，光伏产品技术扩散难度较大，小企业成不了规模，市场发展非常不稳定。

3. 部分产品产能过剩

光伏企业主要集中在产业链的下游，导致部分产品产能过剩，2009 年，国家意识到了这一问题，并采取措施控制多晶硅项目的实施。但是，由于利益驱动，多晶硅项目仍然备受追捧，2011 年后我国多晶硅产品库存积压严重，大部分企业纷纷倒闭，行业整顿迫在眉睫。

4. 重复建设现象严重

在国家新能源政策的引导下，光伏产业发展势头猛烈，进入门槛低，具有较大的获利空间。在利益驱动下，地方政府大力支持光伏企业发展，光伏企业开始在全国范围内迅速扩张，由于缺乏科学合理的规划，在生产布局上盲目跟风、重复建设现象较为严重。

5. 光伏并网存在瓶颈

目前我国的光伏并网存在如下问题：一是并网的相关技术不成熟，并网后容易对现有设备造成一定影响。二是太阳能因昼夜、气象和季节等的变化会对发电产生影响，导致光伏发电的间歇性与不确定性，对并网发电也会造成一定的影响。三是距离产生的缺陷。我国西北地区是太阳能辐射最多的地方，但是边疆地区发展落后，不需要大量电力，必须长途将电运输到东部地区才能发挥功能，但这需要巨大的财力投入。以上这些问题已经成为阻碍光伏产业发展的重要因素。

6. 投入大，融资难

光伏行业属于资金密集型行业，需要大量的资本投入，光伏企业的主要融资渠道有银行信贷、风险投资和上市融资等几种。目前我国光伏产业大多规模较小，实践表明这些融资方式很难实现。虽然 2009 年国家制订了财政补贴计划，但这些补贴政策没有在真正意义上启动。

（三）各种问题之间相互制约

1. 政府补贴不到位导致光伏企业并网难

目前，我国政府对电网运输企业给予的补贴较少，主要面向光伏电站企业，而光伏并网需要大量的资金投入来改善原有设备。因此，国家补贴政策应同时考虑整条产业链上的各个环节，确保各方面均衡发展。

2. 上网电价不合理导致市场价格迅速下降

光伏并网发电后，国家公布了光伏上网电价，然而这个电价没有考虑日照条件不同地区的光伏发电情况，导致光伏上网电价倒推回来的光伏组件价格偏低，使我国光伏组件市场价格迅速下降。

3. 光伏产业暴利导致忽略自有技术研发

光伏产业是新兴产业，由于早期国家的大力扶持，光伏产业迅速发展并且持续获利。在利益的驱动下，生产者忽视了技术的研发。目前各大装备公司还没有形成一套成熟的产业技术、装备和工艺，缺乏具有自主知识产权的核心技术。

4. 核心技术缺失导致市场分布失衡

目前欧美一些国家纷纷缩减财政支出，对光伏产业等新能源行业的支持力度逐步下降，太阳能电池需求量大幅降低，我国的外销市场进一步萎缩。这种轻国内、重国外的市场分布失衡，归根结底是技术原因造成的。只有打破技术的限制，研发核心技术，减少生产成本，从而降低产品价格，才能开发国内市场，让国内老百姓用上清洁的太阳能产品。

5. 高成本是制约光伏发电大规模应用的主要障碍

光伏发电成本较高，目前，光伏发电还主要靠政府扶持，高成本的运营根本无法与常规能源发电竞争，这制约了光伏产业的规模化开发和应用。

6. 政策导向不明确导致产业链畸形

随着无锡尚德等企业在海外的成功上市，我国将光伏产业定位为优先发展的新兴技术产业。截至 2011 年底，我国的光伏电池制造企业已经超过 500 家。因为政府制定的政策导向不明确，大多数企业涌向了利润较高而技术门槛低的光伏产业链下游，企业开展重复性竞争，导致后期产能严重过剩，形成了畸形的光伏产业链。

三 光伏产业技术发展评价

光伏产业属于新兴的科技型产业，其核心问题在于科技的研发和推广。伴随着产业的发展，产业技术的结构调整必将不断引导产业结构的优化升级。产业在不断发展和技术升级相互作用的同时，要受产业发展机制的激励与制约，产业路径演变、技术结构变迁与产业发展机制三者的关系如图 6 所示。

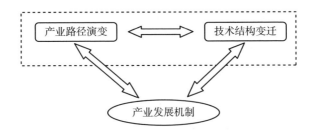

图6 产业路径演变、技术结构变迁与产业发展机制的关系

（一）产业路径演变

1. 产业演变阶段

第一阶段（2004年以前）：产业萌芽期。这一阶段因为是初始阶段，产业规模小，各国产业政策不明确。据调查，中国当时只有6家晶体硅太阳电池制造企业，其生产能力总计才2兆瓦，即使这么小的产能也不能完全释放。2004年，德国出台了《上网电价法》，各国开始逐渐重视，光伏产业呈现增长趋势。

第二阶段（2005年至2010年底）：产业成长期。在这一阶段，光伏产品产量稳步增长，年增长幅度超过100%，到2008年产量已达到2589兆瓦。虽然2008年爆发了金融危机，产能有所下降，但在国际金融危机还没有恢复的情况下，就出现了市场的快速启动，2009年全球太阳电池出货量达到12.464吉瓦，比上年增加了58%。2010年，中国光伏产业继续快速扩张，当年新增400条太阳能电池标准生产线，光伏产品产量达到13.01吉瓦，比2009年增长了173%，占当年全球光伏组件总出货量的47.8%。中国光伏组件生产已在全球居主导地位。

第三阶段（2011年至今）：成长期向成熟期过渡。2011年，全球光伏市场迅速下滑，尤其欧洲光伏产业政策出现了不确定性，意大利和德国的补贴政策也不明朗或者补贴下降，光伏市场开始萎缩，太阳电池伴随产能的继续扩大，其出货量大幅减少，出现供过于求的局面。此时，作为光伏组件生产的大国，中国光伏产品大量积压，各个企业开始竞相压价。由于价格低，企业资金链断裂，部分企业破产后重组，无锡尚德便是典型案例。

2. 国外光伏产业发展现状

当前，全球光伏市场蓬勃发展。截至 2012 年底，全球光伏累计装机容量已超过 100 吉瓦。而 2012 年全年，全球总装机容量约 31 吉瓦，其中，欧洲装机容量 17.16 吉瓦，占全球该年总装机量的 55.4%，居世界首位；其他国家总装机量为 13.84 吉瓦，占全球总装机容量的 44.6%。从中可看出，欧洲太阳能光伏商业化的发展远超过其他国家。世界光伏电池发货量逐年攀升，从 2004 年的 1195 兆瓦上升到 2012 年的 31898 兆瓦。

3. 我国光伏企业发展现状

我国的光伏电池产量占世界总产量的 73.2%。国内光伏市场 2020 年的发展目标是年装机容量达到 15 吉瓦，累计装机容量达到 100 吉瓦。目前，中国的光伏产业已形成规模化生产，居世界第一位。电池技术涵盖晶体硅、薄膜、聚光光伏（高效电池）领域，在逆变器、太阳跟踪器和光伏系统等方面均已形成规模。截至 2014 年 1 月，我国光伏企业约有 5827 家（包括台湾和香港地区），主要以经营光伏原材料、光伏生产设备、太阳能电池组件和光伏零部件为主，其中光伏原材料企业已经占到全球总量的 65%。随着我国企业的快速发展，其产能也不断提高。截至 2012 年，我国光伏产业在海外上市市值最高的十大公司排名及国内光伏企业营业收入排名如表 1 所示；国内主要中下游光伏企业的有效产能情况及排名如表 2 所示；2012 年我国主要光伏企业产能/产量如表 3 所示。

表1 我国光伏企业海外上市市值及营业收入排名

海外上市市值最高的十大公司 （数据截至 2012 年 8 月 13 日）			2012 年国内光伏企业营业收入排名		
排名	公司	市值（美元）	排名	公司	营业额（万元）
1	保利协鑫	183 亿	1	比亚迪	4882692
2	天合光能	3.89 亿	2	通威	3525196
3	英利绿色能源	2.79 亿	3	新奥	3303286
4	晶澳太阳能	2.04 亿	4	阳光	2866095
5	尚德电力	1.97 亿	5	晶龙实业	2618721
6	赛维 LDK	1.92 亿	6	正泰	2515732
7	昱辉阳光	1.35 亿	7	精功	2017818
8	阿特斯太阳能	1.27 亿	8	赛维 LDK	1392985
9	韩华新能源	9713.09 万	9	大全	1378940
10	晶科能源	5790.92 万	10	超威电源	1337205

资料来源：参见 http：//baike. baidu. com/link？url = oP_ IUJ_ qMkNiburFBJqVyy DkIDmGyAGfoMzwJP9r0Cuc-QkUxKz3v2UoZbzEs2yYiekMTtoluoDAoSxBur8peK； http：// miit. ccidnet. com/art/32559/20120903/4221919_ 1. html。

表2 2013 年企业的有效产能情况及排名

排名	公司	有效产能（兆瓦）	产能有效比（%）	年出货量（兆瓦）
1	晶澳	2800	100	1700～1900
2	阿特斯	2500	100	1600～1800
3	英利	2450	100	3200～3300
4	天合光能	2400	100	2300～2400
5	晶科 & 韩华	1500	100	1200～1500
6	昱辉阳光	1200	100	—
7	海润光伏 & 亿晶光电	1000	—	—
8	中电光伏	809	70	440～480
9	东方日升	700	100	400
10	尚德	600	25（2011 年）	2096（2011 年）
11	向日葵	450（2012 年）	—	—

资料来源：参见 http：//solar. of week. com/2013 - 12/ART - 260001 - 8500 - 28751751_ 7. html。

表3 2012年我国主要光伏企业产能/产量

单位：兆瓦

主要光伏企业产能/产量			主要光伏企业电池片产能/产量		
企业	产量	产能	企业	产量	产能
英利	2300	2450	英利	2000	2450
尚德	1700	2400	晶澳	1800	2800
天合	1700	2450	尚德	1700	2400
阿特斯	1600	2400	天合	1400	2450
晶澳	1100	1500	阿特斯	1100	2400
韩华	850	1500	晶科	8400	1500
晶科	840	1500	海润	800	1560
昱辉阳光	720	800	韩华	800	1300
正泰	650	800	中国电子科技集团公司第48研究所	700	1200
海润	550	900	正泰	580	600

资料来源：成靓（2013）。

4. 我国光伏市场发展现状

2012年，中国光伏装机4.5吉瓦，增速达到66%，累计装机量近8吉瓦，占世界累计装机容量的7.9%，排在世界第四位。从应用类型来看，我国大型光伏电站占绝大多数，截至2012年底我国大型光伏电站累计装机近4400兆瓦，占我国光伏累计装机容量的63%。2000～2012年我国与全球年度累计光伏装机容量对比情况如图7所示。

预计到2050年，我国煤电比例从现在的72.5%，下降到26.7%，实现了电力结构转型。光伏装机基本目标达到10亿千瓦，光伏装机容量比例为25.38%，比美国（27%）和欧盟（49%）

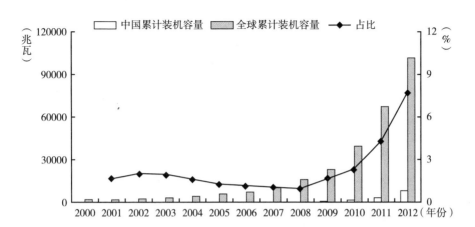

图7 2000~2012年我国与全球年度累计光伏装机容量对比

资料来源：http：//www. askci. com/news/201307/25/2517531395757. shtml。

低。按照高比例可再生能源设定的我国能源发展路线图，其安全性、成本、储量、技术及对于环境的影响可以预测：2050 年可再生电力占一次能源消费总量的40%，占总电力需求的60%。国内光伏市场发展目标如图8 所示。

图8 2011~2020 年国内光伏市场发展目标

随着光伏组件价格的不断下降，国内企业开始从成本控制和提升产品转换效率两个方面入手，尽量保证利润、减少亏损。在成本控制方面，国内一线的组建厂商通过原材料采购成本控制及在生产过程中的成本控制，来降低生产成本[①]。2012 年国内光伏组件价格及其成本如图 9 所示。

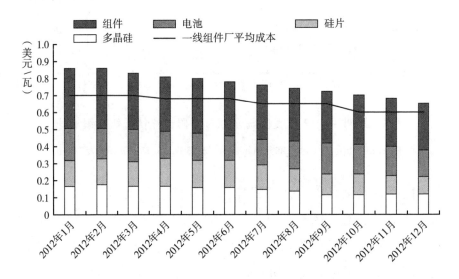

图 9　2012 年国内光伏组件价格及其成本

资料来源：SEMI 中国团队：《2013 中国光伏产业发展报告》，semi 大半导体产业网，http：//www. semi. org. cn/marketinfor/news. show. aspx？ ID = 1495&classid = 13。

5. 光伏产业未来发展预测

光伏产业的发展是世界趋势。2012 年 6 月，美国能源部国家可再生能源实验室（NREL）的研究显示：到 2050 年，在美国，可再生能源将提供 80% 的电力供给，其中光伏总装机容量将达 300 吉瓦，占总电力装机容量的 27%；欧洲可再生能源委员会发布的名为《反思 2050》的报告指出，到 2050 年，欧洲已不再使用煤炭

---

① SEMI 中国团队：《2013 中国光伏产业发展报告》，semi 大半导体产业网，http：//www. semi. org. cn/marketinfor/news. show. aspx？ ID = 1495&classid = 13。

等传统能源，其能源供给全部来自可再生能源，其中光伏装机容量将达到962吉瓦，占总装机容量的49.2%。可见，未来全球光伏市场将居主导地位。

中国面对世界光伏产业发展的竞争局势，未来发展趋势主要体现在以下几方面。

第一，多晶硅产量不断提高。随着下游太阳能产品应用不断扩大，全球光伏企业产能将不断提升。截至2013年底，全球多晶硅产量已经达到23万吨[①]，我国多晶硅产量达到了8.46万吨[②]。据测算，2014年全球多晶硅产量可达26万吨，我国产量约10万吨，主要集中于江苏中能、特变电工、大全新能源等几家企业[③]。然而，受"双反"政策的影响，国外对我国光伏市场低价倾销，我国光伏市场供应量不断扩大，我国企业仍将承受低价压力[④]。2009~2013年，中国与全球多晶硅产能和产量状况对比如表4所示；我国多晶硅需求、产量与进口量的统计与预测如表5所示；中国多晶硅制造产能与趋势如图10所示。

表4 2009~2013年中国与全球多晶硅产能和产量状况对比

单位：吨

地区	2009年		2010年		2011年		2012年		2013年（预测值）	
	产能	产量	产能	产量	产能	产量	产能	产量	产能	产量
中国	60010	19563	90710	54960	139510	82150	189000	65000	190000	84600
全球	159650	91166	263610	182561	357010	240650	412100	240000	415000	230000

注：中国的产量包括大陆和台湾地区。
资料来源：成靓（2013）及作者整理。

---

① 参见 http://www.ocn.com.cn/info/201311/tyn141132.shtml。

② 参见 http://www.chinairn.com/news/20140703/155007280.shtml。

③ 参见 http://www.cecol.com.cn/news/20140307/032673507.html。

④ 参见 http://solar.ofweek.com/2013-12/ART-260006-8420-28758557.html。

表5　2009～2013年我国多晶硅需求量、产量与进口量统计与预测

单位：吨

年份	需求量	产量	进口量
2009	42300	19593	22726
2010	102500	54960	47549
2011	143800	82150	61608
2012	151700	70000	81680
2013（预测值）	155000	55000	100000

资料来源：成靓等（2013）。

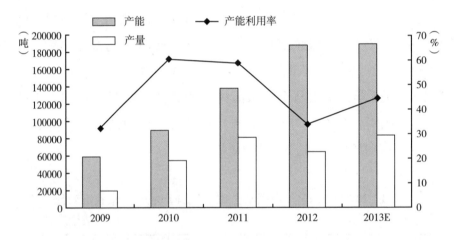

图10　2009～2013年中国多晶硅制造产能与趋势

资料来源：《中国光伏产业报告（2013）》。

第二，电池组件产量持续增长。随着行业的不断整顿以及国家政策的逐步引导，光伏产业经营状态开始好转，各企业开始逐步扩大产能。2014年，全球光伏组件产量呈现增长势头，全年达到43吉瓦。我国光伏企业多集中在下游产业链，企业生产规模快速增长，2014年全年我国光伏组件产量超过28吉瓦，产业链下游产业继续膨胀。原材料的涨价及国外市场的不稳定，给我国光伏产业生

产也造成了经营压力。我国光伏组件制造产能发展趋势如图 11 所示；2004～2013 年我国年光伏电池组件的产量、出口量、安装量及出口比例情况如表 6 所示。

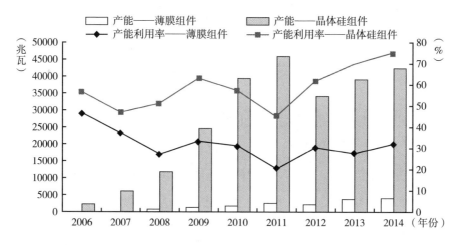

图 11　2006～2014 年我国光伏组件制造产能发展趋势

资料来源：《2013 中国光伏产业发展报告》。

表 6　2004～2013 年光伏电池组件的产量、出口量、安装量及出口比例

项目 ＼ 年份	2004	2005	2006	2007	2008	2009	2010	2011	2012	2013（预测值）
产量（兆瓦）	50	200	400	1088	2600	4011	10800	13500	23000	25000
出口量（兆瓦）	40	195	390	1068	2560	3851	10300	11300	18000	15000
安装量（兆瓦）	10	5	10	20	40	160	500	3000	5000	10000
出口比例（%）	80	97.5	97.5	98.2	98.5	96	95.4	83.7	78.3	60

资料来源：成靓等（2013）。

第三，分布式发电将成为光伏市场发展的重点。2013 年，国务院出台了多个关于上网电价、补贴资金、并网管理等促进光伏产业发展的政策文件，以破解光伏产业发展瓶颈，推进我国光伏产业规模化发展。考虑到分布式发电对我国的重要性，国家开始高度重视，把分布式发电纳入国家"十二五"规划，提出 20 吉瓦为分布式发电占总容量的 57%。2014 年，国家继续加大分布式发电的扶持力度，在光伏建设容量目标中，有 8 吉瓦为分布式发电，占总目标的 67%。由于目前我国分布式发电技术及模式尚不成熟，具有较大的潜在风险，其规模化发展将受到一定阻碍。

第四，光伏发电距离平价上网越来越近。2011 年 7 月，国家统一了光伏上网电价补贴政策，实行每千瓦时补贴 1.15 元或 1 元的政策；同年 8 月，发布了《中国光伏发电平价上网路线图》，预测我国 2014 年将实现"平价上网"，2015 年，我国部分地区可以实现用户侧的平价上网，2020 年全国大部分地区可以实现发电侧的平价上网，2030 年我国将全部实现发电侧的平价上网。我国不同地区光伏发电价格变化趋势如图 12 所示，光伏发电达到"平价上网"路线如图 13 所示。

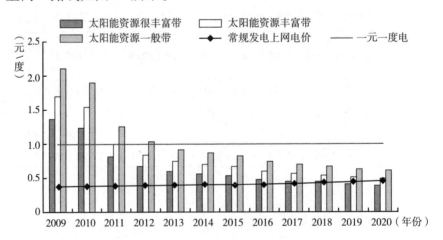

图 12　我国不同地区光伏发电价格变化趋势

资料来源：《中国光伏产业发展报告 2013》。

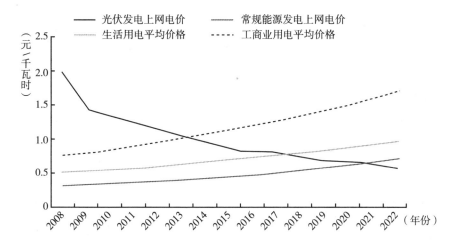

图13 光伏发电达到"平价上网"路线

资料来源：参见 http：//guangfu. bjx. com. cn/news/20110818/303386. shtml。

第五，产业环境不断优化。自2013年以来，随着我国促进光伏产业发展一系列政策的出台，国家的支持力度不断加大，使光伏产业的发展环境得到逐步改善。此外，为了规模化企业能够顺利融资，中国银行业监督管理委员会、国家开发银行等金融机构不断与行业主管部门密切合作，出台金融扶持政策。面对产业存在阶段性过剩、产业整合推进困难及外部贸易不确定性等问题，2014年，国家继续加大扶持政策，通过采取推进技术进步、规范行业发展等措施推进光伏产业发展。

（二）技术结构变迁

1. 技术结构变迁阶段

1958年至今，光伏产业的技术结构变迁经历了三个阶段。

第一阶段，技术开发阶段（1958～1980年），是光伏产业技术的萌芽期。1958年，中国电子科技集团第十八研究所设立课题进行太阳能电池研究，从此我国开始了太阳能电池研究。1960

年天津十八所制成的太阳电池雏形，效率为 1%，1962 年制成 P+/n 型单晶硅电池，效率为 6%～8%。自此，全国各大城市的科研院所开始了太阳能电池的研究，一些电池厂开始小批量生产太阳能电池，到 1979 年成立了光伏委员会，并于 1980 年开展了第一次光伏技术的学术交流，为我国光伏产业快速发展奠定了基础。

第二阶段，技术验证阶段（1981～2000 年），是光伏产业技术的成长期。自 1980 年首届中国光伏大会在北京举行后[1]，有关光伏的学术交流会不断开展，学者们不断交流光伏技术经验与创新成果。1990～2000 年，一批光伏企业应运而生，生产的大批光伏产品开始出口。1998 年，成立了中国可再生能源产业协会（CREA），推动了中国光伏技术，尤其是产业化技术和应用技术的进步。

第三阶段，技术应用启动阶段（2000 年至今），是光伏产业技术的蓬勃发展期。2000 年以来，中国光伏技术发展很快，实现了由空间光伏向地面光伏的转型，由独立电源向并网发电的转型，由光伏作坊向光伏工厂的转型，由国内市场向国际市场的转型。以无锡尚德为代表的光伏知名企业不断壮大，并在全球光伏企业中占据重要地位。目前，中国光伏产品的市场占有率已居全球的主导地位。

由于我国光伏产业缺乏核心技术，因此，我国光伏产业全产业链还未到达成熟期，需要进一步加强光伏产业的自主创新，推进光伏产业发展。

2. 技术分类

光伏发电技术是太阳能技术的一种，大致分为晶体硅电池技术

---

[1] 崔容强：《中国光伏研发技术进展》，百度文库，http：//wenku. baidu. com/link? url = CFO - 9SDiah2R2zoBV3JOhvf_ VFty3_ Bt47LBanDke_ a1EU7err6Xgil5ICz8N1t9eqUyPT5CQ3b N2ejHL - jzIaeL3WGFD - isc - y6MC45jZm。

和薄膜电池技术两大类，晶体硅电池技术是在光伏发电技术领域占据绝对优势的主流技术。目前，规模化生产的电池主要包括非晶硅薄膜电池、碲化镉薄膜电池和铜铟镓硒薄膜电池三种。其中，非晶硅薄膜电池的优点是耗硅量低、生产成本低、高温特性好，缺点是寿命短、稳定性差、转换率低。碲化镉薄膜电池和铜铟镓硒薄膜电池的优点是材料消耗量、生产成本、制造能耗和平均售价均较低，光电转换率也明显高于非晶硅薄膜电池，缺点是与多晶硅光伏电池相比，碲化镉薄膜电池的光电转化率明显偏低①。光伏发电技术的基本分类如图 14 所示。

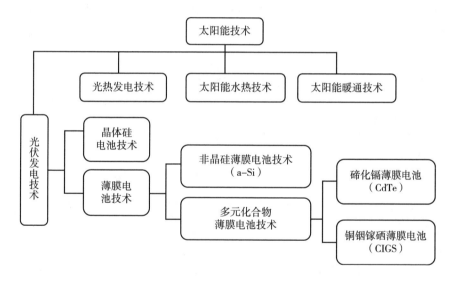

图 14　光伏发电技术的基本分类

3. 技术特征

第一，转换效率。转换效率是评价电池技术的重要指标。转换效率越高，单位面积的发电量越高。目前所有电池的产业化效率都

---

① 参见 http：//wenku. baidu. com/link? url = tFBOaKJLEUCZ55Kc71GaPedgLTE67_ saXSGy－wRfs0u1S8ah4－TUsu3－JFBCJqZTUPeVdiitG0AEeOAjCTfsqWf74kkqmkLGM1m5DsAQs_ q。

与其实验室最高转换效率存在一定差距，这也表明光伏产业技术还存在较大提升空间。目前，在实验室所研发的硅基太阳能电池中，单晶硅电池效率为25.0%，多晶硅电池效率为20.4%，CIGS薄膜电池效率达19.6%，CdTe薄膜电池效率达16.7%，非晶硅（无定形硅）薄膜电池的效率为10.1%，而在实际应用中效率略低于这一水平[①]。

第二，组件衰减。光伏组件衰减是指电池转换效率及组件输出功率经过一段时间后的降低。由于组件服务期长达20~25年，为了评估组件在野外工作的耐久性，通常要对组件进行寿命循环实验。玻璃封装的组件每年的衰减以及寿命周期内（20年）的衰减情况如表7所示。

表7　不同技术组件的衰减特性

单位：%

	每年的衰减	20年的衰减		每年的衰减	20年的衰减
晶体硅	0.5	9.54	CIGS	0~6	0~71
CdTe	0.6~1.2	11~21	非晶硅	0.7~1	13~18

资料来源：李海玲、王红梅、王文静等：《光伏产业路线图——北京光伏产业技术路线图研究》，机械工业出版社，2012。

第三，对温度的敏感性。光伏组件的特性与工作温度有着密切的联系。由于组件直接工作于强光下，通常工作温度要比环境温度高20℃左右。当组件工作温度达到4520℃时，晶体硅组件输出功率损失比标称的损失大10%。相比之下，薄膜电池组件比晶体硅电池的温度系数低，即在高温下功率损失要小。不同电池技术的温度系数如表8所示。

[①] 参见 http://solar.ofweek.com/2013-09/ART-260018-8300-28718945.html。

表8 不同电池技术的温度系数

单位：%

技术种类	温度系数	标称转换效率	折算转换效率
多晶硅（基本）	− 0.5	13.5	13.5
CdTe	− 0.25	9.6	10.7
CIGS	− 0.36	9.6	10.2
a-Si（3 结）	− 0.21	6.3	7.1
a-Si/μc-Si	− 0.25	8.7	9.7

注：辐照强度为每天 7 千瓦时/平方米。

资料来源：李海玲、王红梅、王文静等：《光伏产业路线图——北京光伏产业技术路线图研究》，机械工业出版社，2012。

（三）产业发展机制

1. 构建"规划、计划、政策、监管"四位一体的发展机制

2012 年中国光伏产业的危机势态，对产业发展造成了非常不利的影响，众多企业陷入停产、破产的困境之中。在此情形下，我国接连出台一系统产业政策，初步形成了以"规划、计划、政策、监管"为主的光伏应用体系。工信部统计数据显示，2013 年上半年我国电池组件产能超过 40 吉瓦，约占全球的 67%；产量约 11.5 吉瓦，约占全球的 67.5%，同比持平。出口量约 7.5 吉瓦，出口额近 50 亿美元，同比下降 37%。我国光伏产业发展形势及经营状况有所好转，国内光伏市场逐步扩大。与此同时，根据国家能源局发布的《分布式光伏发电项目管理暂行办法》和《光伏发电运营监管办法》两大政策，国家电网公司对分布式电源服务办法进行了修订，加上国家能源局发布的《光伏电站项目暂行办法》，以及出台的上网电价、分布式光伏发电等补贴政策，

147

使光伏产业形成了"规划、计划、政策、监管"四位一体的发展机制。

2. 构建 CDM 清洁发展机制

《京都议定书》提出了缓解气候变暖的 CDM 清洁发展机制。截至目前，我国已经实施了多个 CDM 项目。实践表明，清洁发展机制的实施将有效解决我国光伏企业的技术、资金等问题，促进光伏产业的发展。

3. 完善光伏产品准入机制

"金太阳示范工程"推动了光伏产品生产企业的认证，但其本质上是自愿性的产品认证，在市场调节方面存在较大困难。随着光伏产品技术的不断进步，光伏产品的质量保证将面临挑战。完善光伏产品准入机制，加强产品认证，已经成为政府推动我国光伏产业发展的当务之急。

4. 完善可再生能源资金支持机制

在国家政策的大力支持下，我国可再生能源发展迅速。2011年后，可再生能源发电项目补贴发放推迟，导致企业资金运转困难，对整个产业链产生了巨大影响。随着可再生能源发电规模的继续扩大，其投资必将不断增加，进一步完善可再生能源发展的资金扶持机制是当前相关政府部门关注的重点。

5. 制定贸易争端化解机制

欧美"双反"给我国光伏产业带来了巨大冲击，与其他国之间出现了贸易摩擦，我国需要采取有效措施缓解"双反"造成的影响。一是进一步完善贸易预警和出口自律等单边行动机制，通过预警与自律机制的逐步完善，最大限度地减少和解决与其他国家的光伏贸易摩擦。二是强化我国与美国、欧盟之间的双边协调机制，化解光伏贸易摩擦。三是有效运用 WTO 多边贸易体制之下的争端解决机制，解决光伏贸易争端。

四　经典案例：无锡尚德的兴与亡

（一）项目概况

无锡尚德即无锡尚德太阳能电力有限公司。该公司于2001年成立，主要从事光伏产品的研究、生产和销售，是集研发、生产、销售于一体的外商独资高新技术企业。该公司在施正荣的带领下，几年内在全球建立了多个分支机构，拥有4个生产基地，其中国内3个、日本1个，全球员工达到1万多人。2005年7月，尚德公司以其较强的实力和产业前景入榜亚洲百强，当年年底，太阳能电池产品制造能力达到150兆瓦，已成为世界光伏企业前五强，并在2005年底成功上市，成为第一个在纽约股票交易市场成功上市的中国民营企业。2011年，该公司产能已达到近2400兆瓦，成为全球最大的光伏产品制造企业。2011年后，受"双反"危机及全球经济下滑趋势的影响，公司面临成本高、产能过剩、负债率较大等问题，公司经营和财务陷入危机，形势急转直下。2013年3月，尚德宣布破产。2013年10月，顺风光电宣布接盘尚德。

（二）技术研发

尚德公司在发展初期，高度重视技术创新，使其在全球光伏产业中占有重要地位。公司创始人拥有多项发明专利，为公司的技术研发创新奠定了扎实的基础。在技术创新管理方面，公司特别注重产品研发，建立了世界级的研发中心，在全球聘请资深专家指导公司的技术研发，并将公司收益的5%用于开发新产品，先后研发了高效低成本晶体硅太阳能电池等20多项具有自主知识产权的核心技术。尚德的自主创新，除了自主研发，还对国外设备进行引进改造创新，使得引进创新的设备适应各种复杂工艺要求，生产出的单晶硅、多晶硅太阳能电池转换率分别高达 17.3%、15.5%。在同等条件下，世界同行生产的太阳能电池转换率分别为 16%、14.5%。尚德技术已处于国际领先水平。

（三）案例点评

受"双反"及产能严重过剩的影响，国内光伏产业遭受了沉重打击。作为探索者，尚德收获了巨大成功，同时承担了更多的压力，尚德像是古代神话中追日的"夸父"一般，人才、技术、生产经验乃至海内外市场的开拓，都是尚德在"追日"的过程中积累后散播到国内各个企业的。同时，尚德所犯的错误，也让其他同行警醒，如何面对困境调整公司发展战略，是决定公司持续经营的关键。另外，尚德破产重组的经验表明，当公司破产后，实施破产保护、重组以及股权结构的调整是可行的，破产重整后，企业的生产、人工和资产不受破产影响，如果政府能够提供一个比较宽松的政策环境，让银行和债权人有信心，债务也不会有损失。尚德通过破产重组，整合了有效资源，改善运营管理，摆脱经营困境，盘活有效资产，通过市场化的办法促进公司持续、健康发展。

五 政策讨论与建议

（一）我国光伏产业政策现状

1. 财政政策

2006 年，国家出台了《可再生能源法》，明确提出支持和鼓励可再生能源的并网发电。

2009 年 3 月，财政部与住房和城乡建设部联合颁布了《关于加快推进太阳能光电建筑应用的实施意见》，制定了促进光伏屋顶计划与光伏建筑一体化应用补贴计划。

2009 年 3 月 23 日，财政部印发《太阳能光电建筑应用财政补助资金管理暂行办法》的通知，支持太阳能光电技术在城乡建筑领域应用的示范推广。

2009 年 7 月，我国实施"金太阳示范工程"项目，补贴政策是离网补助 70%，并网补助 50%。

2009 年 3 ~ 6 月，国家能源局启动第一个 10 兆瓦荒漠光伏电站特许权招标。13 家投标单位的平均报价为 1.42 元/千瓦时，最后以 1.09 元/千瓦时的上网电价中标。

2010 年 4 月 2 日，国家发改委批复了宁夏发电集团太阳山光伏电站一期、宁夏中节能太阳山光伏电站一期、华电宁夏宁东光伏电站、宁夏中节能石嘴山光伏电站一期发电项目，临时上网电价均为 1.15 元/千瓦时（含税）。

2011 年 8 月，国家发改委发布了《关于完善太阳能光伏发电上网电价政策的通知》，确定了全国统一的光伏发电标杆上网电价。

2012 年 7 月 7 日，国家能源局发布《太阳能发电"十二五"规划》。

2013 年 2 月 27 日，国家电网公司发布了《关于做好分布式电源并网服务工作的意见》。

2013 年 8 月 9 日，国家能源局发布了《开展分布式光伏发电示范区建设的通知》，计划 2015 年累计完成装机容量 1823 兆瓦。

2013 年 8 月 29 日，国家能源局发布了《光伏电站项目管理暂行办法》。

2013 年 8 月 26 日，国家发改委价格司发布 2013 年最新光伏电价，采取统购统销模式，分 3 个区实行标杆电价，分别为 0.90 元/千瓦时、0.95 元/千瓦时、1.0 元/千瓦时；对于分布式光伏自用电和反送电量，均给予补贴 0.42 元/千瓦时；分布式光伏反送电量按照当地脱硫电价（0.35～0.45 元/千瓦时）＋0.42 元/千瓦时收购；可再生电力附加从 0.008 元/千瓦时，提高到 0.015 元/千瓦时。我国目前每年约有 400 亿元用于支持可再生能源发电电价补贴，2015 年以前能够完全满足补贴需求，其中风电装机为 100 吉瓦，光伏装机为 35 吉瓦。

2. 税收政策

税收政策主要包括所得税政策、关税政策和增值税政策，是促进光伏产业发展的又一政策工具。

第一，所得税政策。目前，我国对部分太阳能光伏产品实行投资抵免与加速折旧等方面的税收优惠。另外，对隶属于新能源电力项目的国务院规定区域的外商投资企业按照 15% 的税率进行企业所得税的征收。

第二，关税政策。从 1998 年开始，国家对进口设备在规定范围内免征进口环节增值税与进口关税。目前，我国对太阳能电池免征进口税。

第三，增值税政策。国家税务总局出台了增值税政策，规定从 2013 年 10 月 1 日至 2015 年 12 月 31 日，对纳税人生产的太阳能产品实行增值税即征即退 50% 的政策。

除上述常见的政策外，还包含要素支持政策、政府采购政策、价格补贴政策等交叉政策，这些政策对光伏产业发展起到了一定的推动作用。

（二）我国光伏产业政策存在的问题

我国出台的一系列光伏产业政策，有力地推进了我国光伏产业发展，但就目前来看，这些政策的实施还存在许多问题。

1. 缺乏促进技术研发的政策

目前，光伏核心技术掌握在发达国家手中，我国光伏产业技术主要集中在下游产业，要推进光伏产业发展，必须加强上游、中游技术研发和转化。国家有关部门考虑到这种状况，想通过扶持无锡尚德、天威英利等知名企业的技术研发，提升我国光伏技术在国际上的地位。但是，技术研发政策与产业发展政策不能有效衔接，导致技术扶持政策的效果并不理想。

2. 补贴政策需要调整

我国光伏产业政策主要是以光伏产品生产量、销售量作为补贴依据。但在实施的过程中，效果并不理想，还存在许多漏洞，如出现了抬高造价、低价高报、东挪西建，甚至光报不建等现象，阻碍了光伏产业的健康发展。

3. 未建立光伏产业政策的长效机制

我国光伏产业政策以财政补贴为主，但未建立长效机制。同时，由于光伏发电的不稳定性特点，以及技术的落后给现有电力系统带来很大挑战，电网企业不愿意接受光伏上网发电，仅靠政府补贴是不能解决根本问题的，需要制定长效机制，实现光伏电价市场化。

（三）政策建议

1. 提高全民意识，加强产业组织管理

一是提高全民参与意识。通过电视、网络、报刊等媒体，广泛宣传光伏产业的重大价值与意义，提高全民参与新能源开发建设意识，并从民众上升到国家的高度，在国家社会经济发展中统筹考虑光伏产业发展，大力提升光伏产业在国民经济发展中的战略地位。

二是加强政府的组织管理。光伏产业发展是我国新能源发展战略的重要内容，需要各级政府部门做好光伏产业的顶层设计，规范市场交易行为。同时，与节能减排、扩大内需、环境改善相结合，加强与各部门的联系，明确各有关部委的产业管理分工，形成合力，切实解决产业发展中遇到的各种问题。

三是建立光伏产业协会。分别建立国家级及地方级光伏产业协会，吸纳全国光伏企业入会。发挥协会的作用，协调光伏企业之间的关系，完善光伏产业链，搭建光伏企业信息平台，防止行业的恶性竞争，规范行业发展，并为政府制定光伏产业政策提供参考依据①。通过充分发挥行业协会的作用，提升产业的竞争力及发展水平。

2. 落实并完善光伏产业政策法规

一是抓紧落实产业扶持政策。目前我国已出台了一系列扶持政策，但各政策之间没建立起体系框架，落实起来相对困难。在今后一段时间内，要积极落实相关政策，对进口设备继续实行免征进口环节增值税政策，制定并出台光伏产品出口退税政策；把光伏产业作为优先扶持的产业，提供资金担保及融资的扶持；鼓励规模企业建立科研机构，对进行上游、中游产业链核心技术研发的企业在资金、税收方面给予扶持。

二是出台上网电价政策法规。电网公司不愿意接纳光伏并网是普遍存在的现象，这抑制了光伏产业的健康发展。尽快制定出台《上网电价法》，通过法律、法规强制电网公司收购高价电，对全国电网实施财政补贴，形成传统电网与光伏电网统一管理的机制，推动我国光伏产业健康、持续发展。

三是制定贸易争端解决政策。目前，我国还未建立成熟的应对机制面对"双反"对我国光伏产业造成的影响，使一大批企业遭受了巨大损失。加快建立贸易争端解决机制，对光伏国际贸易进行

---

① 参见 http：//baike.baidu.com/link？url＝dEeVVLZkWf51wWr20KGvymTd5onzVLgRprwOeuxUy3HjsK_1cKrDHDxeNEeALz7An23XfWZQTH－eZ6ZoOAjhl_。

预警，是我国应对"双反"的当务之急。同时，提升我国的贸易诉讼能力，以便维护我国企业的正当权益。另外，加强与国外政府及企业的沟通，形成良好的国际贸易氛围，预防贸易争端的发生。

3. 充分发挥政府的作用，规范行业发展

一是制定相应的行业准入和产品标准。目前我国整个光伏产业的标准规范缺失超过 80%，在一定程度上影响了我国光伏产品在国际上的竞争力。在政策上，国家要求申请企业严格遵守工业和信息化部联合发布的《光伏制造行业规范条件》[①]。在项目选择方面，严格控制单纯扩大产能的新项目；技术选择方面，应采用工艺先进、节能环保、产品质量好、生产成本低的生产技术和设备；在产业规模方面，应选择具有太阳能光伏产品独立生产、供应和售后服务能力的企业；在环境保护方面，新建和改扩建光伏制造项目应严格执行环境影响评价制度，未通过环境影响评价审批的项目不得开工建设。另外，现有光伏制造企业及项目不满足规范条件的，根据产业转型升级的要求，在国家产业政策的指导下，应通过兼并重组、技术改造等方式，尽快达到规范条件的要求。

二是加快整合产业。2013 年，无锡尚德宣布破产重整的案例及我国光伏产业遭遇欧美等国家"双反"的事件表明，是全球化的市场力量促进了光伏产业重整。尽管我国光伏企业获得了政府的巨额补贴，但可以预见，未来的光伏产业必然要走市场化路线，实现优胜劣汰。目前我国光伏行业出现的产能过剩等各种问题仍未得到有效解决，主要原因是整个行业还没有进行整合。未来应尽快加强整合中小企业，淘汰落后产能，提升我国光伏企业的核心地位。

三是扩展市场。光伏离网发电是我国光伏市场未来发展的主方

---

① 参见 http：//wenku.baidu.com/link? url = ZSY0o_ 2vNl7Wp3GupMssfsRnac-PkY5s5i47cvJyYr Btg27g3l50w06FlMryU0OfUSY7yDNCEOSOj2IVdg6WRtphpO2PIEJNMIXuaqkNXWe。

向，随着一次能源的日益短缺，光伏离网市场将不断扩大。当前，我国光伏产品大部分出口，"双反"危机的发生要求我国光伏企业尽快扩大国内需求。我国光伏市场较大，如果全部开发，完全能够消化现有的过剩产能。在措施上，首先，应抑制产能盲目扩张，严格控制新上单纯扩大产能的多晶硅、光伏电池及组件项目。充分发挥市场的作用，对小企业进行整合，重点支持技术水平高、市场竞争力强的规模化企业发展。其次，鼓励各类电力用户按照"自发自用，余量上网，电网调节"的方式建设分布式光伏发电系统。支持工商业企业、工业园区等用电大户建设分布式光伏发电系统，在学校、医院、党政机关、事业单位、居民社区等推广小型分布式光伏发电系统，在全国范围内减少传统电网的应用。

4. 构建技术创新体系，提升自主创新能力

一是加强基础产业即关键设备制造业的发展。培育关键设备制造企业的发展，加强关键技术研发[①]。一方面，对引进技术和关键装备分解后进行创新开发；另一方面，改变目前的引进内容，着重引进技术专利、技术情报和基础性科研成果，通过引进、消化、吸收、再创新，提高我国设备制造业的自主创新能力。

二是大力支持产、学、研一体化发展。鼓励光伏产品科研单位、经营企业及高校展开合作，建立产、学、研一体化发展的模式，培育扶持具有自主知识产权、自主品牌的企业和科研院所，形成以企业为主体、以市场为方向的科研团队，打造光伏产品创新平台，提升我国光伏产品核心竞争力。

三是加强国际光伏产业技术的交流与合作。光伏产品的开发和应用是解决能源危机、环境污染的重要途径，发展光伏产业是全球共同追求的目标。我们要利用这一国际形势，加强与核心技术拥有

---

① 参见 http://opinion.hexun.com/2012 - 04 - 16/140422061_ 2.html。

国的技术交流与合作，积极参与国际可再生能源发展计划，联合建立技术创新示范基地，通过引进、培养光伏技术人才，促进我国光伏企业创新。

5. 多方融资，加大投入力度

一是设立光伏产业发展专项资金。在国家的重大研究项目中，加大对光伏技术科研经费的投入，使经费主要用于基础研究和应用研究。在高科技园区设立技术创新扶持基金，扶持科技创新企业健康发展。另外，对光伏企业实行财税奖励政策。光伏企业投产后，从上缴的企业所得税地方留成中拿出一部分奖励给企业用于企业建设。

二是提高电价补贴标准。为提高业主和投资人的积极性，提高兆瓦级屋顶电站的电价补贴标准，通过电网调配向电力负荷中心供电，这将提高大屋顶电站售电的经济性。同时，进一步细化分布式发电的补贴政策，合理确定不同地区、不同光照条件下的上网电价，对大规模屋顶电站的上网电价提高补贴价格，以此推进分布式发电的广泛应用。

三是激活民间资本，引导各类投资投向光伏产业。首先，建立激励机制，鼓励企业投资光伏发电项目，通过政府行为，最大限度地降低企业的投资风险，并重点培育规模化企业的核心竞争力。其次，大力引进战略合作伙伴合股、参股光伏企业，支持更多有条件的光伏企业上市融资，募集建设资金。最后，积极推进银企协作，筛选一批绩优项目，引导信贷资本加大对光伏项目的投入，推进我国光伏企业向中游和上游产业链发展。

参考文献

1.《2013 年上半年我国光伏产业运行情况总结》，中研网，http：//

www. chinairn. com/print/3090397. html。

2. 《2013 中国光伏产业发展报告》，北极星太阳能光伏网，http：//guangfu. bjx. com. cn/news/20130327/425130. shtml。

3. 王侃宏、王丽辉、崔坚等：《CDM 在太阳能光伏发电产业中的应用研究》，《建筑科学》2008 年第 24 卷第 4 期。

4. 宫志佳：《发达国家太阳能光伏产业发展现状及启示——基于 PEST 模型的分析》，《大庆社会科学》2013 年第 4 期（总第 179 期）。

5. 周到、王荣发、李军生：《光伏产品国内市场准入机制的思考》，《中国标准导报》2014 年 4 月 15 日。

6. 国务院办公厅：《国务院关于促进光伏产业健康发展的若干意见》，中国新能源网，www. china-nengyuan. com/news/49734. html。

7. 时璟丽：《可再生能源资金支持机制亟需完善》，《中国高新区》2013 年第 5 期。

8. 周申：《贸易争端化解机制》，《新理财》2012 年 12 月。

9. 云凌志：《欧盟光伏"双反"与我国光伏产业前景分析》，《知识经济》2013 年第 18 期。

10. 成靓、蒋潇、蒋荣华：《全球光伏产业发展现状及趋势》，《新材料产业》2013 年 10 月。

11. 王鸿飞：《我国光伏产业发展现状、存在问题及解决对策》，《资源开发与市场》2013 年第 8 期。

12. 周小云、谢禾生：《项目协同机制促进知识产权发展——以江西省光伏产业为例》，《科技广场》2012 年第 12 期。

13. 李俊峰等：《中国风电发展报告 2011》，中国环境科学出版社，2011。

14. SEMI 中国团队：《2013 中国光伏产业发展报告》，SEMI 大半导体产业网，http：//www. semi. org. cn/marketinfor/news_ show. aspx? ID = 1495&classid = 13。

15. 李雷、王通胜、魏志勇等：《中国光伏产业面临的困境与出路探析》，《中外能源》2013 年第 10 期。

16. 袁见：《中国太阳能光伏产业政策效应研究》，辽宁大学博士学位论文，2013。

17. 王斯成：《光伏发电的发展现状和趋势》，道客巴巴，http：//
www. doc88. com/p－2703081209027. html。

18. 企业名录，ENF Solar，http：//www. enf. com. cn/directory/equipment。

19. 《海外上市光伏企业市值排名》，电子元件交易网，http：//
www. 114ic. com/info/101935. html。

20. 光伏产业，百度百科，http：//baike. baidu. com/link？url＝oP_
IUJ_ qMkNiburFBJqVyyDkIDmGyAGfoMzwJP9r0Cuc－QkUxKz3v2
UoZbzEs2yYiekMTtoluoDAoSxBur8peK。

21. 《2012 国内光伏企业营业收入排行榜》，赛迪网，http：//
miit. ccidnet. com/art/32559/20120903/4221919_ 1. html。

22. 《2013 年国内重点光伏企业有效产能排名》，OFweek 太阳能光伏
网，http：//solar. ofweek. com/2013－12/ART－260001－8500－
28751751. html。

23. 《2000~2012 年中国与全球年度累计光伏装机容量对比》，中商情报
网，http：//www. askci. com/news/201307/25/2517531395757. shtml。

24. 《〈中国光伏发电平价上网路线图〉正式发布》，北极熊光伏太阳
能光伏网，http：//guangfu. bjx. com. cn/news/20110818/303386.
shtml。

25. 崔容强：《中国光伏研发技术进展》，百度文库，http：//wenku.
baidu. com/link？ url ＝ FSOq3Qsq29Ga1A81YMmjOJwqGtrwe
ZXXLiX － WsTpOzB_ B4oHIhjmom13BIsml0SZ1jyoWh－D6ZMh3
CBQPldJPczv1xhvgI2－zEsDBd5iVzy。

26. 李海玲、王红梅、王文静等：《光伏产业路线图——北京光伏产
业技术路线图研究》，机械工业出版社，2012。

中国生物质能源产业发展分析与评价

丛宏斌　赵立欣　孟海波　姚宗路　霍丽丽 *

摘　要:

生物质能源是人类能源消费中的重要组成部分，是地球上唯一可再生碳源，其开发利用前景广阔。本文从生物质能源产业定义、产业结构和产业特点分析出发，深入论述了当前生物质能源产业面临的政策问题、产业自身问题和各要素之间的制约关系，并从产业发展路径和产业发展机制的角度对生物质能源产业发展进行了评价，列举了产业发展历程中的典型案例。最后，提出了生物质能源产业发展的政策建议。

关键词:

生物质能源　产业　发展　机制　政策

一　生物质能源产业概述

（一）产业定义

生物质能源产业是指利用可再生或循环的有机物质（主要包

* 丛宏斌，博士，农业部规划设计研究院，主要从事生物质能源化利用技术与政策方面研究；赵立欣，研究员，农业部规划设计研究院农村能源与环保研究所所长，主要从事生物质能源化利用技术与政策研究；孟海波，研究员，农业部规划设计研究院农村能源与环保研究所副所长，主要从事生物质能源化利用技术与农村环保政策方面的研究；姚宗路，博士，农业部规划设计研究院，主要从事生物质能源化利用技术方面的研究；霍丽丽，博士，农业部规划设计研究院，主要从事生物质能源化利用技术方面的研究。

括农林剩余物、畜禽粪便、加工有机废弃物，以及利用边际性土地或水面种植的能源植物）为原料，通过加工转化生产生物能源的一种产业。主要包括生物质发电、沼气工程、生物质成型燃料和生物质液体燃料等。

（二）产业结构

从横向产业布局角度划分，生物质能源产业包括生物质发电产业、沼气工程产业、生物质成型燃料产业和生物质液体燃料产业等；从纵向产业链角度划分，生物质能源产业包括生物质原料生产与收集、生物质能源开发与转化、生物质能源供应与消费等。

生物质发电产业、沼气工程产业、生物质成型燃料产业和生物质液体燃料产业是生物质能源产业平行发展的 4 种主要产业类型，代表生物质能源开发利用的不同转化方式。由于生物质资源类型的多样性和生物质能源市场需求的多元化，目前 4 种主要生物质能源产业类型各具特色、优势互补。如畜禽粪便、餐厨垃圾等以发展沼气工程为宜，木薯、陈化粮等以转化燃料乙醇最为合适，地沟油、木本植物油是开发生物柴油的理想原料，作物秸秆和林业剩余物可用于开发生物质成型燃料或发电。生物质能源可弥补市场对电力、液体燃料、气体燃料和固体燃料的多元需求。截至 2013 年底，全国生物质发电装机并网总容量达到 7790 兆瓦（年产能折合标准煤约 682 万吨），截至 2013 年底，全国农村沼气工程达 10 万处，年产沼气 21.1 亿立方米（折合标准煤约 150 万吨），2013 年生物质成型燃料产量超过 683 万吨（折合标准煤约 341 万吨），2013 年燃料乙醇产量达到 210 万吨（折合标准煤约 196 万吨）。

在产业技术结构方面，近年来生物质能源产业物质形态技术取得了重要进展，通过先进生产设备的引进、吸收与转化，生物质产业总体装备水平大幅提高。在知识形态技术方面，产业技术取得了较大进步，形成了一批具有完全自主知识产权的核心技术，并培养了一批产业科研与技术人员。在生物质直燃/气化发电方面，我国生物质锅炉与小型汽轮机技术已基本成熟，提高技术与设备的国产化水平，是目前提升生物质发电产业效益的要素之一。在沼气工程方面，我国大中型沼气工程中的工艺技术已基本成熟，连续搅拌完全混合式厌氧消化反应器（Continuously Stirred Tank Reactor，CSTR）和升流式厌氧污泥床（Upflow Anaerobic Sludge Blanket，UASB）是目前采用最为广泛的沼气生产工艺，对核心装备基本完成了标准化、系列化设计和产业化开发。我国生物质成型燃料技术与装备水平相对成熟，产业化发展已不存在重大技术障碍，成型设备包括辊模式、螺旋式、柱塞式等，其中辊模式是目前采用的主流机型。生物质燃料乙醇技术以木薯乙醇技术与装备最为成熟，是非粮燃料乙醇技术的首选方向，已进入产业化示范阶段，甘薯乙醇与甜高粱乙醇技术基本成熟，处于小规模示范阶段，而纤维素乙醇技术成熟度较低，尚存在关键性技术问题未解决。

在产业布局方面，我国生物质能源产业多分布在粮食主产区，以生物质直燃发电产业为例，江苏省与山东省累计装机容量分别居全国第一位和第二位。沼气工程产业空间布局与各地区农作物秸秆和畜禽粪便资源禀赋有关，大中型沼气工程多建设在大型畜禽养殖场周边。生物质成型燃料产业与生物质液体燃料产业发展受地区气候与区域经济条件等因素影响小，产业布局与相关生物质资源禀赋吻合明显，如木薯乙醇产业一般与木薯种植基地配套，目前国内的木薯乙醇项目主要分布在广西壮族自治区合浦县和浙江省舟山市。

在产业组织方面，生物质能源产业组织以中小企业为主，由于整个产业尚处于产业化发展初期，目前不存在行业垄断。产业投资主体分散，企业间联系少，相互耦合关系弱。秸秆直燃/气化发电产业主要由国有大型发电企业投资，沼气工程产业一般由大中型养殖场配建和运营，生物质成型燃料产业一般由中小企业或个体业主投资，液体燃料产业以大中型企业投资为主。

在产业链方面，生物质能源产业链已基本形成，生物质能源产业链包括生物质原料生产供应、生物质能源转化、生物质能源市场销售和产品终端利用4个环节。其中，生物质直燃/气化发电产业链为：原料收集→原料运输→（热解气化）→燃烧发电→电力输送与使用；沼气工程产业链为：畜禽养殖与粪便储运（秸秆收储运）→沼气生产→沼气提纯→产品供应；生物质成型燃料产业链为：原料收集→原料储藏与运输→成型燃料生产→产品销售与使用；生物质液体产业链为：能源作物种植（原料收集）→液体燃料转化→提纯分类→市场销售。目前生物质能源产业链仍存在薄弱环节，如缺少适合小地块作业的原料收集与预处理装备、生物质成型燃料生产线自动化水平较低、纤维素乙醇技术转化效率低等。

（三）产业特点

第一，资源分布广，开发前景好。生物质通过植物光合作用可以再生，是地球上唯一的可再生碳源，与太阳能、风能同属可再生清洁能源，因此，生物质能源能够永续利用，并保证产业的可持续发展。我国生物质资源丰富，可收集农作物秸秆量达到6.87亿吨，生物质能源产业发展潜力大。

第二，转化方式多，产品市场大。生物质能源转化方式多样，可用于直燃/气化发电，也可通过生物、化学或物理转化的方法生产气体、液体或固体燃料，满足能源市场，尤其是农村能源市场对不同形态能源的需求，产品市场空间大。与太阳能和风能发电相比，生物质能源发电不受天气条件影响，原料可存储，产能可调节，用于电网调峰的优势明显。

第三，综合效益佳，战略地位高。生物质能源产业的两端，一端是能源产业，另一端是农业。加快农业剩余物的能源化利用，不仅符合我国能源安全战略，而且有利于推动农村经济发展，增加农民收入，社会效益明显。从生物质能源生产和消费的全环节看，生物质能源产业 CO_2 净排放量近似为零，尤其是生物质产业可实现对生活垃圾和工业废弃物的有效处理，生态和环境效益显著。

二 生物质能源产业当前问题深度分析

（一）政策问题

近年来，国家高度重视生物质能源的开发和利用，颁布了《可再生能源法》、《可再生能源产业发展指导目录》、《可再生能源发电价格和费用分摊管理试行办法》、《可再生能源发电有关管理规定》、《可再生能源发展专项资金管理暂行办法》、《关于发展生物能源和生物化工财税扶持政策的实施意见》和《秸秆能源化利用补助资金管理暂行办法》等法律、法规及配套办法，制定了 20 多项农村秸秆综合利用、生物质成型燃料、沼气和燃料乙醇等国家和行业标准，先后出台了《可再生能源中长期发展规划》、《全国农村沼气工程建设规划》和《农业生物质能产业发展规划》，提出了今后一段时间内我国生物质能源发展的主要任务和发展目标。同时，国家能源局发布了《关于推荐绿色能源县的通知》（国能新能〔2009〕343 号），并于 2011 年与财政部、农业部联合发出了《关于印发〈绿色能源示范县建设补助资金管理暂行办法〉的通知》，资助范围包括沼气集中供气工程、生物质成型燃料工程等。另外，规定成型燃料相关的农业机械设备包括在补贴机具种类范围内的，可享用农机购置补贴政策。尽管如此，生物质能源产业政策仍存在以下不足。

1. 政府支持政策不完善，缺乏足够的激励政策

生物质能源产业属新兴产业，存在市场份额小、交易成本高、投资风险大等问题，产业发展需要政府提供补贴、税收、投融资和市场培育等方面的优惠政策。目前，我国生物质能源产业的激励政策已有10余项，但缺乏实施细则。例如，《秸秆能源化利用补助资金管理暂行办法》中仅对大型生产企业进行了补助，而缺乏针对农户的优惠扶持政策，影响了农民使用生物质能的积极性。政府需尽快制定实施一系列财政激励性措施，鼓励企业和农民开发使用生物质能源。

2. 科研资金投入不足，技术瓶颈有待突破

技术瓶颈直接制约了生物质能源产业的发展，政府应进一步加大科技投资力度，尤其是强化对生物质能源生产效率和综合创新方面的支持。政府公共部门应先期投入，鼓励科研部门与企业联合攻关，积极培养生物质能源技术方面的科研技术人员，加强生物质能源新技术的开发和试点示范。同时，为增强生物质能源产业的市场竞争力，亟须制定完备的产业技术国家及行业标准，从前端把握好生物质能源产品的标准化、系列化和通用性，并且研究环保排放标准的制定，加快技术创新与技术推广步伐，促进生物质能源产业健康可持续发展。

3. 投融资机制不健全，投融资渠道不畅

缺乏行之有效的投融资机制，在一定程度上制约了生物质资源的开发利用。创新投融资支持机制，鼓励市场主体参与生物质能源市场投资，帮助投资者降低投资成本，控制市场风险。应按照公开、公平、公正的原则，遴选效率高、前景好的企业作为扶持对象。同时，既力求全面系统，又要把握支持重点，重点支持产业化发展步伐较快的生物质成型、沼气、发电、生物乙醇等项目。以市场化手段为主体，通过健全投融资机制，引导市场投资主体自发转向低能耗、低排放、综合效益高的生物质能源产业。

（二）产业自身问题

1. 原料分散，收储成本高，供应受季节影响大

我国农业生物质资源丰富，大约相当于 2.985 亿吨标准煤，发展潜力巨大，但各地区经济水平发展不平衡，自然条件、种植制度、养殖结构和生活方式存在很大差异，导致各地区秸秆等生物质原料的种类复杂、产量分布不均。

工业化、规模化是生物质能源化利用的方向，资源持续有效供应是产业发展的内在要求。农作物秸秆收获具有明显的季节性，为保证秸秆资源周年持续供应，原料必须进行长距离收集和规模化储存，导致能源生产成本剧增。依据不同地区秸秆等生物质资源分布特点，可将全国秸秆等生物质资源能源化开发利用分成 3 个区域：资源集中地（东北区、蒙新区和华北区）为重点开发利用区；资源分散地（西南区、长江中下游区和华南区）为适度开发利用区；资源短缺地（黄土高原区和青藏区）为限制开发利用区。

2. 生物质能源产业技术体系不完备，设备工艺技术开发基础薄弱

生物质能源产业化发展处于初级阶段，要实现大规模生产，需要进一步完善生产工艺、增强设备可靠性、提高连续生产能力和形成完善的产业技术体系等。目前生物质能源相关设备制造企业规模小，技术力量薄弱，多为产品仿制，难以实现技术的创新和突破。如生物质成型燃料技术，设备制造多为农机制造企业，机具的可靠性较差、能耗高且使用寿命短。同时，生物质成型燃料产业技术体系中还存在配套燃烧设备不完善，秸秆的收集、储运和初级处理技术发展滞后等问题，制约了产业的发展。

一方面，应加强国外先进技术引进，通过有效消化吸收，实现关键技术与装备的跨越式发展；借鉴国外生物质能源产业发展的经验，完善国内的产业体系；另一方面，应加强国内自主研发和创新能力，攻克产业技术薄弱环节，积极拓展生物质能源应用领域。

3. 社会和生态环境效益显著，但经济效益低

生物质能源可替代煤炭、石油和天然气等化石燃料，具有环境友好和可再生双重属性，逐步增加可再生能源在农村能源消费中的比重，是优化农村能源结构、改善农民生活条件、建设宜居乡村的重要内容之一。

目前生物质能源产业技术水平偏低，产业链不够完善，以中小企业或个人投资为主体，少量大型企业刚刚进入该领域，市场份额过小，运营维护费用高，难以得到较好的经济效益，导致很多生物质能源项目建成后无法正常运行。大型沼气工程项目建设投资高，目前多为国家支持项目，沼气工程运行过程较为复杂，中小企业或个人没有足够的工程管理和技术经验，导致运营管理和生产成本高，直接影响经济效益。

（三）各种问题之间相互制约

1. 发挥政府导向作用，搭建生物质能源产业链

政府部门导向作用不显著，公众缺乏对生物质能源的认识，相关政策仅对生产环节起作用，而原料供应与生物质能应用方面鼓励支持少，全产业链的健康发展需要政府引导，使广大农民积极参与生物质原料的收集、储存和运输。应引导农村用能方式转变，提高生物质能源在农村能源消费中的比重，特别是加快生物质成型燃料、沼气工程的推广应用。

2. 加大科研资金支持力度，引导生物质能源产业发展方向

政府政策和资金支持，直接影响生物质能源产业的发展方向。一方面，政府部门需要加大力度支持推广潜力较大的生物质能源项目，如生物质成型燃料，该生产技术已基本成熟，但在关键设备寿命、能耗，以及配套生产线的可靠性方面仍需技术突破，目前多为中小企业或个人投资，多数投资者缺乏相应的研发资金，需要依靠相应的资金支持，促进技术和装备的进步。另一方面，政府部门需要应时所需，根据产业发展进程，不断完善产业财税扶持政策。

3. 营造良好投资环境，提高企业利润，促进产业规模化发展

随着生物质能源产业的不断发展，政府投资是有限的，需要寻求更多的社会投资，以满足产业化发展需要。除了政府投资，企业或个人自有资金是主要投资渠道，市场发展初期，企业不敢冒风险追加投资，需要政府出台相关政策，减小企业投资风险，增强企业投资信心。应制定生物质能源企业申请银行贷款的优惠政策，目前银行贷款普遍存在申请困难、利率高、贷款抵押额度高、贷款期限短等问题，企业找不到良好的投融资渠道，制约了生物质能源产业发展。

三　生物质能源产业发展评价

（一）产业发展路径

作为战略性新兴产业，生物质能源产业发展历程较短，产业发展的基本脉络可归纳为技术研究、装备开发、示范推广、产业体系构建与发展等过程，具体包括产业政策路径、产业技术开发路径、产品市场定位与开拓路径、产业链培育路径和产业资金筹措路径等。

1. 产业政策

对于新兴产业，产业政策的制定与实施是产业培育、形成与发展的基本保障。为推动生物质能源开发利用和生物质能源产业发展，国家和地方相继出台了一系列法律、法规和政策文件。2006年颁布实施的《中华人民共和国可再生能源法》，将我国可再生能源产业发展纳入了法制的轨道。随后与之配套的一系列法律、法规和政策陆续出台，同时，国务院有关部门相继发布了涉及生物质能源的中长期发展规划，生物质能源产业政策框架和目标体系逐步形成。

2. 产业技术开发

由于生物质转化途径的多样性和区域特征的差异性，生物质能源产业发展势必要求配套多元化的产业技术体系。我国生物质能源产业起步晚，产业技术发展历程总体上是对国外先进技术和装备的引进、吸收和再创新，实现了跨越式发展。部分单项技术经过原始创新，也取得了突破性进展，如生物酶转化可再生油脂原料制备生物柴油技术、超临界生物柴油生产技术等。同时，区域特征的差异性导致不同地区对产业技术的要求也不同，如在我国东北和西北地区，由于积温低，沼气工程需要开发低温发酵技术。总体而言，目前我国生物质能源产业技术体系已基本形成多元并举的良好态势。

3. 产品市场定位与开拓

生物质能源转化方式多，转化的产品包括电能、气体燃料、液体燃料和固体燃料，可满足不同市场的需求，产品销售渠道广，但由于在产业发展初期产业规模总体较小，除生物质直燃发电产业外，产品定位主要在项目建设地所处的农村市场，解决农民生活与生产用能问题。随着生物质能源产业规模的不断扩大，为全面提升产业综合效益，建设多能互补型分布式能源系统是生物质能源产业的发展趋势。

4. 产业链培育

生物质能源产业链条长，在产业链培育阶段以核心技术研究和关键设备开发为先导，突破单项技术、培育单点市场，然后，在此基础上发展原料收集与储运体系，拉伸产业链条。随着产业规模的不断扩大，产业产能迅速提高，政府开始通过价格补贴等行政手段培育新的生物质能源市场，并建设必要的社会化服务保障体系，从而形成集原料收集、能源加工、产品市场销售于一体的全产业链协调发展的产业体系。

5. 产业资金筹措

资金投入是产业发展的基础保障，在生物质能源产业培育阶段，技术研究以政府投资为主体，示范项目建设以政府和中小企业投资为主体，大型项目以国有大型企业投资为主体，小型生产项目以中小企业和私营业主投资为主体。随着生物质能源产业体系的不断完善和产业发展激励政策和补贴措施的相继出台，产业投资优势逐渐显现，目前正在形成以市场投资为主、政府投资为辅，由个人投资、企业法人投资、金融基金投资等组成的多元化投资体系。

（二）产业发展现状

1. 生物质发电产业发展现状

截至2013年底，全国共有28个省（市、区）已建成生物质能源发电项目，累计核准容量达到12226兆瓦，其中并网容量7790兆瓦，占核准容量的63.7%。江苏省、山东省累计核准容量分别达到1395兆瓦、1376兆瓦，分别占全国累计核准容量的11.4%、11.3%，居全国前两位。从区域分布上看，生物质发电项目主要集中在华东地区，并网容量达3515兆瓦，占全国总装机容量的45.1%。

生物质发电行业的标杆企业在技术、成本方面已经具有明显优势，已投产生物质发电项目的赢利能力得到了初步验证。生物质发电技术研究和设备开发进展较快,目前已掌握高温高压生物质发电技术。

2. 生物质沼气工程产业发展现状

截至 2013 年底,我国农村沼气工程已达到 10 万处,年产沼气约 21.1 亿立方米。其中,处理工业废弃物沼气工程 332 处,年产沼气 2.7 亿立方米,处理农业废弃物沼气工程 9.96 万处,年产沼气 18.4 亿立方米。

经过 20 年的发展,我国大中型沼气工程发酵工艺技术体系已基本成熟,相关装备技术进行了大量的标准化、系列化和产业化开发,取得了重要进展,还积极引进了国外的新材料与新工艺。另外,沼气利用设备,如沼气发电机组、燃气锅炉、大型灶具等的研制也取得了重要进展。

3. 生物质成型燃料产业发展现状

2013 年,我国生物质成型燃料总产量已达到 683 余万吨,近几年生物质成型燃料产业发展比较迅速,有多家生物质成型燃料企业相继投入生产,在国家产业政策的引导下,建立了多处年产万吨以上的产业化生产基地。总体而言,生物质成型燃料产业处于产业化示范推广阶段。

目前,我国生物质成型燃料技术发展已比较成熟,设备生产率和设备能效有较大提高,但大型生产线存在自动程度偏低、生产系统运行稳定性较差等问题。

4. 生物质液体燃料产业发展现状

2013 年,4 个陈化粮乙醇项目和广西中粮木薯乙醇等项目合计生产燃料乙醇约 210 万吨,受到国家对粮食乙醇项目投资建设的政策限制,木薯燃料乙醇、甜高粱燃料乙醇是未来燃料乙醇项目投资重点。据不完全统计,2013 年我国生物柴油产能达到 200 万吨,但受原料供应限制,全年产量不足 90 万吨。

粮食乙醇与木薯乙醇技术已经成熟，而纤维素乙醇尚存在技术难点，目前只建成了若干小规模试验装置，不具备产业化发展条件。生物柴油技术体系基本形成，生物质酯化技术和生物酶法合成技术分别进入了应用推广和中试示范阶段。

（三）产业发展机制分析

通过对生物质能源产业发展路径和产业现状的分析，可从以下几方面归纳生物质能源产业发展机制。

1. 政府引导机制

与传统产业发展路径与形成机制不同，传统产业可以在产品满足用户需求的过程中自发形成、逐步壮大，而生物质能源产业属新兴、弱势产业，产业技术基础弱、产业投资经济效益低（甚至没有效益），完全市场状态下企业投资积极性小，但发展生物质能源产业其社会效益与生态环境效益突出，战略意义重大，因此，政策引导与价格补贴长效机制是产业得以快速发展的保证。

2. 科技创新机制

受产业规模整体较小和产业整体利润低的影响，以企业为主体的科技创新机制明显较弱，企业创新动力不足，科研总体水平较低。目前我国生物质能源产业的科技创新主体是相关科研院所，以政府投资为主，随着产业规模效益的日趋显现，科技创新主体将逐步向企业转移。

3. 市场投融资机制

资本是产业成长最重要的驱动力之一，投融资机制的建立和完善可助推产业发展。生物质能源产业发展战略意义重大，但目前产业利润总体较低，我国在生物质能源产业发展过程中，形成了一种"政府引导，市场取向，多元投入"的产业融资机制。

四 典型案例

（一） 农林生物质直燃发电工程

1. 工程概况

山东某地生物质能电厂装机容量为 30 兆瓦，2006 年正式并网发电。该电厂总投资约 3 亿元，燃料以破碎后的棉花秸秆为主，年消纳农林剩余物 30 万吨。项目设备包括锅炉、汽轮机、发电机等，主厂房采用三列式布置，依次为汽机房、除氧间和锅炉房，汽轮发电机采用纵向布置。

2. 核心技术

项目引进丹麦公司 BWE 技术，通过消化吸收再创新，自主设计研发 130 千瓦的秸秆燃烧锅炉，实现了生物质发电设备国产化。在原料供应方面，电厂所在县设有 8 个秸秆收购站，这 8 个收购站占地面积大，网点辐射面积广，负责将农民送来的秸秆、木材加工下脚料、树皮等生物质燃料分类处理。

3. 运营效果

该项目每年消纳农林剩余物约 30 万吨，一大批专门从事秸秆收储运的农村经济合作组织迅速壮大，项目培养的经纪人队伍已近 200 人，人年均可提供生物质燃料 1000 多吨，围绕燃料的收、储、存、输环节，创造了 1000 多个就业岗位，为当地农民增加收入 7000 万元以上。

（二）大兴生物质成型燃料示范工程

1. 工程概况

大兴生物质成型燃料示范工程总投资 385.85 万元，生产车间如图 1 所示。工程占地面积 60 亩，包括原料场、投料棚、生产车间、成品库、办公用房和检测用房等。项目以各种农作物秸秆、木屑、花生壳等为原料，年产生物质成型燃料 1 万吨，其中，颗粒燃料 5000 吨、压块燃料 5000 吨。

原料预处理阶段工段　　　　成型工段　　　　辅助配套工段

图 1　生物质成型燃料生产车间

2. 核心技术

该示范工程核心设备采用双压辊环模式成型机，主要原料采用连续输送系统，调剂原料采用调制喂料系统，组成连续喂料和调制喂料相结合的混配工艺。生产工艺技术流程如图 2 所示。

3. 运营效果

本项目的实施提供了大量的就业岗位，促进了农民就业和农业劳动力的转移。将分散的生物质能源进行集中生产和供应，使农民使用便利，有利于改善农村居民居家环境和卫生状况。同时，1 万吨生物质成型燃料，可替代燃煤 0.5 万吨，减少 CO_2 排放 1.0 万吨、SO_2 排放 30 吨、烟尘 71 吨。

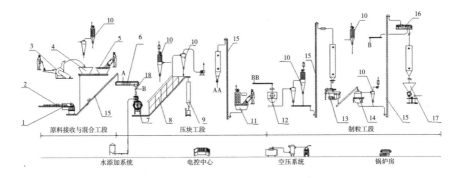

图2　生物质成型燃料加工工艺流程

注：1. 原料接收装置；2. 原料揉搓粉碎装置；3. 调制剂添加装置；4. 除尘装置；5. 刮板输送装置；6. 螺旋输送装置；7. 原料混合装置；8. 原料仓；9. 气动三通；10. 块状成型装置；11. 块状燃料冷却计量包装装置；12. 二次粉碎装置；13. 颗粒成型装置；14. 颗粒燃料冷却装置；15. 颗粒燃料筛选装置；16. 颗粒燃料计量包装装置。

（三）养殖场沼气工程

1. 工程概况

项目年处理鸡粪便约12万吨，发电机组装机容量为2兆瓦，年可发电1400万千瓦时；沼渣沼液全部转化为固态或液态有机肥。项目建设3200立方米的厌氧发酵罐6座，配套建设1座4000立方米的格栅集水池、2座2000立方米匀浆调解池等。

2. 核心技术

项目采用完全混合厌氧反应器（CSTR）沼气抽取工艺和热电肥联产技术，沼气主要用于发电上网，沼气发电机组余热可供沼气发酵工程自身增温和鸡场供暖，沼液、沼渣全部用作有机肥料，实现零排放。

3. 运营效果

项目加上电价补贴和联合国CDM补贴，年收入达2034万元，年收益1446万元。该项目建设了"鸡—肥—沼—电—生物质"的循环经济产业链。通过预处理、发酵、沼气净化、贮存、发电技术，实现年减排温室气体（CO_2 当量）6.7 万吨。

（四）广西某木薯燃料乙醇项目

1. 工程概况

项目位于广西壮族自治区，项目占地 45.26 万平方米，建设投资 7.6 亿元，年处理鲜木薯 150 万吨（折成干片为 61 万吨），年产燃料乙醇 20 万吨、木薯渣 8 万吨、沼气 2970 万立方米、二氧化碳 5 万吨（见图 3）。

图 3　广西某木薯燃料乙醇项目

2. 核心技术

该项目采用了风选风送（干法）、泵送（湿法）、除砂除杂、同步糖化浓醪发酵、中温连续液化、热耦合差压蒸馏、闪蒸热能回收、分子筛变压吸附脱水、蛋白絮凝分离、掺烧热电联产等燃料乙醇生产新工艺。

3. 运营效果

该项目的实施可带动周边地区种植木薯近 100 万亩，每年为当地农民增收 3 亿元，促进了地方经济发展，为改善投资环境、加速农业产业结构调整、增加农民就业找到了新的突破口。

五 政策讨论与建议

（一）加强政府指导，加大政策和财税扶持力度

不同地区的气候特征、土地经营方式、资源禀赋、社会经济条件等差异大，因此，政府需引导企业投资因地制宜、科学规划，而不应对某一地区产业发展成功模式进行简单复制。企业投资规模策划要兼顾产业规模效益与原料收储运成本，不宜盲目扩大投资。总之，在保护自然环境和生态系统的前提下，政府需引导企业科学规划、合理布局、因地制宜、有序开发。加大政策和财税支持力度，完善从原料收集、设备购置、能源生产到产品消费的全产业链财税扶持政策，确保原料供应，并培育新的产品市场。

（二）加速科技进步，建立科技支撑和人才保障体系

与传统能源产业相比，产业发展起步晚，技术积淀少，装备水平总体落后是生物质能源产业的基本特征。应加强生物质能源科技创新统筹协调，加快国家级生物质能源技术研究机构建设，重点开发生物质能源综合利用技术测试平台和先进非粮生物液体燃料技术研发平台，开展基础性研究工作，通过联合研究、技术攻关，攻克产业发展的关键技术和共性技术难题，并积极引导实力较强的企业加大科技投入，通过多方努力，疏通产业发展中的技术瓶颈，保障产业快速发展。

（三）引导社会投资，拓宽融资渠道

作为战略性新兴产业，生物质能源产业整体利润较低，缺少市

场投资的内驱力，在产业发展初期，政府适度资金投入是助力产业快速发展的重要保障。另外，政府可通过经济激励和政策支持引导社会投资，加快形成生物质能源产业发展的市场机制，调动投资者的投资积极性，引导并鼓励国有大型企业向生物质能源产业投资，承担经济社会发展和生态环境保护的双重责任。

参考文献

1. 中华人民共和国农业部：《农业生物质能产业发展规划（2007~2015年)》，2007年1月。

2. 国家风电信息管理中心：《2012我国生物质产业发展状况》，《中国能源报》2013年6月10日。

3. 中华人民共和国科技部：《生物质能源科技发展"十二五"重点专项规划》，2012年5月。

4. 国家能源局：《生物质能发展"十二五"规划》，2012年7月。

5. 国家统计局：《中国统计年鉴2013》，中国统计出版社，2013。

6. 国家可再生能源中心：《2014中国可再生能源产业发展报告》，2014年7月。

7. 农业部农业生态与资源保护总站：《2014农业资源环境保护与农村能源发展报告》，2014年10月。

专题篇

Special Reports

页岩气的发展与展望

刘金朋*

摘　要:

页岩气作为一种新兴的重要能源受到了国际社会的高度重视,本篇系统阐述了页岩气的基本概念及其形成机理,对比分析了国内外页岩气的发展现状及发展过程,从资源问题、核心技术、定价机制和成本、环境污染、管道运输、国家政策、商业化模式等方面探讨了页岩气发展的核心问题,并对我国页岩气的未来发展进行了探索性分析。

关键词:

页岩气　形成机理　核心问题　未来发展

* 刘金朋,华北电力大学经济与管理学院讲师,中国社会科学院数量经济与技术经济研究所博士后,主要研究方向:能源供需格局与新能源发展分析、能源与电力工程技经评价及造价管理等。

一 页岩气发展的内涵

（一）页岩气的基本概念

页岩气是从页岩层中开采出来的天然气，是一种以游离或吸附状态藏身于页岩层或泥岩层中的重要的非常规天然气资源。通常情况下形成于分布广、厚度高的页岩烃源岩地层中，分布在盆地内。开发页岩气是一项寿命和生产周期均很长的工作，页岩气由于分布范围广且含气普遍，因此，能够长期地产生稳定气体。页岩气是国外最早识别却最晚形成商业开发利用的典型的非常规天然气。21世纪以来，随着地质与开发理论的创新和勘探开发关键技术的进步，页岩气的开采进入了新的发展阶段。页岩气被国际能源界称为"博弈改变者"，极大地改写了世界的能源供需格局。

（二）页岩气的形成

1. 页岩气的成藏原理

页岩气主要储藏于高碳泥页岩或暗色泥页岩里，是开采于页岩层的一种天然气。在泥岩、高碳泥岩、页岩及粉砂质岩类夹层中以吸附或游离状态存在，在泥质粉砂岩、粉砂质泥岩、夹层状的粉砂岩乃至砂岩地层中也都存在天然气，天然气表现为原地成藏模式，区别于油砂、油页岩等，不同于常规气层储藏方式，页岩不仅是天然气聚集和保存的盖层和储层，还是天然气形成的源头，因而，页岩气最好的形成前提，是富含有机质的黑色页岩以及高碳泥岩。

页岩气资源的形成源于烃源岩中的有机质，有机质经过一系列的热演化过程，并在内部运动中产生外排力，将形成的油气向渗透性地层中运移，由于外排作用有限，因而未被排除而残留下的油气就可能成藏于合适的地质中，不断聚集，形成页岩气资源（李新景等，2009）。泥页岩不仅是烃源岩，还是储集层，页岩气具有自生、自储、自封闭的成藏模式，是典型的过渡性成藏机理，在成藏过程中无运移或只有很短的运移（王冕冕等，2010）。页岩气成藏上具有隐蔽性，不以常规圈闭的形式存在（许洁等，2011）。图 1 介绍了页岩气的生成和成藏机理。

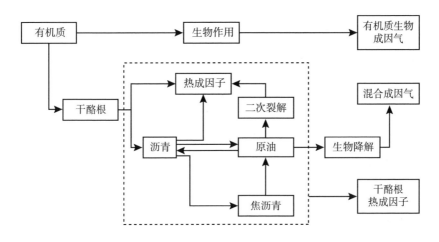

图 1　页岩气生成与成藏简化模型

页岩气一般呈现为活塞式、吸附机理或置换式等成藏机理，这取决于页岩气的成藏条件（张金川等，2003）。可以将页岩气的完整成藏过程划分为 3 个阶段。

阶段一：初始生成的天然气首先满足有机质和岩石颗粒的吸附作用，在该阶段形成的页岩气藏以吸附机理为主，具有与煤层气相似的特征。

阶段二，当气体的吸附量接近饱和时，余下气体聚集在基质孔隙或裂隙中，与孔隙型储集层中的天然气聚集原理一样，并且泥页岩层随着压力和温度的升高会形成许多裂缝空间，以储集游离气体。

阶段三：在生烃膨胀等作用下，富余的天然气向外扩散、运移，致使页岩地层与其中的砂岩薄互层呈现含气性，此时，随着扩散、运移的慢慢加强，在合适的地质条件下，会产生规模性的排烃作用，就有了形成常规气藏或根缘气藏的可能（江怀友等，2008）。

现阶段仅有以美国为主的北美国家针对天然气取得了工业上的成功开发。页岩起源于俄亥俄州阿巴拉契亚盆地的泥盆系页岩，为暗褐色和黑色，富有机质，可大量产生气体。页岩气储集空间以裂缝为主，并以吸附气和水溶气形式赋存，为低（负）压、低饱和度（30%左右），因而低产，但在裂缝发育带可获较高产量。20世纪90年代中期页岩气的开采领域已扩大到密歇根和伊利诺伊盆地，产层扩大到下石炭统页岩，产量达84亿立方米，其资源量可达数万亿立方米。

2. 页岩气的成藏地质条件分析

页岩气具有区域性和连续聚集性，是一种能够不间断供气、自生自储和连续聚集的新型天然气，具有未经运移或极短距离运移等页岩气藏形成特征。页岩气成藏的条件可以分为内部地质条件和外部地质条件。

（1）内部地质条件

内部地质条件是指页岩本身的因素，主要包括有机质类型及含量、成熟度、裂缝、孔隙度及渗透率、矿物组成、厚度、湿度等。其中，内部地质因素中的有机质类型及含量、成熟度、裂缝以及孔隙度和渗透率是控制页岩气成藏的主要因素。

第一，有机质类型及含量。有机碳含量是页岩气聚集成藏最重要的控制因素之一，不仅控制着页岩的物理化学性质，如页岩的颜色、密度、抗风化能力、放射性和硫含量，也在一定程度上控制着页岩裂缝的发育程度，更重要的是控制着页岩的含气量。福特沃斯盆地Barnett页岩气藏生产表明，气体产量大的地方，有机碳含量相应也高，有机碳含量和气体含量有很好的正相关关系。同时，干酪根类型也影响气体含量、赋存方式及气体成分。不同类型的干酪根，其主要控制气体含量的微观组分也不一样。

第二，成熟度。美国的一些主要页岩气盆地内，页岩成熟度变化很大。页岩气的成因包括生物成因、热成因以及两种成因的混合。根据页岩成熟度可将页岩气藏分为对应的三类：高成熟度页岩气藏、低成熟度页岩气藏以及高低成熟度混合页岩气藏。低成熟度页岩气藏主要是生物成因，基本上为埋藏后抬升、经历淡水淋滤而形成的二次生气。高成熟度的页岩气藏是由高成熟度条件下原油裂解形成的。成熟度最高的页岩只有干气，次成熟的页岩可能含有湿气，成熟度再低的页岩只有液态石油。

第三，裂缝。裂缝有助于页岩层中游离态天然气体积的增加和吸附态天然气的解析。裂缝发育程度是决定页岩气藏品质的重要因素。一般来说，裂缝较发育的气藏，其品质也较好。实际上，裂缝对页岩气藏具有双重作用：一方面，裂缝为天然气和地层水提供了运移通道和聚集空间，有助于页岩总含气量的增加；另一方面，如果裂缝过大，可能导致天然气散失。

第四，孔隙度和渗透率。在常规储层分析中，孔隙度和渗透率是储层特征研究中最重要的两个参数，相同的原理适用于页岩气，游离态天然气的含量由孔隙大小直接决定，运用非理想气体的 PVT 模型计算可知，当平均孔隙度为 6%，孔隙度分布在 5% ~ 8% 左右的情况下，加之 26.2 兆帕压力、70e 温度的条件下，最多能形成 4.96 立方米/吨的页岩气（Daniel M. J. etc, 2007）。由此可知，判断页岩气藏是否具有开发经济价值的重要因素之一就是一定的孔隙空间带来的渗透率。基质渗透率在页岩中十分低，平均喉道半径不到 0.005 微米，但随裂缝的发育而大幅度提高，储层"总"渗透率与储层中天然裂缝系统的发育程度是否相一致，这通常通过测井和生产数据分析来确定。

第五，矿物组成。大多数页岩含有很多的黏土，然而 Barnett 页岩的黏土含量并不高，在寻找 Barnett 型页岩气藏中，勘探工作者必须寻找可以被压裂的页岩，这些页岩中黏土的质量分数不超过 50%，能被成功压裂。X 射线衍射分析表明，构成西澳安特里姆地区（Antrim）页岩的主要矿物组成为石英、黏土和碳酸盐，次要矿物组成为黄铁矿、干酪根、长石、高岭石和绿泥石。对矿物组成的分析能为页岩压裂提供进一步的资料，同时能为钻井和完井提供参考。

第六，厚度。页岩厚度控制着页岩气藏的经济效益。页岩气藏为典型的"自生自储"式气藏，通过页岩厚度及其分布范围可判断页岩气藏的边界，页岩厚度在一定程度上控制着页岩气藏的规模及经济效益（聂海宽等，2009）。在目前已成功开发的页岩气藏中，Ohio 页岩厚度最小，为 9~30 米。研究表明，具有工业价值的含气页岩厚度下限为 15 米，具有良好经济效益的优质页岩气藏的页岩厚度应大于 30 米（孟庆峰等，2012）。

第七，湿度。页岩的湿度直接影响着吸附态天然气的含量。岩石润湿后，因为水比气吸附性能好，从而会占据部分活性表面导致甲烷吸附容量降低。湿度往往随页岩成熟度增加而减小，故成熟度高的页岩含气量可能更高。含水量高将降低气体的生产速度，导致产出水处理困难，所以，有利的页岩区应该是产水较少的区域。

第八，优良的贮存环境

贮存条件的好坏是天然气富集的重要前提，尤其是对于以游离态为主的天然气。尽管天然裂缝在 Barnett 页岩中十分发育，天然气向上覆岩层的逸散仍被封堵，原因是裂缝为方解石所胶结（Gale etc.，2007）。同时，Chappel 组、Marble Falls 组、夹层的

Forestburg 组以及其下伏的 Viola 组或 Simpson 组等的灰岩隔层覆在 Barnett 页岩上（Bowker K. A.，2003），也隔挡了对 Barnett 页岩气的贮存作用，最好的贮存条件就是现今发育的 26.2 兆帕的超压，也证实了上述分析。

（2）外部地质条件

外部地质条件指的是页岩气周围的压力、温度以及成藏深度等客观地质条件。

第一，深度。页岩气藏深度变化较大。深度不是页岩气藏发育的决定因素，但它决定该页岩气藏是否具有商业开发价值。生物成因气埋藏相对较浅（小于 1500 米），开发难度小且经济效益高；热成因气埋藏相对较深（多大于 1500 米），但资源量大且分布广泛。目前已进行工业性开发的页岩气藏的埋藏深度一般低于 3000 米，但随着天然气价格的抬升及页岩气钻采工艺的进步，埋藏深度更大的页岩气藏将被开发。

第二，温度与压力。温度主要影响吸附气体含量，温度增高，气体分子的运动速度加快，降低了吸附态天然气的含量，这也是福特沃斯盆地 Barnett 页岩气藏中吸附气含量较少的原因之一。一般情况下，随压力的增大，无论以何种贮存方式存在的气体，含量都呈增大趋势，但压力增大到一定程度以后，含气量增加缓慢，因为孔隙和矿物（有机质）表面是一定的。前者控制游离态气体含量，后者控制吸附态气体含量。当压力较低时，吸附态气体含量相对较高，如圣胡安盆地 Lewis 页岩气藏具有异常低的地层压力梯度。

3. 页岩气与常规天然气对比

作为天然气的一种特殊形式，页岩气主要开采自地下页岩层当中，在使用过程中与常规天然气基本相同，主要化学成分为甲烷。但是，页岩气与常规天然气在储集方式上具有很大的差异。从图 2

可以看出，页岩气广泛分布于底层，要以水平井为主要开采井型；而天然气分布较浅，可以通过垂直井直接开采。

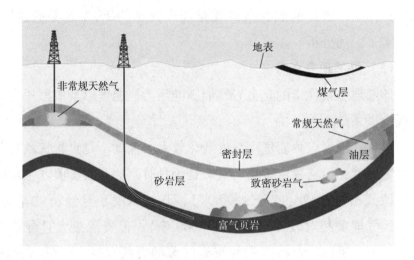

图2 常规天然气与非常规天然气的地质分布

资料来源：美国能源情报署（United States Energy Information Administration）。

页岩气具有"自生自储"的特点，对周围地质条件要求并不高，这是由于页岩本身不仅是烃源岩，还具备储层和盖层的功能，因此，才能在底层中广泛存在，相比之下常规天然气的形成要满足储层、盖层以及"封储盖"三个重要的地质条件。

常规天然气一般在钻井之后受地层压力的作用，会出现自然气流举升到地面的场景，其主要原因在于常规天然气在岩石裂缝中以游离态存在。然而，页岩气在地层中的存在状态多以颗粒吸附为主，而游离态存在于裂缝中为辅。因此，一般页岩气在开采之后，较少出现自然流出场景，需要增加水力压裂等增产手段。在早期进行油气钻井作业时一般采用钻穿页岩的方式，虽然我国页岩气发现比较早，但基于开采耗费资源及成本较高，影响了大范围的开发利用。页岩气和常规天然气具体对比如表1所示。

表 1　页岩气与常规天然气对比

项目	页岩气	常规天然气
成因类型	有机质热演化成因,生物成因	有机质热演化成因,生物成因,原油裂解成因
主要成分	甲烷为主,少量乙烷、丙烷	甲烷为主,乙烷、丙烷等含量变化较大
成藏特点	自生、自储、自保	生、储、盖组合
分布特点	受页岩分布控制,有广布性	严格符合生储盖地质条件
储集方式	吸附气和游离气并存,吸附气占20%~80%	游离气为主
埋藏深度	一般在200~4000米之间	一般大于500米
我国储量	估计技术可采储量约36.1万亿立方米	探明可采储量3万亿立方米
开采井型	以水平井为主	以垂直井为主
开采特点	无自然产能出气,需水力压裂等增产技术开采	自然压力开采为主

资料来源:褚会丽、檀朝东、宋健:《天然气、煤层气、页岩气成藏特征与成藏机理对比》,《石油工程技术》2010年第9期。

（三）未来发展的主要目标及任务

1. 指导方针和目标

（1）指导思想

为进一步推进科学发展观,必须将邓小平理论及"三个代表"作为重要指导思想。政策支撑、科技提升、体制更新对于创新理念与方法具有重要作用,应该积极推进页岩气的勘探开发,提高页岩气勘探技术水平,加快页岩气发展步伐,推进页岩气产业规模化发展。同时,这对于国内天然气的供需不平衡问题也能起到有效的缓解作用,优化能源发展结构,保障了安全可靠的天然气供应能力,为全社会更快更好地发展做出贡献。

（2）基本原则

第一，继续推进科技进步。通过挖掘科技潜在能力，改进目前的资源现状，利用对外合作的方式，结合科学技术的改进及对优良科技的吸收，有效提升我国资源开发利用、勘探开采、综合管理的水平。

第二，不断推进制度完善。有效地制定支撑资源开发与利用、市场形成与发展、价格及管理体系创新的体制机制，不断推进管理理念的创新。

第三，全面提升常规与非常规的融合利用。页岩气作为天然气的一种特殊形式，在区域分布、输送及利用等方面与常规天然气吻合较大，通过页岩气与常规天然气的融合利用，并给予页岩气特殊的优惠发展政策，全面推动常规与非常规天然气的快速发展。

第四，继续推进内部与对外发展的结合。在对自身勘探技术不断发展的同时，也要有序开发对外合作资源，引进国内缺少的高新技术，从而提高自身的创新能力。

第五，继续推进发展与环境相协调。在对页岩气进行勘探开发的过程中需要重点关注其对于环境的影响，包括建设方式集约化、恢复相关地表植被以及节约利用水资源，严格按照规程进行相关钻井操作，达到排放标准，实现对生态环境的保护。

2. 页岩气未来发展目标

（1）总体目标

至2015年底，全面实现页岩气发展的综合目标。首先，深化页岩气储量的分析与调查，全面掌握页岩气的储藏和分布情况，合理选取页岩气开发的有利目标区以及远景开发区等，建设一批页岩气开发区，推进页岩气生产的规模化发展。其次，实现关键技术革新，尤其在页岩气的勘测和开发领域，推进技术创新。再次，提高页岩气开发设备的自动化程度，推动页岩气开发和生产的规范和技术标准的出台。最后，落实页岩气及相关产业的发展政策，为"十三五"期间加速发展页岩气产业做好准备工作。

（2）具体规划目标

以下规划目标力争在"十二五"期间实现。

第一，在形成页岩气储量调查和分析报告的基础上，全面了解页岩气的储藏和分布情况，合理选取页岩气开发的有利目标区50～80个以及远景开发区30～50个。

第二，探明页岩气的地质储量以及可持续开采量，实现2015年页岩气开采量65亿立方米的突破。

第三，在地质调查与评价等技术方法上，研究出适用于我国特有地质条件的一套方法，并在勘探、开发等关键技术及相关设备上实现突破。

第四，在资源储量、调查分析、勘测以及环保等多个页岩气开发的相关领域形成技术标准和相关规范。

3. 页岩气发展重点任务

（1）资源潜力调查与评估

将全国陆域划分为上扬子及滇黔桂、中下扬子及东南、华北及东北、西北和青藏五个大区，设置"全国页岩气资源潜力调查评价及有利区优选"项目，分区、分重点开展相应的页岩气资源潜力调查与评估工作。

第一，页岩气分布情况调查与分析。自2011年至2013年，我国已经全面开展了与页岩气分布有关的油气及地质资料的调查，在加快调查及评估我国有机页岩的相关参数及分布后，优选了第一批页岩气资源远景开发区。

第二，全国页岩气资源潜力调查与评估。以湘中－洞庭、赣西北、苏浙皖；四川盆地及渝东鄂西、滇黔北、黔南桂中、南盘江；塔里木、准噶尔、吐哈、三塘湖、柴达木、羌塘等盆地，鄂尔多斯、南华北、松辽、渤海湾盆地及地区为调查分析的重点区域范围，调查包含井50余口。通过深入地调查收集页岩气的系统参数，有效地分析页岩气的资源潜力，总结梳理页岩气的富集规律，进一步深入分析我国页岩气的可开采资源储量及资源分布、地质资源情况，综合优选有利的页岩气发展富集目标区。建立一个一体化示范区，包括对页岩气调查的评价、开发及利用，加速页岩气产业的形成和发展。

（2）科技发展

第一，资源评价相关技术。通过对海相及陆相页岩气内部机理和富集规律的总结，建立不同类别的成藏模型，确定模型评价相关参数、标准及方法，重视页岩气分析技术及设备构成的研发，以此作为页岩气资源现状。

第二，页岩气有利目标优选评估。首先研究页岩气的分布特征及富集存储的地质条件，在此基础上，建立页岩气有利目标优选评估指标体系，包含有机质含量、沉积相、埋深条件、资源丰富程度、热成熟度、构造演化等多个侧重点，结合技术经济的分析思路，全面、系统地进行页岩气成藏主要影响因素和页岩气成藏地质条件的研究工作，为进一步开发页岩气奠定基础。

第三，地球物理评价技术。分析并掌握国外相关技术，以此为基础，展开页岩气测井识别、地震采集和处理解释、储层精细描述等地球物理识别技术和评价标准研究，构建页岩气储层参数识别技术，逐步形成并完善有机质页岩及含气性地球物理识别关键技术体系，为合理确定页岩气的"甜点区"提供有效的技术支撑。

第四，水平井钻完井技术。页岩气钻井和固井辅助工具、定向井井眼轨迹分析优化、井段水平井优化钻井等关键技术的深化研究与利用，进一步参考分析常规油气藏和堤身透气藏钻完井技术，全面加强设备的可靠利用及技术的深化应用，提高我国页岩气开发利用的钻完井技术。

第五，页岩气单井产量技术的提升。通过对页岩气开发利用增产核心技术的研发与应用，全面提升我国页岩气的单井产量。包括研发 3000 型压裂车等装备、同步压裂和微地震裂缝监测等技术，并努力实现国产化，开展分段压裂、长井段射孔和体积改造，以及新型压裂液、压裂液处理和再利用、储层伤害机理和保护等关键技术的攻关工作。

第六，优化产能预测及井网经济评价技术。通过分析我国页岩气的解析、扩散和渗透的机理，进一步研究我国页岩气井的产能发展情况，依托气井产能参数收集及智能仿真数据模拟技术，针对最终可采储量进行优化分析，深化井网优化技术的提升，包括页岩气开发产能评价技术等。通过分析不同页岩气井的生产特点，深化井网、井距等不同条件影响下的有效气采率分析。针对井网开发利用的不同评价角度，构建页岩气开发的经济技术评价体系，深化评价指标的筛选及应用。

第七，提高我国页岩气开发利用技术规范性。在页岩气开发利用的勘探、地质调查、钻井、测井、实验分析、改造创新等不同技术领域，全面深化技术标准的规范制定，推动产业标准化发展。

第八，推动专业化服务公司的发展。专业化服务公司能够为加快页岩气的开发利用提供全方位的技术支撑，通过推动专业化服务公司的发展，实现关键技术的自主创新，提高页岩气开发利用的成本控制能力。

（3）布局勘探开发

页岩气开发有诸多重点区域，分别是四川、江西、安徽、江苏、陕西、河南、辽宁、新疆、重庆、鄂西渝东、川西－阆中、川东北、安顺－凯里、济阳、延安、贵州、湖南、湖北、云南，应在芜湖、横山堡、南川、秀山、辽河东部、岑巩、长宁、威远、昭通、富顺 – 永川、神府 – 临兴、沁源、寿阳等地建设页岩气的勘测开发区。

（4）页岩气 2020 年发展展望

"十三五"期间，大力推进两湖、苏浙皖、鄂尔多斯、南华北、松辽、准噶尔、吐哈、塔里木、渤海湾等地的勘探开发，建成多个全新的勘探开发区，到 2020 年争取实现页岩气年开采量 600 亿~1000 亿立方米；在关键的勘探开发技术、页岩气情况调查与评估等领域均取得较大突破。

4. 页岩气发展规划实施

（1）保障资金资源的投入

针对我国页岩气资源的勘探及分析评价的资金投入应不断加大，同时深化我国页岩气开发潜力分析、页岩气综合利用优选区域、页岩气开发关键技术攻关、页岩气开发国际合作等方面的资金投入。

（2）页岩气实现多种发展模式

将"页岩气勘探开发关键技术"列为"大型油气田及煤层气开发"重大专项内的重点，提高我国页岩气勘探开发技术的自主创新能力，强化页岩气开发利用相关关键技术攻关的支持，提倡并鼓励国内外相关院校和研究机构与企业的共同研究模式，开展对外合作，引进国外先进技术和发展模式，结合我国特有情况，逐步完善具有中国特色的页岩气勘测和开发技术研究。

（3）建立页岩气勘探开发新机制

通过制定合理的资质标准及准入门槛、保障矿权招投标制度的落实、强化合同管理的保障，推动大型集约化企业积极参与页岩气开发和利用及投资主体的多元化发展。

（4）落实页岩气产业鼓励政策

研究制定页岩气具体补贴政策，可适当参考煤层气财政补贴政策；对页岩气勘探开发等鼓励类项目项下进口国内不能生产的自用设备（包括随设备进口的技术），按有关规定免征关税；依法取得页岩气探矿权采矿权的矿业权人或探矿权采矿权申请人可按照相关规定申请减免页岩气探矿权和采矿权使用费；页岩气出厂价格实行市场定价；优先用地审批。

二　页岩气国内外发展状况分析

（一）国内发展规模分析

1. 国内页岩气储量及分布

中国主要盆地和地区页岩气资源量为 15 万亿～30 万亿立方米，与美国 28.3 万亿立方米大致相当。其中，中国南方页岩气资源总量约占总体的 46.8%、西北地区约占总体的 43%。中国陆域页岩气地质资源潜力为 134.42 万亿立方米，可采资源潜力为 25.08 万亿立方米（不含青藏区）。其中，拥有页岩气发现及工业气流的评价区域面积约为 88 万平方公里，地质资源为 93.01 万亿立方米，可采资源为 15.95 万亿立方米。2012 年 3 月，我国发布的页岩气可开采资源潜力约为 25.1 万亿立方米，据推算，可供我国使用约 200 年。

页岩气在盆地中存在广泛，储量巨大，因此，其发展意义深远。页岩气由于含气饱和度及埋藏深度等差别所具有的工业价值也不同，中国传统研究中的几种分类也是基于此，包含泥页岩裂隙气藏、泥页岩油气藏、泥岩裂缝油气藏、裂缝性油气藏等，但在传统研究中没有考虑天然气的原生属性以及吸附机理，并将聚集于泥页岩裂缝中的游离相油气理解为主体。

页岩气资源在我国主要集中在三大海相页岩分布区（南方古

生界海相页岩，华北地区下古生界海相页岩和塔里木盆地）以及五大陆相页岩分布区（松辽盆地、准噶尔盆地、鄂尔多斯盆地、吐哈盆地和寒武－奥陶系海相页岩）。

西部和北部是我国页岩气发育起源地带，页岩气储量较大，而南方地区页岩气分布较少。因此，西部和北部是我国页岩气开发的重点地区。

2. 国内页岩气开发现状

2011 年底前，中石油开发了 4 个页岩气有利区块，包括威远、长宁、昭通以及富顺－永川，作为我国川南和滇北地区的优选区域，11 口评价井已完钻，其中获得工业气流的井数达 4 口。中石化完钻 5 口评价井，分别在黔东、皖南、川东北，获得了 2 口工业气流井，并确定了建南和黄平等区域为优选区域。中海油在我国皖浙等区域积极开展了页岩气勘探的前期工作。同时，在我国陕西延安地区，3 口井获得陆相页岩气发现。中联煤也提出了寿阳、沁源和晋城三个页岩气有利区，均位于山西沁水盆地。

3. 国内页岩气发展趋势

中国国土资源部于 2009 年 10 月启动页岩气资源勘测项目，国家能源局于 2012 年 3 月发布了《页岩气发展规划（2011～2015年)》，规划中列出了"十二五"期间全面开展页岩气储量和可开采量的勘测分析，并于 2015 年实现页岩气产气量 65 亿立方米。这为实现"十三五"期间页岩气发展目标奠定了有利基础，力争实现我国页岩气年开采量至 2020 年达到 600 亿～1000 亿立方米的整体水平的目标。这一目标的实现，能够显著提高我国天然气的自给率，推动天然气在我国能源消耗中的占比达到 8% 的整体水平，不断优化我国能源结构体系，减少能源消耗碳排放，降低我国天然气资源的对外依存度。

中国在石油服务行业的规模及税收环境等政策的宽松程度仅次

于北美国家。此外，由于中国能源供需上的不平衡、页岩气储量的丰富情况，外界普遍认为，中国将是未来除美国外页岩气发展最快速的国家。

（二）国外页岩气发展规模分析

1. 国际页岩气储量及分布

世界范围内页岩气资源量为 456×10^{12} 立方米，相当于煤层气与致密砂岩气资源量的总和，占 3 种非常规天然气（煤层气、致密砂岩气、页岩气）总资源量的 50% 左右。

表 2　世界各地区页岩气资源预测表

单位：10^{12} 立方米

地区	页岩气储量	煤层气储量	致密砂岩气储量	合计
北美	108.7	85.4	38.8	232.9
拉丁美洲	59.9	1.1	36.6	97.6
中欧 + 西欧	15.5	7.7	12.2	35.4
苏联	17.7	112.0	25.5	155.2
中东 + 非洲	79.9	1.1	45.5	126.5
中亚 + 中国	99.8	34.4	10.0	144.2
太平洋地区（经济合作组织）	65.5	13.3	20.0	98.8
其他亚太地区	8.9	1.1	21.0	31.0
全世界	455.9	256.1	209.6	921.6

资料来源：李建忠、董大忠等：《中国页岩气资源前景与战略定位》，《天然气工业》2009 年第 5 期。

图 3 为全球 38 个国家的 48 个页岩气盆地分布情况，可以看出，页岩气主要分布在美国、加拿大、欧洲（除俄罗斯）、亚太地区和拉丁美洲。

图 4 显示了剩余可采天然气资源排名前十五位的国家，可以看出，天然气储量最多的是俄罗斯，但是俄罗斯页岩气储量不足，而

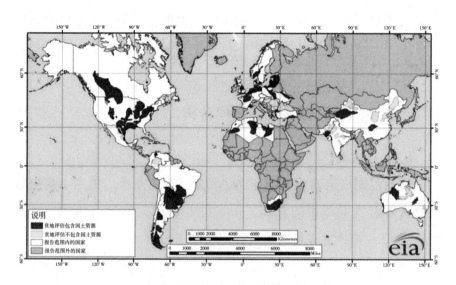

图3 全球页岩气分布状况

美国、中国、阿根廷、墨西哥等国家页岩气储量占总天然气储量的比例较大，具有很大的开发潜力。

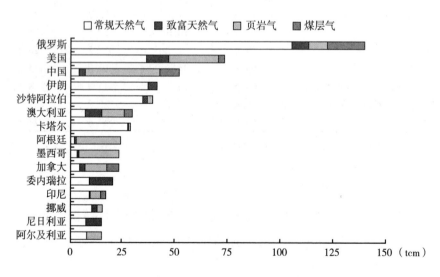

图4 各国的剩余可采天然气资源

2. 北美洲页岩气发展现状

（1）北美洲页岩气储量和分布

美国进行页岩气开采大约有 80 多年的历史。页岩气的开发及利用有效地改善了美国天然气供需的紧张状态，并进一步提高了其能源安全保障水平。美国页岩气开发利用站天然气产量的比重增长迅速，从 1996 年的 1.6% 迅速增长至 2010 年的约 23%，并使美国一度成为世界第一大天然气生产与资源拥有国。在未来较长一段时间内，随着页岩气开发利用技术的不断提高，页岩气的开采仍将呈现较快的增长势头，并带动美国天然气的生产和利用稳定、快速地发展。据分析，美国地质分析机构测算，仅沃思堡盆地 Barnett 页岩气田开采寿命可达 80~100 年，决定了其拥有较大的开采利用周期及利用价值。

加拿大作为页岩气商业化开采较早的国家之一，其发展仅落后于美国。据统计，至 2009 年加拿大的页岩气产量已经达到 72 亿立方米。加拿大西部地区有 15.57 万亿 ~24.35 万亿立方米页岩气储量，其中下白垩统 4.4×10^{12} 立方米，占该盆地页岩气资源的 18%；中、下三叠统 9.3×10^{12} 立方米，占该盆地页岩气资源的 38%；上泥盆统和下石炭统 10.7×10^{12} 立方米，占西部沉积盆地页岩气资源的 44%。加拿大不列颠哥伦比亚（British Columbia）东北部泥盆系、白垩系、侏罗系、三叠系页岩气资源量超过 28.3×10^{12} 立方米，保守估计也有 7.1×10^{12} 立方米，占该地区未发现天然气资源（包括常规和非常规）的 34%。

图 5 显示了美国和加拿大页岩气的分布情况

由图 5 可以看出，美国已开发的页岩气主要分布在中西和中东部地区，有开发前景的页岩气储量主要分布在南部地区，而加拿大有开发前景的主要分布在西部地区。

过去十年内，页岩气已成为美国一种日益重要的天然气资源，

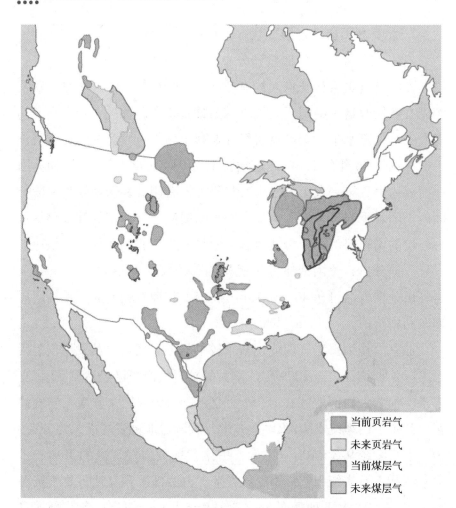

图5 北美洲页岩气分布情况

资料来源：安晓璇：《页岩气资源分布、开发现状及展望》，《资源开发》2010年第2期。

同时得到了世界上其他国家的广泛关注。2000年，美国页岩气产量仅占天然气总量的1%；2009年美国天然气生产总量占世界天然气总量的比重达到20%左右，并一跃超过俄罗斯成为第一大天然气生产国；到2010年，因为水力压裂、水平钻井等技术的发展，页岩气所占的比重已超过20%。2012年美国天然气销售量相比

2006 年增加了近 30%，达到 7160 亿立方米。其中，页岩气产量在美国天然气供应中的比重增长迅猛，从 2000 年约占天然气供应的 1% 发展到 2012 年的近 30%，其份额还将不断上升。根据美国能源信息署（Energy Information Administration）的预测，到 2035 年，美国 46% 的天然气供给将来自页岩气。

由图 6 可以看出，2007 年美国页岩气仅占天然气的 8.07%，到 2011 年增长到 29.85%，同比增长 27.33%，2007～2011 年同比增长率始终保持在 25%～30% 之间。

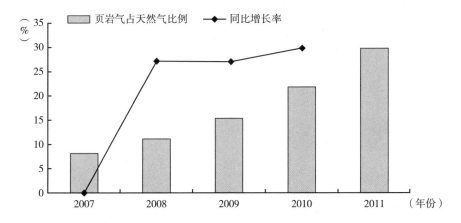

图 6　美国页岩气占天然气比例发展趋势

资料来源：杨挺、孙小涛：《美国页岩气开发对世界天然气和石油化工产业的影响》，《化工进展》2013 年第 3 期。

（2）美国页岩气商业化模式的实现

美国是最早进行页岩气勘探、目前唯一实现商业化开采利用的国家。早在 1821 年，在纽约州阿帕拉契亚盆地泥盆系诞生了美国第一口商业页岩气井，进入 21 世纪后，美国页岩气的勘探开发得到了快速的发展。2006 年，美国页岩气井数超过 4 万口，页岩气产量达 311 亿立方米，占美国天然气总产量的 5.9%；2009 年，美国页岩气勘探更是以惊人的速度发展，页岩气生产井数接近 10 万口，产量达到 878 亿立方米，占美国天然气总产量的 13%，至此美国已替代俄罗斯成为世界第一天然气生产国。2010 年美国天然气总产量中页岩气的比重达到了 23%，而 2011 年这一比重迅速增长至 34%。

美国页岩气的技术创新主要由中小公司推动，美国 85% 的页岩气由中小公司生产，多数区块被中小能源公司和各类基金所控制。大公司的介入及参与推动页岩气向规模化发展，大公司一般通过企业并购方式拥有页岩区块，或与中小公司合资进军页岩气产业，如美孚石油公司 2009 年 12 月以 410 亿美元全面收购 XTO 公司，正式进入页岩气领域。专业化分工与合作，促进页岩气开发产业链各环节流线型运作，高效生产。资本的高效流动性，推动各类资本在全链条上快速流动，刺激了技术和商业服务模式的不断创新。

美国页岩气实现商业化要以下条件为基础。

第一，非常好的资源禀赋。美国页岩气资源量大，分布范围广，适于开采。这是美国页岩气能够实现商业化的前提条件。

第二，成熟的开采技术。经过数十年的研究，美国已经拥有一套非常成熟的页岩气开采技术和非常发达的管线。

第三，输管网络的发达。美国管网总长达 49 万公里，覆盖 48 个州，拥有长达 34.9 万公里的州际管道、14.1 万公里的州内管道，过去十几年内，每年管网以 2% 的增幅在增长，相比之下，我国仅有 5 万公里的管网。

第四，强大的政策支持。美国页岩气经过几十年的发展，已经形成了包含技术研发、税收补贴、环境保护的政策体系。

第五，能源市场监管体制的成熟。美国页岩气开发一直沿用天然气监管的法律法规以及相关监管框架，重点监管环境污染与水资源利用，如《美国清洁水法案》、《联邦空气清洁法案》、《美国国家环境政策法》和《美国安全饮用水法》等。

美国页岩气的开发及利用经历了几十年的发展，其关键技术一般掌握在专业化的若干中小型企业手中，专业从事页岩气开发的企业数量从 2005 年的 23 家迅速发展到目前的 100 多家。在高度竞争性市场中，技术创新和商业化主要由中小公司推动。除此以外，美国页岩气发展过程中专业化服务及技术开发类企业拥有了较大的发展空间，形成了高度社会化的分工体系，受产业制度影响较小，有效地推动了页岩气开发利用的整体投入降低、生产效率提高、资金回收快、生产作业周期缩短。如今，哈里伯顿、贝克休斯等国际领先的一批专业服务公司在美国不断形成并快速发展，在全球页岩气发展过程中不断输出技术和装备，专业化服务及技术开发类企业的发展有效地推动了美国页岩气产量的增长及商业化的稳定发展。

（3）美国页岩气商业化的成功经验

美国页岩气资源的成功开发为其他国家发展页岩气产业起到了良好的示范作用。美国页岩气的大力发展并成功实现商业化主要得益于以下方面。

第一，在美国能源独立战略的推动下，政府重视页岩气开发，出台了一系列优惠政策。

美国对于能源安全的重视程度极高，并且较早地提出了能源独立战略，在 1973 年中东石油危机时，就前瞻性地提出了能源独立的战略思想，并且多年来进行了不断的变革创新与发展。美国的《原油意外获利法》等对页岩气等非常规油气开发实施税收减免。对 1979～1999 年钻探、2003 年之前生产的页岩气实行税收减免政策，减免幅度为 0.5 美元/千立方英尺（约 0.02 美元/立方米），此项税收减免政策前后共持续了长达 23 年。各州政府出台的配套税收减免政策，包括无形钻探费用扣除、工作权益视为主动收入、小生产商的耗竭补贴等，有力地推动了非常规能源的勘探与开发，提高了企业的投资积极性，降低了页岩气的整体开发与利用成本。

第二，创造开放的竞争环境，加快技术创新，为中小型油气开发商提供了公平竞争和商业开发页岩气的机遇。

水平井技术和水力压裂技术等关键技术的较早攻破及深化应用，成为美国页岩气发展历程中的关键环节。而美国成熟的市场竞争环境及有效的宏观管理体制，为企业不断创新与发展创造了有效的空间及发展活力。

页岩气开发具有单井产量低、采收率低（页岩气的采收率为5%~20%，而常规天然气的采收率一般高于60%）、产量递减快、生产周期长等特点，这决定了页岩气开发只有通过不断钻井进行持续生产，产生规模效应后，才能形成稳定的投资回报。为此，美国成立了非常规油气资源研究基金，积极鼓励关键技术的研发，并不断资助有关科研机构及中小型技术公司，推动了页岩气多专业技术领域的协同发展，促进了水平钻井技术和水力压裂技术的成功结合，极大地提高了深层页岩气的开采效率和赢利性。

美国页岩气勘探开发准入门槛低，勘探开发主体多元化，85%的页岩气产量由中小公司生产（我国恰好相反）。中小型公司一般具有更快的技术更新能力，大型公司一般会选择适宜的中小型公司进行收购或合作投资，拥有灵活的市场进出能力，市场竞争程度的提高，有力推动了页岩气开发与生产利用的商业化、规模化发展。同时，出现了技术服务公司的专业化分工与协作以及多方力量参与共同促进页岩气资源开发的局面，降低了页岩气项目的实施成本。这极大地丰富和完善了产业链，提高了油气行业资本的流通效率。

美国"以州为主，联邦调控"的页岩气监管框架，对跨州能源经营活动采取分属联邦和州政府的监管分权制度，当两者出现矛盾时，以联邦法规为准；当联邦标准低于州政府两级管理时，则同时实施两套规定。

此外，美国政府放开天然气价格，同时打造多元化的投资环境，建立市场机制等，大大鼓励了小企业的勘探开发投资热情，让其参与市场竞争，同时保障国家、生产商、用户等各方利益。

第三，政府从完善基础设施配套方面给予持续的支持，有效降低了页岩气开采利用的初期成本。

页岩气的资源具有分布广的特性，需要建立在快速发展的先进管网基础上进行分布式的开发及利用，管网开放也成了页岩气市场化开发与发展、大范围利用的基础。利用页岩气进行发电的二氧化碳排放量仅为燃煤电厂的一半左右，整体成本也存在较大差异，为保障页岩气能源的有效利用，有必要实行差异化管理，将页岩气发电与煤电输配分开。为此，美国政府不仅高度重视智能电网的建设，也在不断地深化管网体制及电力体制的配套改革与完善，形成了相对市场化公平的管网运行机制，并提出了相应的税率减免、贷款优惠等政策扶持管道公司，为页岩气的开发利用提供了基础条件。

此外，美国的页岩气生产具有产区接近负荷终端用户的特征，有效降低了页岩气生产销售的运输成本，提高了页岩气的经济竞争优势，使得天然气整体价格水平较低。目前美国页岩气的开采成本仅仅略高于常规天然气，页岩气开采开始进入规模化和商业化发展阶段。

但也要看到，虽然页岩气目前的开采成本大幅降低，但由于有些页岩气田的含气泥质岩层巨厚，以及埋藏很深或产量递减较快等原因，有些页岩气开发公司前期投入产出效益不理想，甚至出现巨额亏损。

第四，美国加强行业监管，出台了严格的环境保护政策。

页岩气的开发，需要大量注水，而且在作业过程中所产生的大量压裂液是一种含有毒性复杂化学物质和放射性废液，可能会污染地下水资源，引发空气、土地等污染问题。针对这些问题，美国分别通过《美国联邦环境法》、《美国清洁水法案》、《饮用水安全法》、《资源保护和恢复法》和《清洁空气法》等法律做出了相应的规定，对作业区的水资源、渔业资源和野生动物进行保护。

但是要看到，目前针对页岩气开发导致的环境污染，相关技术及质量管理标准规范在美国也在不断完善，仍然存在一定的潜在风险。例如，由于"哈里伯顿漏洞"等问题的存在，浅层水源可能受到高污染化学品进入的污染，影响饮用水安全。事实上，美国已经出现家畜饮用了开采点的水后死亡的事件，美国部分州、地区也因环境问题中止了部分页岩气开发项目。

（4）美国页岩气开采对世界能源格局和中国的影响

美国页岩气的成功开发，加强了美国能源自给自足的能力，对能源以及相关产业产生了显著影响，带来了北美甚至世界能源格局的变化，有学者将其称为"能源革命"。

第一，美国的能源自给能力快速增强，常规天然气进口量和产量快速减少，石油对外依存度也明显下降。

美国能源信息署（EIA）的研究表明，由于页岩气产量激增，美国的宾夕法尼亚州和纽约州等传统的能源进口区成了能源供应区。美国依靠从中东地区、加拿大方面进口的管输天然气及液化天然气总量显著降低，使美国墨西哥湾常规天然气的产量从2007年的3960万立方米/日降低到目前的1980万立方米/日，减少了一半。

近年来，美国用液化天然气快速替代柴油，使美国石油依存度呈现下降趋势，跌破长期徘徊在60%左右的水平，至2011年，已降为50%以下，实现了精炼石油产品净出口。因此，奥巴马在2011年3月提出了未来10年将外国石油进口减少1/3的目标。

第二，引起各国在世界能源体系中的地位发生变化。一方面，欧洲各国长期以来一直试图寻找多元化的天然气来源，北美重要的天然气来源将可能使得欧洲各国单一依赖俄罗斯天然气的局面有所改变。这意味着俄罗斯原本在欧洲市场，尤其是西欧市场上强硬的定价权将受到一定程度的冲击，而且可能失去一定的市场份额。

另一方面，基于美欧的传统同盟关系，美国页岩气的开采将带来对西欧的天然气出口，而以往欧洲天然气的重要供应国伊朗可能会将部分天然气分流到亚太地区。亚太地区的天然气供应也会出现多元化的格局，可能会使原本复杂的亚太地区油气地缘竞争向买方倾斜。

第三，中国的天然气进口环境将得到优化。中国目前是液化天然气进口潜力较大的国家之一，美国页岩气开采所带来的全球油气供应增加，会减轻中国所面临的天然气地缘竞争，并将强化油气供应国与中国的合作愿望，中国的天然气进口环境将得到优化。

3. 其他国家页岩气发展状况

（1）欧洲（除俄罗斯以外）

全世界范围内页岩气分布较广，但可采资源量较少，多集中在瑞典、乌克兰、挪威和波兰等国家。除此之外，西班牙、英国以及德国均已着手页岩气的开发和研究工作。

（2）亚太地区

在亚太地区，澳大利亚以及中国的页岩气储量丰富，此外，印度和印度尼西亚两国也开始了对页岩气资源的分析和调查工作。中国页岩气开发工作刚刚起步，目前以评估与勘探为主，处于准备阶段。中国的国土资源部于2011年7月首次进行了页岩气探矿权的招标工作。中国已与美国有关部门达成技术合作、开发等多项合作。

（3）拉丁美洲

在拉丁美洲，页岩气资源主要分布在巴西、墨西哥以及阿根廷

等国家。墨西哥页岩气可开采量居世界第四位，并且于 2011 年 10
月在北部地区发现大规模页岩气田，可供墨西哥持续使用 90 年。
阿根廷国内的石油公司已经与道达尔、埃克森美孚等能源公司达成
合作，共同参与阿根廷境内的矿区页岩气开采。

（4）其他国家

已有 40 多家跨国石油公司在欧洲寻找页岩气，奥地利 OMV
公司在维也纳附近测试地质构造，雪佛龙公司和康菲石油公司开
始在波兰进行勘探，埃克森美孚公司已开始在德国进行钻探，壳
牌公司将页岩气勘探目标锁定在瑞典。墨西哥计划未来两年投资
20 亿美元开发页岩气。印度尼西亚等亚洲国家、南非等非洲国家
都在逐步推动页岩气的区域发展规划，俄罗斯作为传统的天然气
大国拥有较大规模的常规天然气储量，也在不断深化页岩气的开
采准备。

三 页岩气发展核心问题探讨

（一）资源问题

尽管四川盆地具有形成页岩气藏的诸多有利的地质条件，但与
北美传统页岩气有利区域相比，前者的地质背景、整体认识和技术
水平还有差距，需要进行大量艰苦细致的技术攻关和勘探开发及政
策研究。当前，一些学者及研究机构不断深化我国页岩气的发展趋
势分析，对我国页岩气的开发利用持有较为积极的认识。但是，与
美国等页岩气发展较快国家相比，我国的地区特征、地质条件、市
场化环境等方面，都难以支撑我国页岩气拥有飞速发展的预测基
础。应更加全面地分析我国页岩气发展中的核心问题、资源问题，
动态系统地进行科学分析。

实际上，目前认为最具前景的中国南方扬子地台寒武系和志留系海相页岩与北美地台石炭系和泥盆系海相页岩相比，至少存在 4 个不利因素。

第一，扬子地台经历的构造运动次数多而且剧烈，所以，页岩气藏经历的改造历史和保存条件显然不同于北美地台。

第二，中国页岩气有利区有机质演化程度处于高成熟阶段，美国页岩气则低于高成熟阶段。随着成熟度的增加，针对页岩气的成藏条件分析及变化发展规律仍需不断探索。一般来讲，成熟度越高，有机质及页岩矿物对天然气的吸附性一般更差，因此，吸附气的储量就会较少。

第三，中国页岩气藏埋深小于 3000 米的范围相对较少，部分页岩储层埋深可超过 5000 米，而美国泥盆系、密西西比系页岩埋深范围为 1000 ~ 3500 米。

第四，中国南方页岩气有利区多处于丘陵—低山地区，地表条件比美国复杂得多。因此，需要不断创新我国页岩气的地质分析技术、资源评价技术，进行科学、合理的产能预测分析。

（二）核心技术

全球页岩气资源主要集中在北美、中国、拉美、中亚、中东以及苏联等国家和地区，以北美储量最多，共计 456 万亿立方米。但其丰度低，技术可采量占资源总量的比例较低，同时页岩气的储层具有低孔隙率和低渗透率的特点，开采难度大，需要高水平的钻井和完井技术。页岩气的开采核心技术主要包括水平井技术、多层压裂技术、清水压裂技术、重复压裂技术及最新的同步压裂技术。技术水平的提升能不断提高页岩气的产量，美国正是依托诸多先进的技术，页岩气发展速度才如此迅猛。高新技术的引进或开发对我国页岩气的发展至关重要。

1. 储层评价技术

对储层进行评价是页岩气勘探开采最基本的前提，页岩储层评价技术是页岩气勘探开发的关键技术之一，测井和取心是页岩气储层评价的两种主要手段。

作为识别裂缝和断层的核心技术与手段，成像测井技术能够实现对页岩的有效分层处理；声波测井技术能够有效实现裂缝方向的识别及最大主应力的计量，为气井增产措施的实施提供分析基础；岩心分析技术主要用于孔隙度、储层渗透率、储层敏感性分析等方面。

在评估天然气地质储量潜力中运用的技术室烃源岩潜力评估技术，主要用来分析岩样中有机物的含有情况，以及是否可以形成碳氢化合物，对页岩岩样的地球化学分析需要结合对先前所钻井的测井资料及详细评价资料，要评估岩样中有机质含量以及岩样成熟度。

2. 气藏开采技术

页岩气的发展离不开科学技术的进步，页岩气勘探开发的快速发展及技术推广，得益于气藏开采技术、水平井钻井技术、水力压裂技术等核心技术的不断创新与进步。

（1）水平钻井技术

与直井相比，水平井在页岩气开发中具有无可比拟的优势。

第一，水平井成本为直井的 1.5～2.5 倍，但初始开采速度、控制储量和最终评价可采储量却是直井的 3～4 倍。美国沃斯堡盆地 Barnett 页岩最成功的垂直井在 2006 年上半年页岩气累积产量为 991×10 立方米/日，而同期最成功的水平井产量为 2831×10 立方米/日，为直井产量的近 3 倍。

第二，水平井与页岩层中裂缝（主要为垂直裂缝）相交机会大，可明显改善储层流体的流动状况。统计结果表明，水平段为 200 米或更长时，比直井钻遇裂缝的机会多几十倍。

第三，在直井收效甚微的地区，水平井开采效果良好。如在美国 Barnett 页岩气外围开采区内，水平井克服了 Barnett 组页岩上、下石灰岩层的限制，避免了 Ellenburger 组白云岩层的水侵，降低了压裂风险以及增产效果明显，在外围生产区得到广泛的运用。

第四，减少了地面设施，开采延伸范围大，避免地面不利条件的干扰。水平井位与井眼方位应选择在有机质与硅质富集、裂缝发育程度高的页岩区及层位，水平井的方位角及进尺对页岩气产量产生重要的影响。一般水平井确定方位钻井时，主要考虑裂缝网络系统的平行方向，从而能够生成更多的横向诱导裂缝，推动诱导裂缝与天然裂缝的连通，提高气体接触表面积，增大页岩气的采收率水平。在水平钻井过程采用 MWD（随钻测井）和自然伽马测井曲线在页岩段内定向控制和定位，应用对比井数据和地震数据避开已知有井漏问题和断层的区域。井身设计作为水平钻井成功的关键环节，能够有效节约完井和管理成本。在操作过程中，有效采用了地质导向技术，避免了对断层及其他复杂构造区的影响，保护目标钻穿区，防止发生井漏。

水平井钻井技术（见图 7）用特殊的井底动力工具与随钻测量仪器，钻成井斜角大于 86 度，并保持这一角度钻进一定长度井段的定向钻井技术。水平井可以通过增加裸露出的方式，在油气开发中提高油气产量。

（2）压裂增产技术

第一，水力压裂技术。由于页岩气产能较低，通常埋深大、地层压力高的页岩储层必须进行水力压裂改造才能够实现经济性开采。水力压裂技术广泛应用于低渗透油气藏，能够有效支撑油气增产及注水井增注，并且在中、高渗油气藏的增产方案实施中效果明显。水力压裂技术以清水为压裂液，支撑剂较凝胶压裂少 90%，并且不需要黏土稳定剂与表面活性剂，大部分地区完全可以不用泵增压，较之美国 20 世纪 90 年代实施的凝胶压裂技术可以节约

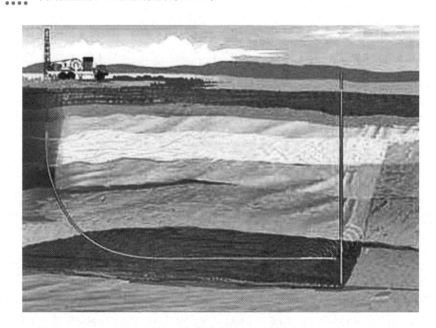

图7　水平钻井技术模拟

资料来源：http：//wenku. baidu. com/link？url = xocD – wEuoHdDbZg4yXSt7 ajrqu03LmwHpmUAqeooLSakwXqdIh52ooCVyDT – R9muSib43gvWvrmIt5VjtNG9 Lmapb9rOBsgu –556RnXhSZ3 – 。

50% ~60% 的成本，并能提高最终的估计采收率，目前已成为美国页岩气井最主要的增产措施。

通常来讲，水力压裂技术利用地面高压泵组，将高黏液体以大大超过地层吸收能力的排量注入井中，在井底憋起高压，当此压力大于井壁附近的地应力和地层演示抗涨强度时，在井底附近地层产生裂缝。继续注入带有支撑剂的携砂液，在裂缝向前延伸过程中添加支撑剂，使得关井后裂缝能够闭合在支撑剂上，形成了具有一定几何尺寸和导流能力的填砂裂缝，围绕在井底附近地层内，实现了增产增注的目的。

北美90%的页岩气钻井采用水力压裂技术，将大量的水和沙土混合特殊化学物质用泵注入地下来压碎页岩，从而释放天然气。

第二，水平井分段压裂技术。在水平井段采用分段压裂，能有效产生裂缝网络，尽可能提高最终采收率，同时节约成本。最初水平井的压裂阶段通常使用单段或者两段的形式，随着技术的进步已发展到七段及以上。水平井水力多段压裂技术的应用，推动了低产、无气流页岩气井工业价值的提升，极大地延伸了页岩气在横向与纵向的开采范围，是目前美国页岩气快速发展最关键的技术。

第三，重复压裂技术。当页岩气井初始压裂处理已经无效或现有的支撑剂因时间关系损坏或质量下降，导致气体产量大幅下降时，重复压裂能重建储层到井眼的线性流，恢复或增加生产产能，可使估计最终采收率提高8%～10%，可采储量增加60%，是一种低成本增产方法。该方法有效地改善了单井产量与生产动态特性，在页岩气井生产中起着积极作用，压裂后产量接近甚至超过初次压裂水平。美国天然气研究所（GRI）的研究证实，重复压裂能够以0.1美元/立方英尺的成本实现综合储量的提升，远低于收购天然气储量0.54美元/立方英尺或发现和开发天然气储量0.75美元/立方英尺的平均成本。

第四，同步压裂技术。同步压裂技术开始在美国 Barnett 页岩气井完井中实施，作业者在相隔152～305米范围内钻两口平行的水平井同时进行压裂，显示出广阔的发展前景。同步压裂技术的应用能够使得压力液及支撑剂在高压下从一口井向另一口井运移距离最短，增加水力压裂裂缝网络的密度及表面积。目前已发展为三口井、四口井同时压裂，显著提高了页岩气井的增产效果。

3. 射孔优化技术

定向射孔技术能够实现裂缝及井筒的沟通，有效地降低井筒附近裂缝的弯曲程度，提供压裂衍生流体通道，减少井筒附近压力损失。一般情况下，定向射孔在操作过程中，应主要射开低应力区、高孔隙度区、石英富集区和富干酪根区，可以通过变换大孔径射孔实现井筒附近流通阻力的降低。一般采取射孔垂直向上或者向下的方式进行水平井射孔操作。

4. 裂缝综合检测技术

页岩气井实施压裂改造措施后，需要有效的方法来确定压裂作业效果，获取压裂诱导裂缝导流能力、几何形态、复杂性及其方位等诸多信息，改善页岩气藏压裂增产作业效果以及气井产能，并提高天然气采收率。推断压裂裂缝几何形态和产能的常规方法主要包括利用净压力分析进行裂缝模拟、试井以及生产动态分析等间接的井响应方法。

该技术具有以下优点（王治中等，2006）：①测量快速，方便现场应用。②实时确定微地震事件的位置。③确定裂缝的高度、长度、倾角及方位。④具有噪音过滤能力。

作为目前美国最活跃的页岩气远景区，沃斯堡盆地 Barnrtt 页岩的开发充分地说明了直接、及时的微地震描述技术的重要性（Fishe M. K.，2006）。经营者运用该技术认识到天然裂缝和断层对水力压裂裂缝的延伸及储层产能和开采产生很大的影响。2005年，美国 Chesapeak 能源公司将微地震技术运用于一口垂直监测井上，准确地确定了 Newark East 气田一口水平井进行的 4 段清水压裂的裂缝高度、长度、方位角及其复杂性，改善了对压裂效果的评价。

（三）定价机制和成本

1. 我国天然气定价机制

目前国内天然气价格政策影响企业投资页岩气的积极性。我国天然气价格处于严格的政策管制中，天然气井口价格远低于进口管道天然气和 LNG 价格。图 8 表示了我国天然气价格的组成部分。

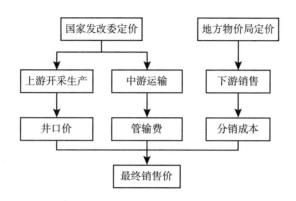

图 8 我国天然气定价方式

由图 10 可以看出，我国天然气价格由出厂价、管输价和城市网管价三部分组成，并实行分段管辖。我国这种政府定价机制产生了两个问题：一是国内企业天然气开采投资不足，发展缓慢；二是国际进口管道天然气和 LNG 价格高，进口亏损巨大。页岩气开采经济回报率低于常规天然气，如果页岩气仍然采用成本加成方法定价，企业的投资回报低，将极大影响企业投资的积极性。

2. 页岩气开发成本

天然气的价格决定了页岩气的投资进展，页岩气同时与 LNG 进口、管道进口以及煤层气等供应方式形成竞争。页岩气的开采进度取决于成本优势，尽管目前关于页岩气经济性的研究还缺乏实证数据，但我们仍在努力预估页岩气成本，前提条件和技术成熟度与美国相似。

美国典型井总成本为 3288 万元，四川单井成本为 2800 万元，则美国与中国四川省单井成本对比如表 3 所示。

表3 美国与四川省单井成本对比

成本项	美国	中国	计算的基础	美国	中国
安装和拆卸	68	48	总垂直深度（米）	2100	3500
场地建设	143	100	总水平深度（米）	1050	1500
垂直钻井	136	245	压裂段间距（米）	120	150
水平钻井	205	290	压裂段数量	8	10
完井服务及其他	341	425	垂直钻井成本（元/米）	648	700
定向测井	171	266	水平井钻井成本（元/米）	1952	1933
消耗件/租赁/运输	682	341	每压裂段成本（万元/段）	85	65
测井及射孔	123	85	套管成本（元/米）	759	300
压裂增产	682	650			
流体控制和处理	314	100			
套管	239	150			
井口设备及生产设备	184	100			
总成本	3288	2800			

资料来源：朱凯：《中美页岩气发展路径比较研究》，《天然气》2013年第1期。

在此基础上，估算页岩气开采的成本。估计的假设条件包括：①储量条件相似；②使用相同的开采技术。

估算过程如下：单井成本为2800万元，保守估计还有25%的其他资本支出（700万元），如地面工程、管网建设等，固定成本折旧以30年计算。平均单井产能按照280万立方米/年计算（2011年，Barnett盆地单井平均产量为280万立方米）。运营费用和管理费费用约为0.165元/立方米（约0.9美元/千立方英尺），还包括占总成本20%的其他费用，如管理费、税费、财务费用等。关键估算指标是单井产量和钻井投入。

如果四川地区页岩气井能够实现和美国Barnett盆地相似的产能，以此计算出每立方米天然气开采的井口成本为0.70元/立方米（不含税）。综合分析我国的开采技术及钻井成本，结合中石油、中石化投产的页岩气试验井相关数据，前期开采的页岩气成本可能超过0.91元/立方米，与常规天然气相比，开采成本优势不大，并且存在一定的经济风险和价格风险。

表4为由计算得到的我国各页岩气田平均开采成本。

表4　我国各页岩气田页岩气成本比较

油气田名称	估计平均开采成本(元/立方米)
四川页岩气(开采早期)	0.91
四川页岩气(开采成熟期)	0.70
川渝气田	0.63
长庆气田	0.65
青海气田	0.60
新疆气田(不含西气东输气田)	0.51
其他(大港、辽河、中原等)	0.60

3. 天然气定价机制改革

天然气价格是影响中国页岩气开发的重要因素。近年来，天然气定价机制的不完善严重影响了我国天然气产业的发展，影响了天然气勘探、开发、输送等一系列相关企业的发展，我国正在不断探索煤层气、页岩气等非常规油气资源的定价问题。

当前，国内天然气价格要比国际价格相对低一点。由于我国进口天然气比重较高，对外依附度仍然较大，使得国内天然气价格的波动及价格机制的改革存在一定的压力。和其他价格改革一样，天然气价格改革也将面临诸多困难，其中最主要的方面是在天然气市场化进程中，如何平衡各方利益（包括政府、企业以及终端消费者等）。在天然气定价机制改革试点中，已经明确提到了页岩气等非常规天然气价格将按照天然气价格进行改革，这也就对页岩气的价格市场化发展起到了一定的推动作用。

（四）环境污染

未来全球新增能源需求将主要通过天然气来满足，这是大势所趋，而页岩气作为新增天然气产量的支柱之一也势在必行。因此，页岩气伴生的环境问题就不能不引起重视。

天然气作为主要燃料的一种形式，呈现了利用的低碳特征。主要成分甲烷在燃烧过程中的主要产物为水蒸气以及少量的二氧化碳，其二氧化碳排放量仅相当于石油和煤的 54% 和 48%。2011 年的德班世界气候变化大会前，"低核、高天然气情景"开始进入碳减排议程。从气候变化谈判目前的进程来看，"绿色气候基金"可能成为今后国际碳排放额交易及技术转让的主要操作平台。对于基金这样的金融化平台来说，天然气比核技术、清洁煤技术、风能及太阳能等减排项目容易操作得多。因此，发达国家也会把天然气作为实现碳减排的一个主要方式来推动。

在页岩气发展实现低碳的前提下，也滋生了一些严重的生态问题。

1. 地下水污染

页岩气开发过程中会间接诱发产生二氧化碳。在开发、运输及存储过程中将甲烷泄露到大气和地下水中，将导致地下水甲烷超标。

每口页岩气井在压裂过程中采用的压裂液除了含有大量的砂石外，还有多达 20 升多种化学成分，如为了溶解矿物和造缝而添加的盐酸、为了防止套管腐蚀而添加的甲酰胺等，这些操作过程的发生及添加剂的使用都有可能造成地下水的污染。当页岩气钻井深度超过 1500 米时，甚至会影响深层地下水及超深层地下水。

2. 地质灾害隐患

《天然气发展"十二五"规划》中提到的我国页岩气潜力地区

包括华北地区。由于长期超采地下水,我国华北地区的部分区域存在大面积的地下水采空区,页岩气的开发将施加更大的地下高压力,可能导致一定程度的地质灾害。

3. 缺水矛盾

页岩气在开发过程中要消耗大量的水资源,可能加剧缺水矛盾。美国数据显示,页岩气开发所采用的高压水力压裂技术平均每口井耗水达到 2 万吨,是常规水力压裂井的 50 ~ 100 倍,而其中 50% ~ 70% 的水在这个过程中会被消耗。每口井耗水量相当于中国每个月 5000 ~ 10000 个普通家庭的耗水量。对于缺水的地区来说,页岩气的开发将会带来更大的供水压力。

针对我国水资源分布状况,《天然气发展"十二五"规划》中提到的我国页岩气潜力地区还包括准噶尔盆地、吐哈盆地、鄂尔多斯盆地等,这些地区都是缺少地表水的地区,页岩气的大规模开发必然会加剧当地的缺水矛盾。

(五)管道网络

页岩气的运输和储集需要依托天然气管道,因此,天然气管道的发展必须跟上页岩气开发的步伐。

1. 我国天然气管网现状

全国天然气基干管网架构逐步形成。截至 2010 年底,天然气主干管道长度达 4 万公里,地下储气库工作气量达到 18 亿立方米,已建成 3 座液化天然气(LNG)接收站,总接收能力达到 1230 万吨/年,基本形成"西气东输、北气南下、海气登陆"的供气格局。西北、西南天然气陆路进口战略通道建设取得重大进展,中亚天然气管道 A 线、B 线已顺利投产。基础设施建设逐步呈现以国有企业为主、民营和外资企业为辅的多种市场主体共存的局面,促进了多种所有制经济共同发展。

2. "十二五" 天然气管道发展规划

《天然气发展"十二五"规划》中提出了页岩气发展目标，并提出了相应的天然气基础设施建设能力。预计"十二五"期间，新建天然气管道（含支线）4.4 万公里，新增干线管输能力约 1500 亿立方米/年；新增储气库工作气量约 220 亿立方米，约占 2015 年天然气消费总量的 9%；城市应急和调峰储气能力达到 15 亿立方米。到"十二五"期末，初步形成以西气东输、川气东送、陕京线和沿海主干道为大动脉，连接四大进口战略通道、主要生产区、消费区和储气库的全国主干管网，形成"多气源供应，多方式调峰，平稳安全"的供气格局。

按照"统筹规划两种资源、分步实施、远近结合、保障安全、适度超前"的原则，加快天然气管网建设。主体规划内容可以总结为：积极建设主干管网，不断完善区域管网，有力加快煤层气管道建设，持续完善页岩气输送基础设施。

表 5 介绍了我国天然气"十二五"规划下天然气管网建设情况。

3. 页岩气输送基础设施规划的开展

《天然气发展"十二五"规划》中明确提出要完善页岩气输送的基础设施。一是在天然气管网设施比较完善的页岩气勘探开发区，加快建设气田集输管道，将页岩气输入天然气管网。二是对于远离天然气管网设施、初期产量较小的勘探开发区，建设小型 LNG 或 CNG 利用装置，防止放空浪费。三是根据勘探开发进展情况，适时建设页岩气外输管道。

现阶段，我国页岩气储运设施建设比较滞后：页岩气探采区块多数地处偏远的山丘和高原地带，区域内管道设施建设艰难、滞后，而且已有管道没有"开放准入"的输气保障。因此，为保证页岩气的顺利发展，我国的天然气输送管道的覆盖程度、输气能力需要提高，燃气入网仍有待开放。

表 5 我国"十二五"天然气管网重点项目

	管道名称	长度（公里）	输气能力（亿立方米/年）	管径（毫米）	投产时间	气源
战略进口管道	西气东输二线东段	3000	300	1219/1016	2011	中亚一期
	中亚天然气管道 C 线	1833	250～300	1219	2013	中亚二期
	西气东输三线	7300	300	1219/1016	2013	中亚二期
干线管道	陕京四线	1300	230	1219	2013	长庆、中亚气
	中卫—贵阳天然气管道	1620	150	1016	2013	中亚气、塔里木气
	东北天然气干线管网	1100	90～120	1016	2011	俄气、中亚、大连 LNG
	青藏天然气管道	1320	18	508	2014	青海
	鄂尔多斯—安平	680				鄂尔多斯气、煤制气、晋陕煤层气
联络线、干线配套支线	冀宁联络线复线	904	150	1016	2013	长庆气、塔里木气、LNG
	宁鲁输气联络线工程	630	27	711	2013	鄂尔多斯气、川气、LNG
	南疆天然气利民工程	2485	14	508/219	2013	塔里木气
	海上气田天然气管道	1000	325～813	海上		
	储气库配套管道	600	610～1219	储气库		
	已有管网改造	700	60		2015	东北、西南
	LNG 接收站外输管道及相互间联络线	6000			2015	LNG
	已建干线的新建支线	3500				
煤制天然气和煤层气管道	新疆煤制天然气外输管道	2054	120	408～813		新疆煤制天然气视煤制气项目进展适时建设
	煤层气管道				2015	煤层气

来源：中国产业研究报告网（http://www.chinairr.org）。

（六）国家政策

作为低品位的资源，页岩气开发需要政府给予政策支持。分析美国页岩气发展的主要历程，可以发现，政府相关政策的支持至关重要。美国各州政府实施的税收优惠、非常规油气资源研究基金的成立，都在一定程度上对页岩气的发展起到了较大的推动作用。页岩气开采需要的支持性政策如表6所示。

现阶段，我国已经出台了一系列页岩气开发相关政策，如页岩气产业政策、页岩气财政补贴政策、天然气价格调整政策等。这些政策虽不能完全涵盖页岩气开发和发展的各个方面，却是我国对页岩气政策支持方面的有效尝试。

表6　页岩气开发应需要的支持性政策列举

政策大类	支持政策和管理机制
开采税费优惠	页岩气开采税费减免
	财政补贴方式，补贴力度大小，给付方式等
天然气价格	页岩气进入管网许可，涉及产输分离、计价、计量、下游市场化
	天然气价格市场化（刚刚在广东和广西进行试点）
技术研发支持	设备进口关税减免
	国家级、企业级、院校研发基地的建立，持续的科技投入
	企业技术研发投入补贴
	鼓励合作开发的优惠政策，包括国内合资和海外收购的支持
管理机制	页岩气招标机制，矿区招标的具体规划，招标管理办法
	国家基础勘探投入
	与中石油、中石化以及各省市协调矿区重叠的问题
	领导协调机制，协调各中央部委、省份、央企的机制，解决开发存在的重大问题

1. 页岩气产业政策

2013年10月22日国家能源局发布了《页岩气产业政策》（以

下简称《产业政策》），以加大对页岩气勘探开发等的财政扶持力度，鼓励包括民营企业在内的多元投资主体投资页岩气勘探开发，通过规范产业准入和监管，确保页岩气勘探开发健康发展。《产业政策》从产业监督、示范区建设、产业技术支持、市场和运输、环境保护和节约利用、支持政策等方面提出了促进我国页岩气发展的支持性政策。《产业政策》提到的较关键性和实质性政策包括以下内容。

第一，建立健全监管机制，加强页岩气开发生产过程监管。

第二，鼓励从事页岩气勘探开发的企业与国外拥有先进页岩气技术的机构、企业开展技术合作或勘探开发区内的合作，引进页岩气勘探开发技术和生产经营管理经验。

第三，鼓励页岩气资源地所属地方企业以合资、合作等方式，参与页岩气勘探开发。

第四，鼓励建立具有一定规模和代表性的页岩气示范区。

第五，支持在国家级页岩气示范区内优先开展页岩气勘探开发技术集成应用，探索工厂化作业模式。

第六，鼓励页岩气勘探开发企业应用国际成熟的高新、适用技术提高页岩气勘探成功率、开发利用率和经济效益。

第七，页岩气出厂价格实行市场定价。

第八，钻井液、压裂液等应做到循环利用。

第九，依据《页岩气开发利用补贴政策》，按页岩气开发利用量，对页岩气生产企业直接进行补贴。

第十，页岩气开采企业减免矿产资源补偿费、矿权使用费，研究出台资源税、增值税、所得税等税收激励政策。

第十一，页岩气勘探开发等鼓励类项目项下进口的国内不能生产的自用设备。

2. 页岩气开发利用补贴政策

2012 年 11 月 5 日，国家财政部发布《关于出台页岩气开发利用补贴政策的通知》（以下简称《通知》）。《通知》出台的目的是为大力推动我国页岩气勘探开发，增加天然气供应，缓解天然气供需矛盾，调整能源结构，促进节能减排，中央财政安排专项资金，支持页岩气开发利用。《通知》提出了具体的页岩气补贴措施，主要有以下几个方面。

第一，2012～2015 年的补贴标准为 0.4 元/立方米，补贴标准将根据页岩气产业发展情况予以调整。

第二，中央财政安排的页岩气补贴资金按以下方式计算：补贴资金＝开发利用量×补贴标准。

第三，规定了页岩气补贴申请程序。

除此以外，还对页岩气补贴条件和补贴申请的监督检查提出了相应的要求。

3. 天然气价格调整政策

2013 年 7 月 1 日，国家发展和改革委员会发布了《国家发展改革委关于调整天然气价格的通知》（发改价格〔2013〕1246号）。天然气价格调整的基本思路为：按照市场化取向，建立起反映市场供求和资源稀缺程度的与可替代能源价格挂钩的动态调整机制，逐步理顺天然气与可替代能源比价关系，为最终实现天然气价格完全市场化奠定基础。为尽快建立新的天然气定价机制，同时减少对下游现有用户影响，平稳推出价格调整方案，区分存量气和增量气，增量气价格一步调整到与燃料油、液化石油气（权重分别为 60% 和 40%）等可替代能源保持合理比价的水平；存量气价格分步调整，力争"十二五"末调整到位。

天然气价格调整的适用范围为：天然气价格管理由出厂环节调整为门站环节，门站价格为政府指导价，实行最高上限价格管理，供需双方可在国家规定的最高上限价格范围内协商确定具体价格。门站价格适用于国产陆上天然气、进口管道天然气。页岩气、煤层气、煤制气出厂价格，以及液化天然气气源价格放开，由供需双方协商确定，需进入长输管道混合输送并一起销售的（即运输企业和销售企业为同一市场主体），执行统一门站价格；进入长输管道混合输送但单独销售的，气源价格由供需双方协商确定，并按国家规定的管道运输价格向管道运输企业支付运输费用。

4. 页岩气资源勘查开采和监督管理政策

2012 年 11 月国土资源部颁布了《关于加强页岩气资源勘查开采和监督管理有关工作的通知》，指出：页岩气矿业权人可按规定申请减免探矿权使用费、采矿权使用费和矿产资源补偿费。勘查取得突破的，可申请扩大勘查面积，并可申请试采或将部分区块转入开采。同时，地方各级国土资源主管部门应积极支持页岩气勘查、开采，并可通过土地租赁试点等方式满足勘查、开采用地需求。

5. 其他政策

除了以上几种政策，其他政策也在规划中。国土资源部披露的措施包括以下方面。

第一，改革监管体系：国家一级管理，地方二级监管，使各省介入页岩气探矿权设置的建议，并参与页岩气勘查、开采、检查和督察工作。

第二，实施市场化定价：页岩气与天然气价改并轨，放开对页岩气市场价格的监管。

第三，调整税收：将页岩气相关利税留给地方，以促进地方政府对页岩气产业的支持。对勘探开发企业给予进口设备、所得税等方面的税收扶持性政策。要推动产业发展克服启动期的困难，除了企业自身的努力，政府的各项扶持政策也是不可或缺的。

这些政策的出台涉及国税总局、财政部、国土资源部、国家发改委、国资委、各省政府、中石油，中石化等。这些政策的制定及实施涉及多方利益及发展，因此，全面明确及出台相关政策仍需不断推进与发展。此外，在页岩气资源分布中，有66%的页岩气区块在中石油、中石化油气矿业权区块内。这些需要国土资源部与中石油、中石化和地方政府进行协调。

（七）商业化模式

1. 我国页岩气商业化现状

与美国多元化发展、中小型企业为主体的商业化模式不同，我国页岩气开发主要依靠中石油、中石化等几家大型国企。中国77%的页岩气储藏重叠分布在已登记的常规油气资源区块内，上述区块为国有石油公司所掌握。

2009年国土资源部启动了"中国重点地区页岩气资源潜力及有利区有限"项目。2010年该项目扩大研究规模，在"川渝黔鄂"开展先导调查，不断开展区域调查，在北方地区进行系统调研摸底。根据2009年的调查，全国划分了三大类33个页岩气资源有利远景区，总面积约87万平方公里。其中，油气矿业权区块面积约58万平方公里，占67%，油气矿业权区块外约29万平方公里，占33%。

2. 我国页岩气商业化模式探索和尝试

我国在页岩气商业化进程上进行了很多尝试。

第一，2011年12月30日，国土资源部发布2011年第30号公告，国务院批准页岩气为新的独立矿种，将避免仅有大型企业开采的垄断格局，页岩气资源向多元投资主体开放将有助于提高国内页岩气开采技术的进步，充分调动社会资本开发页岩气的积极性。

第二，2012年第二季度，国土资源部开展第二轮页岩气探矿权招标。第二轮招标预期有15块左右区块，将近20家企业参与了投标。根据国土资源部的初步调研，未来将有更多的民营企业参与投标。

由图9可以看出，最近几年，我国页岩气探矿权开始面向社会进行招标，这将在很大程度上激发中小型企业的积极性，加强页岩气市场的竞争，进而促进我国页岩气商业化进程的实现。

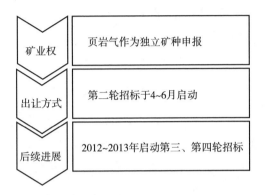

图9　页岩气近年发展进程

第三，2012年11月13～16日，2012年中国国际页岩气大会在重庆召开，主题为"促进投资与合作，推动中国页岩气产业的商业化发展"。200多名全球各地的页岩气资源开发商、购买商、贸易商、技术支持方、油田服务及设备供应商、顶尖的页岩气产业研究专家以及政府顾问人士参会。

第四，中国富顺永川的页岩气项目于2012年底实现了页岩气商业化运营，成为中国开始页岩气革命的重要标志性事件。

政府在引入多种开发实体推进产业发展方面，做出了进一步的尝试和努力。从2012年起，国家陆续推出了一系列政策，推动民营经济进入页岩气等能源开发领域。

第一，2012年6月国家能源局颁布了《关于鼓励和引导民间资本进一步扩大能源领域投资的实施意见》。

第二，2012年10月国务院在《能源发展"十二五"规划》中明确提出鼓励民间资本进入能源领域。

第三，2012年11月国土资源部颁布的《关于加强页岩气资源勘查开采和监督管理有关工作的通知》中，进一步明确页岩气勘采实行"开放市场"原则，鼓励民营企业和其他投资主体进入页岩气勘查、开采领域。

第四，对分布在已登记油气区块内的页岩气，石油公司不主动开采的，可另设页岩气探矿权，并向包括民营企业在内的投资主体出让。

在第二轮页岩气招标中国家投放了与常规油气矿权没有重叠的20个区块标段，从第二轮页岩气勘探招标和结果来看，国家放宽了对企业资质的要求，以利民营和外资企业参与勘探权的竞标。在参加投标的83家企业中，民营企业占比高达1/3。但从招标结果中不难发现，国有企业仍是中标的主力，民营企业仅有两家中标。究其原因，除了民营企业在资金实力和勘探经验方面不足以外，国有企业在资源和政府支持上的巨大优势也起到了决定性作用。从《页岩气发展"十二五"规划》设定的我国页岩气目标产量分配来看，中石油、中石化及中联煤这三家国企要占到预计总产量的78%，国企仍占据中国页岩气开发的主导地位。因此，现阶段，以大型国企为主、民营企业为辅仍是我国页岩气开发主要的模式。可以相信，未来我国的页岩气产业将呈现国有企业主导、多种主体共同开发的产业格局。

3. 页岩气商业化模式的开展

美国页岩气商业化成功经验可凝练成一句话："多元合作，中小公司推动技术创新，大公司实现页岩气规模化发展。"在美国较为成熟的竞争性市场体系中，中小企业高度重视技术的创新、产品的商品化发展，页岩气开发利用的一些关键技术掌握在目前100多家中小型企业当中，而这些开发企业的数量在2005年仅为23家左右。中小企业在技术创新、快速投资、迅速产业化及规模化等方面具有更多的优势，大企业主要通过收购或者合资的方式在长期投资方面实现进军页岩气市场的发展。

依照美国页岩气商业化成功的经验，中石油、中石化和中海油三大主要石油企业可以不断加强与民营企业的合作交流，解决投资资金问题，为企业提供专业化的技术及咨询服务，提高产业发展效率；通过业务及产品细分，实现资源优化配置及合理的专业分工协作。

我国的页岩气进入大规模商业开发阶段需要技术、资金、管道和政策上的种种支持，目前页岩气开发各方的准备工作已经陆续展开。《中国页岩气产业勘查开采与前景预测分析报告前瞻》分析认为，页岩气在我国实现大规模商业化运营还需一段时间的发展，据综合预测分析，2020 年我国页岩气产量将达到 500 亿~700 亿立方米，预计 2015 年左右由页岩气开发带动的相关技术、设备、服务等市场价值空间将达到 420 亿~430 亿元。

总体来说，美国竞争性、商业化的页岩气开采带来了页岩气产量的激增，极大地丰富了天然气的供应，并在一段时间内带动了气价的急速下降。得益于这一行业趋势，整个天然气上游和下游产业链，包括勘探开采、天然气化工、燃气发电、LNG 及相关化工品出口以及天然气作为汽车燃料等领域都取得了迅猛的发展。

但是，中国页岩气资源储藏条件复杂，勘探开采技术瓶颈、储运设施限制以及较高的气价水平，均制约了页岩气产能、产量的扩张及其下游行业的经济利用。在相当长的一段时间内，中国将无法复制美国页岩气的发展并带动整个上游和下游产业链的繁荣。然而，在局部的下游产业领域，如燃气发电、分布式能源系统和城市燃气尤其是车用燃料替代方面取得长足进步还是可以期待的。

四 我国页岩气发展方向分析

（一）我国页岩气发展机遇分析

中国是继北美之后较早进入页岩气勘探评价突破和工业化开发先导性试验的国家。自20世纪60年代以来，我国不断在很多陆上含油气盆地中发现页岩气活泥页岩裂缝性气藏。20世纪90年代，中国专门针对泥岩、页岩裂缝性油气藏进行了大量研究工作。2005年以来，中国开展了前期调研，进行了技术准备工作，已初步形成了资源潜力评价研究成果。2008年，国土资源部设立了页岩气项目"中国重点地区页岩气资源潜力及有利区带优选"，同年11月，我国在四川宜宾盆地地区完钻了首口页岩气井。2010年以来，中国页岩气勘探开发陆续取得单井突破，进入了开发先导实验区建设阶段。

中国借鉴美国开发页岩气的成功经验，制定了相关开发战略，除了探矿权招标，近期还出台了《天然气"十二五"规划》、《页岩气发展规划》、页岩气价格补贴方案等系列扶持政策措施。迄今为止，我国页岩气商业化开发尚未起步，总体上仍处于前期的探索和准备阶段。这一切为我国页岩气大规模开发提供了宝贵的战略机遇。

1. 开采潜力大，弥补天然气供需缺口

根据2012年3月中国国土资源部公布的普查数据，中国陆域页岩气地质资源潜力为134.42万亿立方米，可采资源潜力为25.08万亿立方米（不含青藏区），而EIA于2011年对中国主要盆地页岩气资源潜力的评估数据为36.1万亿立方米，居世界第一位。

2. 开采寿命长，具有长期发展优势

我国页岩层积的厚度大，且普遍含气，使得我国页岩气井能够长期地稳定产气，有利于产业的长期发展。

3. 分布广泛，改善能源供应地理结构

我国石油和常规天然气产区主要分布在北方地区，而在经济相对发达的南方地区鲜有常规油气可供开采，已探明的南方地区页岩气储量非常丰富，页岩气开发一旦形成产业化，将使我国能源供应的地理结构与经济结构相适应，大大减轻对我国天然气管网设施的压力。

4. 北美地区页岩气的开发技术为我国页岩气的发展及利用提供了一定的借鉴

多年来，北美地区在页岩气开采技术方面已经形成了一套较为完备的技术体系，为综合降低开采成本、提高单井产量、大规模开发利用页岩气资源提供了较大的支撑，为推动页岩气的高效低成本开发奠定了基础。同时，为我国大力发展页岩气的勘探及利用、技术引进及消化奠定了发展基础。

5. 日趋增长的天然气需求为页岩气发展提供了有利的环境

随着社会生产生活的不断进步，未来很长一段时间内，我国天然气的需求总量仍将快速增长，天然气供需缺口仍将不断扩大，页岩气的发展将为解决这一现实问题提供有效的平台。

6. 天然气储运设施不断完善有利于页岩气的大规模开发

我国天然气输送管网建设不断加强，尤其在页岩气资源富集的地区得到了快速发展，LNG、CNG 等技术不断成熟，都将在较大程度上推动我国页岩气的大规模开发与利用。

（二）我国页岩气发展战略分析

结合国内外有关机构的预测分析，到 2020 年，预计我国将在全国优选 50~80 个有利的页岩气远景利用区、20~30 个有利的勘探开发区，预计落实页岩气储量 10000×10^8 立方米，在关键开发技术上实现有效突破，实现年产能超过 600×10^8 立方米，预计页岩气产量将占中国天然气产量的 8%~12%。因此，页岩气的开发及利用影响着我国未来天然气及非常规天然气的开采，对国家能源战略的调整起到了一定的推动作用。

综合分析，我国页岩气资源丰富，整体发展前景较好。但是，由于我国页岩气所在地区地质开发条件复杂，技术发展还不完善，将面临较为严峻及漫长的探索与开发挑战。在未来一段时间内，我国需要不断深化地质勘探与技术攻关，在核心技术及先导试验等方面不断加强，实现中国页岩气的快速可持续发展。

五　我国页岩气发展建议和启示

（一）开发新能源、增强能源自给能力应作为我国长期的能源安全战略目标

自 20 世纪末工业化转为重化工阶段之后，我国经济发展迅速，能源消费总量持续快速增长。而我国能源格局呈现的基本特点为能源禀赋富煤、"缺油少气"，尤其在石油和天然气方面进口量较大，对外依存度不断上升。据统计，我国石油 2011 年对外依存度达56.5%，我国原油进口一半以上来源于局势动荡的中东和北非，大量的海上运输将通过马六甲海峡，形成了制约中国能源安全的"马六甲困局"。因此，我国能源安全问题日益突出。

（二）全面综合的考察评价页岩气的开发

在初期要全面考虑页岩气开发的经济和环境负面因素。

从经济角度看，页岩气田的含气泥质岩层巨厚，有的埋藏很深，开采成本很高。我国页岩气的勘探开发刚刚起步，要兼顾环境保护，高度重视页岩气勘探开发的环境问题研究，减少资源开发对环境造成的隐患。

（三）围绕我国页岩气地质资源特点进行高效的核心技术自主创新

页岩气开发与利用需要以科学的先进技术与方法手段作为支撑，美国的页岩气开发及利用说明了水平井技术、多段压裂技术、水力压裂技术、微地震技术、地震储层预测技术、有效的完井技术等一系列技术的成功应用。

2009 年 11 月，中美双方签署了《中美关于在页岩气领域开展合作的谅解备忘录》，通过与美国的深入交流与合作，使得我国在页岩气资源评价、技术创新及有关配套政策管理方面得到了良好发展。积极分析大型跨国石油公司及相关技术服务公司在页岩气开发利用方面的先进经验，通过引入、消化、合作等模式，将推动我国页岩气的发展进程。

积极推进全国页岩气资源勘查，"摸清家底"，是下一步页岩气商业化开发的基础。我国页岩气的开采不适宜套用美国的理论和技术参数，应在借鉴国外先进经验的基础上，建立起与我国页岩气资源配套的开采体系。

（四）积极制定页岩气发展的专项规划并打造适宜的政策环境

与新型能源资源有关的各项政策法规目前在中国尚未完备。中国应积极制定有关矿权使用、专用设备引进、气价确定、税收等方面的优惠政策。同时，加大治理和监管力度，建立符合我国实际的页岩气勘探开发规范，形成对页岩气行业的法律保障。

（五）不断强化我国页岩气地质理论和储层特性研究

系统研究我国页岩气地质理论是全面可持续开发利用页岩气资

源的基础，应不断深化我国页岩气地质理论现状及发展的研究，重点分析我国页岩气富集模式及未来发展变化趋势，系统梳理我国页岩气的资源分布特点、资源发展潜力以及相关分析评价体系。针对尚不成熟的理论点、实践难题进行深化研究，提出满足我国页岩气发展、符合我国页岩气资源特点的地质理论体系。

（六）不断强化页岩气勘探开发有关信息的集成整合与利用

页岩气的勘探开发涉及大量的地质资源信息，需要不断整合所采集的相关资料，强化页岩气原始和实物地质信息的汇总，创建科学的页岩气勘探开发与利用数据信息的采集、分析、处理、存储及利用机制，实现页岩气地质资源资料、勘探资源资料、开发资源资料、利用资源资料的全面信息化、数据化集成，构建统一的规范管理机制。为推动页岩气信息资源的共享及社会化服务体系建设、建立完备的数据管理及创新机制，以及提高页岩气的社会化利用水平，提供强有力的数据与信息支撑。

（七）积极推进页岩气勘探开发人才队伍建设

虽然我国页岩气资源的开发及利用得到了快速的发展，但积极构建页岩气资源战略分析、勘探开发等方面的人才队伍仍需不断加强。应结合页岩气资源战略分析及勘探开发实践，积极培养相关业务骨干及领军人才；通过构建页岩气研究多学科交叉创新队伍，为页岩气可持续发展与利用提供人才保障。同时，也需要不断强化页岩气勘探开发及有效利用的业务与管理培训，通过技术交流与理论研究，以及工程实践与总结分析，提高我国页岩气开发利用队伍的业务水平。

综上所述，勘探开发页岩气资源迫在眉睫，要加强页岩气地质理论、成藏机制及高效开采技术研究；优化勘探技术，改进工艺技术水平；针对不同机理类型建立相应的优选盆地试点，借鉴经验，加大资金投入，加强交流，引进技术，加快开采步伐。

六 结论

本文在充分分析美国等页岩气开发和商业化模式的基础上，总结了美国页岩气实现大规模发展的成功经验，并根据我国页岩气开发现状，探讨了我国页岩气发展过程中的核心问题，主要内容如下。

第一，资源问题：我国页岩气气藏埋深、地质复杂，在勘探和预测上具有一定的困难，仍需进行大量艰苦细致的技术攻关和勘探开发政策研究。

第二，核心技术。页岩气开发过程中主要的水平钻井、水力压裂等技术尚不成熟，可以通过技术合作、技术学习、以市场换技术等手段加强我国页岩气开发技术的快速发展。

第三，定价机制和成本。现阶段，我国天然气政府定价机制降低了市场竞争性，制约了企业页岩气投资的积极性，天然气价格市场化是我国天然气价格未来发展的必然趋势；核心技术的缺失导致我国页岩气开发成本很大，但在技术成熟的条件下我国页岩气开采成本将低于美国的成本，但此目标的实现过程仍很漫长。

第四，生态问题。由于页岩气开发过程中需要大量的水资源，压裂液中含有很多有毒物质，并且页岩气的开采将对地质结构产生影响，因而将产生缺水、水污染、地震等生态问题。这些问题的解决可以通过优化压裂液成分、出台环保监管政策等方法实现。

第五，管道网络。现阶段我国天然气管网仅有 5 万公里，是美国的 1/10。"十二五"规划对我国天然气输送基础设施建设提出了新的要求，这在很大程度上可以促进我国页岩气大规模的发展和商业化的实现。

第六，国家政策。自 2011 年起我国相继出台了《页岩气产业政策》《页岩气开发利用补贴政策》《页岩气勘探和监管政策》等政策，这将全面提高我国页岩气发展的政策支持水平。

第七，商业化模式。现阶段我国页岩气尚未实现大规模的商业化，通过研究美国页岩气商业化的成功经验，我国页岩气商业化的实现必须依靠多元化的投资主体、成熟的技术、完善的市场竞争机制、发达的管网和完善的政策支持。因此，我国页岩气商业化仍处于持续性探索阶段。

综上所述，我国页岩气开发利用具有一定的可行性以及广阔的发展前景，但必须依托成熟的开采技术、科学的定价机制、完善的政策支持等多项相关因素。因此，我国页岩气在开发过程中不能完全复制美国的成功经验，应在符合我国现状的基础上加以总结和创新，才能实现我国页岩气市场的巨大飞跃。

参考文献

1. 李新景、吕宗刚、董大忠等：《北美页岩气资源形成的地质条件》，《天然气工业》2009 年第 5 期。

2. 王冕冕、郭肖、曹鹏等：《影响页岩气开发因素及勘探开发技术展望》，《特种油气藏》2010 年第 6 期。

3. 许洁、许明标：《页岩气勘探开发技术研究》，《长江大学学报》（自然科学版）2011 年第 1 期。

4. 张金川、薛会、张德明等：《页岩气及其成藏机理》，《现代地质》2003 年第 4 期。

5. 张金川、金之钧、袁明生：《页岩气成藏机理和分布》，《天然气工业》2004 年第 7 期。

6. 陈更生、董大忠、王世谦等：《页岩气藏形成机理与富集规律初探》，《天然气工业》2009 年第 5 期。

7. 江怀友、宋新民、安晓璇等：《世界页岩气资源与勘探开发技术综述》，《天然气技术》2008 年第 6 期。

8. Daniel M. J., Ronald J. H., Tim E. R., et al., "Unconventional Shale Gas Systems: The Mississippian Barnett Shale of North Cental Texas as One Model for Thermogenic Shale Gas Assessment", *AAPG Bulletin*, 2007, 91 (4): 475 – 499.

9. 聂海宽、唐玄、边瑞康：《页岩气成藏控制因素及中国南方页岩气发育有利区预测》，《石油学报》2009 年第 4 期。

10. 孟庆峰、侯贵廷：《页岩气成藏地质条件及中国上扬子区页岩气潜力》，《油气地质与采收率》2012 年第 1 期。

11. Gale J. F. W., Reed R. M., Holder J., "Natural Fractures in the Barnett Shale and Their Importance for Hydraulic Fracture Treatments", *AAPG Bulletin*, 2007, 91 (4): 603 – 602.

12. Bowker K. A., "Recent Development of the Barnett Shale Play, Fort Worth Basin", *West Texas Geological Society Bulletin*, 2003, 42 (6): 4 – 11.

13. Frantz J. H., Jochen V. J. R., "White Paper – Shale Gas", IS: schlumberger, 2005.

14. 王德新、彭礼浩、吕从容：《泥页岩裂缝油、气藏的钻井、完井技术》，《西部探矿工程》1996 年第 6 期。

15. 黄籍中、陈盛吉、宋家荣等：《四川 I 盆地烃源岩体系与大中型气田形成》，《中国科学：地球科学》2006 年第 6 期。

16. John White, Roger Read, "The shale Shaker", *Oil and Gas Investor*, 2007, Jan.: 2 – 9.

17. 刘莉萍、秦启荣、李乐：《四川中公山庙构造沙一储层裂缝预测》，《西南石油学院学报》2004 年第 4 期。

18. Les Bennet：《水力压裂监测新方法》，《国外测井技术》2007 年第 8 期。

19. 王治中、邓金根、赵振峰等：《井下微地震裂缝监测设计及压裂效果评价》，《大庆石油地质与开发》2006 年第 6 期。

20. Fishe M. K.：《综合裂缝绘图技术优化 Barnett 页岩气藏增产措施》，《国外油气地质信息》2006 年第 1 期。

我国分布式能源发电现状、问题与政策建议

刘喜梅　琚艳芳*

摘　要：

目前我国能源资源短缺、环境污染以及气候变化问题日益突出，提高能源利用效率，进行传统能源与可再生能源发电结构调整，不仅是我国目前需要完成的重大战略任务，也是能源资源与环境经济研究的重要课题。发展分布式能源发电产业，对科学合理实现能源资源利用，推动能源供应、需求与技术革命，保障能源安全，促进经济社会可持续发展可以起到重要的作用。第一，本文综述了分布式能源发电的文献研究路线、技术特点与优势。第二，从可再生能源利用角度，阐述了我国分布式发电产业现状与政策支持体系。第三，从法律、政策、技术与市场机制等角度对我国分布式发电产业存在的问题进行了系统解析。第四，通过对国际上部分国家分布式发电现状、管理措施与政策机制的经验分析，得出了若干启示。第五，从法律制度、战略规划、

* 刘喜梅，副教授，经济学博士，硕士研究生导师，华北电力大学经济管理学院能源与电力经济研究所，中国社科院研究生院国际能源安全研究中心特聘研究员，主要研究领域：能源与电力经济、价格理论与能源安全等；琚艳芳，华北电力大学经济管理学院，硕士研究生。

政策保障、能源电力改革、协调机制与利益关系、市场机制、智能电网建设与质量、标准体系方面，提出科学合理发展我国分布式能源发电产业的政策建议。

关键词：

分布式能源发电　智能电网　政策建议　启示

一　引言

近年来，随着全球经济社会不断发展，能源需求出现持续高速的增长，由于受到以化石燃料为主的能源利用方式的影响，能源资源短缺、环境污染以及气候变化问题日益突出。我国能源利用结构较为单一，长期以来以煤炭等化石燃料为主，限制了我国社会经济的可持续发展。环境污染与能源资源不足等问题迫使我国必须进行能源结构战略转型。从国际能源市场演进趋势看，世界各国正在积极缔约以减少污染气体和温室气体的排放，基于自身资源条件和经济发展目标，不断推进能源生产、技术与消费革命创新，积极推进风能与太阳能等可再生能源的开发与利用。作为大电源与大型能源基地的良好补充，以风能、太阳能和生物燃料等可再生能源投入为代表的分布式能源发电，能够实现能源利用方式的优化、缓解环境压力和促进经济发展等多元目标，是世界能源与电力技术多元化创新的重要方向，已经在国外许多国家得到推广和应用，并成为能源结构战略性调整的重要方向。

当前，我国能源开发利用面临两个主要矛盾：一是传统能源日渐枯竭与能源利用效率低下的矛盾；二是以煤为主的能源结构与环境压力持续增大的矛盾。目前要在能源与环境硬约束的现实条件下，确保新型城镇化和工业化进程的不断推进，这对能源资源规划、开发和利用提出了更严峻的挑战。如何科学合理地实现能源资源利用的科学合理规划，促进经济社会的可持续发展，成为当前我国必须要面对和完成的重大战略任务。

2013年11月，中共十八届三中全会通过了《中共中央关于全面深化改革若干重大问题的决定》。该决定强调，要深化改革，注重改革的系统性、整体性与协同性，加快发展社会主义市场经济，并提出要加快建设生态文明制度，健全资源节约利用与生态环境保护的体制机制，推动人与自然和谐发展的新格局。2014年5月，李克强总理主持召开国务院能源领导小组会议。同年6月13日，习近平总书记主持中央财经领导小组第六次会议，特别提出面对能源供需格局新变化、国际能源发展新趋势，保障国家能源安全，必须推动能源生产、消费与技术革命。中国政府的能源政策导向，明确了未来中国电力产业与市场发展要摆脱传统思维束缚，向市场化方向演进。绿色能源与电力经济发展模式、科学合理的价格形成机制与政策协调机制，将成为中国在国际竞争加剧、资源与生态环境硬约束条件下，确保提高电力能源安全效率的理性选择，这完全符合国际上能源与电力产业发展的趋势。

分布式发电具有高效、节能、环保、灵活等特点，促进分布式发电投资建设，是有效化解以上两个方面矛盾的重要途径。当前，积极发展分布式发电，促进我国能源供应方式的调整和转变，已引起社会各界的广泛关注。从能源供应角度看，分布式能源发电是一场能源供应革命，能够减少能源供应成本，实现能源供应渠道多元化，确保能源供应安全和价格安全。从能源技术角度看，分布式能源发电是一场能源技术革命，能够提高能源利用效率，降低能源传输风险，实现能源供应安全。从能源消费角度看，分布式能源发电是一场能源需求革命，符合新型城镇化的智能绿色节约发展模式，能够提高终端需求响应度，真正与市场需求接轨。可见，发展分布式能源是顺应国际能源与电力产业发展规律的。对确保我国能源供应安全，降低能源供应成本，增加电力用户的选择权，促进电力市场改革推进和城镇新能源体系转型，以及提高社会福利水平，实现经济可持续发展，有着极其重要的意义。

20 世纪 90 年代以来，由于燃气技术和机组性能不断提高，冷热电三联供系统在英国、德国、美国、日本等国家迅速发展起来，如在英国波罗的海当代艺术中心就得到很好应用。国外相关文献指出，分布式能源系统最主要的作用是可以提高能源利用效率，并对分布式能源系统的不同利用方式进行了比较研究，以及采用相关经济模型给出了量化分析。如 Joel 等研究者针对实际情况，分析了热电联产和热电分产方案的电力系统特点，并提出了适用性更强的新能源利用方案。Jarmo 等研究者考虑生产单元、厂址、热量传送和存储及输送管道的设计等影响因素，以年度固定投资综合成本和运作成本最优化为目标，构建了混合整数规划（MILP）模型。G. G. Aidment 等人的研究则表明，为了促进节能减排以及保护环境，分布式能源可以从小规模发展到为居民用户、工业和商业提供持续可靠的电力。

为提高能源利用率以及热能综合利用率，我国政府也相继出台了多项指导意见和政策，以支持热、电、冷联产技术以及热、电、煤气联供系统，鼓励冷热电联供系统在有条件的地区推广。如2012 年 9 月，国家能源局连续出台了《太阳能发电发展"十二五"规划》和《关于申报分布式光伏发电规模化应用示范区通知》，明确了分布式发电大规模应用路线，提出要建立分布式光伏发电非歧视与无障碍并网机制，要对分布式能源发电项目执行补贴政策，并要求各省市支持分布式光伏发电示范区建设，调动多方积极性，全面推进分布式能源发展与规模化应用。

随着分布式发电技术水平的不断提高和成本的逐渐降低，在电力系统安装中分布式发电机比例逐年增加，这将对电力系统规划、维护和运行等方面造成诸多影响，主要包括：①由于分布式发电（DG）本身出力的随机性和间歇性，接入电网后，可能会影响到负荷的准确预测和发电计划调整。②不同类型 DG 和不同的 DG 联网方式可导致不同程度的谐波畸变以及系统电压不稳定，影响电力运行效率。③大规模接入 DG 可能会影响系统暂态稳定，威胁到系统的安全运行。

二　分布式能源发电的概念与技术特点

（一）分布式能源发电的概念

分布式能源发电是指那些设置在用户侧，利用化石能源或可再生能源进行供能，所生产的能源就地消纳使用，实现能源梯级综合利用系统的总称。一般来讲，分布式能源发电的一次能源投入主要以天然气等气体燃料为主，可再生能源为辅；二次能源投入以冷热电联供为主，其他中央能源供应系统为辅。分布式能源发电可为那些不适合建设集中电站的区域、系统以及输电网末端用户提供电力服务。其主要特点是可以通过能源梯级利用，提高能源利用效率，满足用户对冷、热能和电的需求，具有输送损失低、节能环保等优点，有助于实现能源体系的多元清洁化利用。

由于分布式能源利用主要是用于发电，所以，本文主要对分布式能源发电或分布式发电（Distributed generation，DG）进行分析。从具体技术标准角度看，各国对分布式发电的标准与定义尚未完全统一。学者、研究机构及电力协会，从容量、位置与接网标准方面，对分布式能源发电给出了不同的定义，如表1所示。

表1　分布式能源发电的不同定义

序号	定义	定义依据	定义来源
1	直接与配网或用户侧的电表相连	位置	Ackermann 等
2	靠近负载中心的小型发电机组	位置	Borges 等
3	容量在几千瓦到50兆瓦之间	容量	EPRI
4	与配网连接,不集中调度和规划,所有机组的最大容量不超过50兆瓦~100兆瓦	容量	CIGRE
5	现场为用户供电的机组,或以配网电压等级水平接入配网,为配网提供支持	位置	IEA
6	比集中发电电厂容量小,允许在任何节点与电网连接	容量	IEEE
7	不与大型发电系统连接,靠近负荷中心,容量介于1千瓦到几万兆瓦之间的发电机组	位置和容量	Doni 等
8	小于30兆瓦的机组,或靠近用户侧	位置和容量	Chambers 等

资料来源：丁明、王敏：《分布式发电技术》，《电力自动化设备》2004年第7期。

在上述基础上，可以给出定义：分布式发电是指靠近负荷中心，容量在1千瓦至100兆瓦之间，一般与配网连接，并为配网提供支持的发电机组。分布式发电既可以单独发电（即独立运行）满足局部的用户需求，又可以和传统电网互联（即并网运行）使用，为传统电力系统中的其他部分提供电能。分布式发电技术可以使用化石燃料、可再生能源或者余热发电。

（二）分布式能源发电技术的分类、特点与优势

1. 分布式能源发电技术分类

按照分布式发电技术分类，可分为两种类型：采用传统发电技术的分布式电源和采用非传统发电技术的分布式电源，如图1所示。

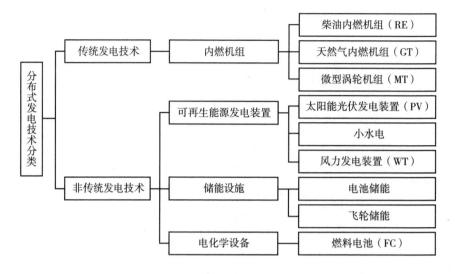

图1 分布式发电技术类型划分

2. 分布式能源发电技术特点

（1）分布式热电联产技术

以微型原动机（如燃气轮机、内燃机、柴油机等）带动的热电联产项目是传统发电技术下的分布式发电，主要是以燃油与天然气为燃料基础。能源利用方式主要表现为三种形式：一是采用柴油机或蒸汽轮机的热电联产形式；二是采用燃气轮机和内燃机的热电联产形式；三是采用单一的燃油发电形式。

（2）分布式风力发电

由于风电的随机性和间歇性，分布式风力发电一般采用风力发电、太阳能发电与柴油机发电等组合式发电系统。随着风电技术水平的提高，分布式能源风力发电迅速发展。近年来，风电和光伏互补发电系统受到世界关注，"风光互补"是未来的发展方向。

（3）分布式光伏发电

含有光伏发电的分布式发电系统主要有两种结构：一种是直流母线分布式光伏发电系统，其特点是各发电单元、储能设备和用电负载都并联在公共直流母线上；另一种结构是交流母线分布式光伏发电系统，特点是各发电单元和用电负载都与主干网并联。

（4）小水电

小水电即小型水电站的简称，总装机容量在 5 万千瓦及以下，是目前我国新能源利用中最为普及的一种发电方式，技术上也已经达到国际先进水平。小水电优点众多：一是由于小水电接近用户，输变电设备简单，线路输电损失小；二是基建投资小，小水电建设工程简单，而且工期较短；三是小水电建设对环境和生态等方面的综合负面影响相对较低。

（5）生物质发电

生物质发电是将生物质所具有的生物质能转换为电能，包括直接燃烧发电（农林废弃物、垃圾焚烧）与气化发电（农林废弃物、垃圾填埋气发电与沼气发电）。作为唯一可转化气、液、固三种形态燃料并具有双向清洁作用的可再生资源，生物质受到世界多数国家关注，各国都在进行产业化利用。

3. 分布式能源发电的优势

（1）能源利用效率高

分布式能源系统一般安装在负荷端，这减少了输配电线路的建设，从而能够降低输配电线路损失并提高能源利用效率。此外，利用供电产生的余热可为用户提供制热、制冷服务，能源的利用效率可高达80%以上。

（2）为可再生能源的利用开辟了新的途径

可再生能源自身的特点导致集中化、规模化使用难以实现，如果采用梯级利用方式，可解决可再生能源利用能流密度较低与过度分散的难题。

（3）对环境的污染小

由于分布式能源系统采用天然气作为燃料或以氢气、太阳能、风能与生物质能为能源，可减少有害物的排放总量。如二氧化硫和固体废弃物排放几乎为零，总悬浮微粒会减少95%左右，氮氧化物排放会减少80%，二氧化碳排放会减少50%以上。就近供电，将避免不必要的电力远距离输送，降低输配损耗和电磁污染。

21世纪，传统化石能源供应不足与国家可持续发展战略有着无法调解的矛盾，在这一严峻形势下，新能源利用被提上日程。作为可再生能源发电方式，分布式能源发电不但可以改善现有能源消费结构，降低对非可再生资源的依存度，促进能源经济持续发展，而且有利于环境保护与高效利用资源。可以说，分布式能源是缓解我国能源紧张局面与保证可持续发展战略实施的有效途径之一，发展潜力十分巨大。

三 我国分布式能源发电产业发展现状与相关政策

分布式能源发电在我国已有10余年的发展历史，早在1997年的《中华人民共和国节约能源法》中，就提出要发展"热、电、煤气三联供技术"，之后，各部门又相继颁布了一系列相关政策，到2007年，国家发改委发布了《能源发展"十一五"规划》，正式将发展分布式供能列为"十一五"重点发展的前沿技术，分布式能源在我国能源利用发展中开始受到更多重视。

近年来，中国政府大力支持可再生能源的发展，《可再生能源发展"十二五"规划》中，明确了到2020年我国可再生能源的发展目标与战略布局，各类可再生能源装机的目标如图2所示。分布式可再生能源发电市场潜力可观，据相关报告预测，我国分布式发电市场（包括分布式光伏发电、分布式风电、小水电、生物质发电与中小型煤层气）发电潜力达到900吉瓦。该规划还指出，要在"十二五"期间，建设30个新能源微电网示范工程、100个新能源示范城市以及200个绿色能源示范县，并建立适应太阳能等分布式发电的电网技术支撑体系和管理体制[①]。近期，更是出台了许多相关政策和指导意见，如《关于发展天然气分布式能源的指导意见》等，积极推动了分布式能源的大规模发展。

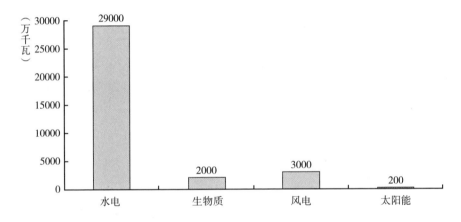

图2 2020年可再生能源装机规划

此外，在技术层面，2011年国家能源局批准成立"国家能源分布式能源技术研发中心"，该中心主要是在分布式能源标准体系建设、燃气动力及可再生能源供能技术、余热利用技术、系统集成与检测技术、蓄能及变工况技术与智能电网技术等方面，开展系统化研究和进行关键技术攻关，包括建设国家级分布式能源公共数据库和信息服务中心、搭建国家级的公共研发与试验测试平台、推动我国分布式能源自主创新能力建设和技术进步等，为分布式能源产业发展提供有力的技术支持。

---

① 参见《可再生能源发展"十二五"规划》。

（一）分布式能源发电现状

（1）分布式风力发电

近年来，我国风电产业呈现迅猛发展态势。2011 年，不含港、澳、台地区，中国全年新增风电装机容量 17.63 吉瓦，全国累计装机容量 62.36 吉瓦，新兴市场如广西、贵州、陕西、河南、天津、云南与安徽等省份的风电装机，与 2010 年相比实现了翻番；沿海新兴市场如山东、江苏、广东、福建风电装机超过百万千瓦。2013 年，全国累计风电装机容量 91413 兆瓦，新增装机容量 16089 兆瓦，与 2012 年相比增加了 3130 兆瓦。风电装机总量增速开始呈现企稳回升态势，在全球风电装机容量中排名第一。2013 年，全国新增风电并网容量达 14490 兆瓦，累计并网容量达 77160 兆瓦。全国风力发电量达 134.9 太瓦时，是继火电、水电之后的第三大电源。

截至 2013 年底，全国累计核准风电项目容量 137.65 吉瓦。其中，2013 年全国新核准 413 个风电项目，新增核准容量 30.95 吉瓦。至 2013 年底，全国共有 16 个省份风电累计并网容量超过 1 吉瓦。其中，内蒙古并网容量达 18.33 吉瓦，居全国之首，河北和甘肃分别以并网 7.75 吉瓦和 7.03 吉瓦居第二位、第三位。华北、东北、西北地区风电并网容量约占全国风电并网容量的 83.6%。

2013 年，我国风力发电量约占全国总发电量的 2.5%，与火电高居 78.5% 的比例相比还非常低，"弃风"问题仍然广泛存在。2013 年，全国"弃风"损失达 16.2 太瓦时，与 2012 年的 20 太瓦时相比，形势有所好转。对于近年来日益受到重视的风电并网与消纳问题，国家能源局发布的《能源行业加强大气污染防治工作方案》中提出，要采用安全、高效、经济先进的输电技术，推进 12 条电力外输通道，进一步扩大北电南送、西电东送规模。

依照"十二五"规划，截至 2015 年底，我国风电装机容量将达到 1 亿千瓦。其中，海上风电将达到 500 万千瓦，而分布式风电装机容量将达到 3000 万千瓦，这将为分布式风电产业发展带来机遇。但与国内大型风电项目的主流开发模式相比，分布式风电产业发展在并网技术、投资成本控制和政策规范等方面都存在许多不足之处，其独立运行供电系统很难全天候地提供连续稳定的能量输出，随机性强，难以控制。

（2）分布式光伏发电

分布式光伏发电特指利用光伏发电技术将太阳能直接转换为电能的分布式发电系统，主要是离网式或者"就地消费、自发自用"模式。具体发电形式包括鱼塘光伏、大棚光伏与菜地光伏等。共同技术特点是分散式、小型化、无需大电网系统协调配合，最契合光伏发电的技术特点，相对于其他能源具有很大优势。从经济特点上看，一是太阳能资源分布广泛，发电成本低廉；二是就地利用模式基本不涉及并网问题，节约了电网建设投资与电能运输费用。因此，分布式光伏发电具有较好的经济效益和环境效益。

截至 2011 年底，在全国 3.6 吉瓦的光伏发电总装机中，分布式光伏发电装机规模只有 0.2 吉瓦左右。随着我国对光伏电站发展的支持额度的扩大，预计 2014 年底装机总量将达到约 10 吉瓦，其中分布式光伏将占 4 吉瓦。由于分布式光伏发电目前享受了标杆电价等优惠政策，投资开发商对具备相对规模优势的大棚光伏与鱼塘光伏投资热情高，其市场开发潜力较大。

按照我国《太阳能发电发展"十二五"规划》对装机容量目标给予的明确规定：到 2015 年底，我国太阳能发电装机容量将达到 21 吉瓦以上。至 2020 年，装机达到 5000 万千瓦规模，太阳能热利用累计集热面积需达到 8 亿平方米。5 年中，新增的 21 吉瓦光伏发电装机规模，将主要集中在分布式光伏发电和光伏电站建设两个领域，并网与离网模式的分布式光伏发电系统安装容量将达到1000万千瓦。[①] 随着国家和地方政府不断完善关于分布式光伏发电的政策，简化光伏发电并网流程，光伏组件制造成本的不断降低以及金融贷款政策的逐渐放宽，国内分布式光伏应用，包括家庭分布式光伏发电市场前景非常广阔。

（3）小水电

近年来，随着国家出台相关小水电优惠政策，我国出现了投资建设小水电站的热潮。至2012年底，已并网和投产的分布式小水电电站共有1.56万个，装机容量达到3436万千瓦。其中，分布式水电为2376万千瓦，居世界第一位。目前，我国小水电遍布全国1/2的地域与1/3的县市，累计解决了3亿多无电人口的用电问题。

"十二五"时期，我国将开工建设水电共计1.6亿千瓦。其中，抽水蓄能电站达到4000万千瓦，新增水电装机容量为7400万千瓦，新增小水电和抽水蓄能电站分别为1000万千瓦和1300万千瓦。至2015年，全国水电装机容量将达到2.9亿千瓦。其中，常规水电为2.6亿千瓦，抽水蓄能电站为3000万千瓦。已建成的常规水电装机容量，将占全国技术上可开发装机容量的48%。从区域分布看，东部、西部以及中部地区的水电新增装机容量，如表2所示[②]。

表2　"十二五"期间新增水电装机容量

单位：千瓦时，%

地区	常规水电装机	占比	抽水蓄能装机	占比	水能资源开发程度
西部	16700	64	130	4.3	38
中部	5900	23	800	26.7	90
东部	3400	13	2070	69	90

资料来源：根据《可再生能源发展"十二五"规划》整理所得。

---

① 参见《可再生能源发展"十二五"规划》。
② 参见《可再生能源发展"十二五"规划》。

虽然小水电产业发展在许多地区都受到了重视，但依然存在诸多问题。一是小水电开发受到资源总量的限制。我国小水电资源量约为1.8亿千瓦，可开发量为1.28亿千瓦，目前已开发量约占20%，预计2030年将开发完毕。二是受区域水资源供给不平衡的约束，小水电将会呈现区域非平衡式发展。在缺水的西部和北部地区，小水电开发受到资源约束。三是由于价格机制不灵活，以及盲目发展和无序竞争，小水电赢利难度不断加大。"十一五"以来，小水电内部收益率已由10%降至6%左右，云南、四川、福建等小水电聚集地区的情况很不乐观，不少电站处于严重亏损状态，对后期开发造成了负面影响。

（4）生物质发电

生物质能分布式发电形式与当地生物质特点密切相关。如在粮棉主产区，生物质发电主要采用农作物秸秆、蔗渣以及粮食等加工剩余物作为燃料；在重点林区，主要利用剩余物、速生林资源和抚育间伐资源直燃发电，剩余物主要包括采伐剩余物、加工剩余物和造材剩余物；在工业园区，利用生物质发电产生的余热为工业园区供暖，实行生物质热电联产；在城市区，则主要发展城市垃圾焚烧、填埋气发电形式，工业有机废水治理和城市生活污水处理等沼气发电形式；在农村的发展重点是加快畜禽养殖废弃物处理沼气发电的发展。

目前，我国分布式生物质发电发展较快的区域是华东地区，至2009年底，华东地区的生物质能装机容量占全国的49%；接下来是中南地区、东北地区与华北地区。据不完全统计，至2010年6月底，我国中央与地方政府核准的生物质发电项目累计逾170个，实现了并网发电的生物质发电项目超过50个，总装机规模为5500兆瓦。目前，我国建成、在建和正在报批的垃圾发电厂已达140多座。

近年来，我国生物质能利用技术取得了明显进展。厌氧发酵过程微生物调控，沼气工业化利用，秸秆类资源高效生物降解、高值化转化为液体燃料等关键技术取得突破性进展，但与国际先进水平相比，核心技术、关键设备与装备研制、技术集成与产业化规模等方面仍有差距。《生物质能源"十二五"发展规划》提出：2015年底，生物质发电装机将在2010年550万千瓦的基础上增长1.36倍，达到1300万千瓦；到2020年，在2010年底装机容量的基础上增长4.45倍，将达到3000万千瓦。农林生物质发电将达800万千瓦，沼气发电将达到200万千瓦，垃圾焚烧发电将达到300万千瓦。可以说，生物质能源作为战略性新兴产业正迎来其发展的黄金阶段。

（二）相关法律与支持政策

自1998年以来，为鼓励分布式能源发展，我国国家和地方陆续推出了一系列政策，支持、鼓励与促进分布式能源发展，对分布式发电起到了非常重要的支持和指导性作用。在2010年之前，政策扶持方向和重点主要是传统分布式能源，即热电联产；内容主要涉及规划方向与技术规范。2011年之后，更强调可再生分布式能源的利用，促进可再生分布式发电，内容开始趋向细化，涉及不同分类的规划方向、并网技术、进入与价格监管、激励机制和财税扶持政策等，颁布主体也开始多元化，不仅包括国务院、国家发改委、能源局与财政部，还涉及科技部、城建部、各级地方政府与电网公司等。

1. 早期政策（1998～2010年）

1998年，《中华人民共和国节约能源法》实施。为提高能源利用效率，《能源法》明确提出我国鼓励热电联产和集中供热项目建设，提高热能综合利用率。发电企业应当积极响应节能发电调度管理的规定，优先安排使用余热余压发电的机制、符合条件的热电机组和其他符合规定的能源综合利用机组等并网运行。从此，我国发展热电联产有了法律依据。

2000年，经过国家环保总局、建设部、国家经济贸易委员会和国家发展计划委员会研讨，颁布《关于发展热电联产的规定》。鼓励发展和推广热电联产与集中供热，全面系统提出发展热电联产的政策性技术措施。

2006年，国务院出台了《国家中长期科学和技术发展规划纲要》。该规划纲要明确提出分布式能源系统可以为用户提供灵活、高效的综合能源服务，要加快冷热电联产综合技术、储能技术和能源转换技术等重点技术的研发，主要推广利用传统化石能源和可再生能源为互补的分布式能源供能系统。

2007年4月，国家发展和改革委员会制定了《能源发展"十一五"规划》。提出：一是要全国范围内推广冷热电联产、热电联产和热电煤气多联供系统。不同地区推广路径有所不同，如采暖负荷集中地区，建设30万千瓦等级高效环保热电联产机组；工业热负荷为主地区则是建设以热力为主的背压机组。二是明确了"十一五"重点发展的前沿技术，包括微小型燃气轮机、新型热力循环、终端能源转换、储能与热电冷系统综合技术等。

2010年，住房和城乡建设部发布了《燃气冷热电三联供工程技术规程》，为建立安全的燃气冷热电三联供系统，规范工程的建设和管理，以及提高分布式能源综合利用效率提供了行业标准。

2010年5月，《国务院关于鼓励和引导民间投资健康发展的若干意见》文件颁布。鼓励民间资本以参股、控股或独资形式参与水电站和火电站的建设，核电站是参股建设；还提出要加快电力市场改革，进一步放开电力市场，积极推动电价改革，加快推进电力"竞价上网"，进一步完善电力监管制度等。

2010 年 7 月，国家发改委发布了《关于完善农林生物质发电价格政策的通知》，确定了生物质发电的统一执行标杆上网电价为每千瓦时 0.75 元，利用有利的价格手段促进了生物质发电产业发展。

2. 近期政策 （2011 年至今）

为了缓解能源供应矛盾，加大可再生能源的有效利用，国家在 2011 年后加大了政策支持力度，颁布了一系列相关政策，确定了分布式能源发展规划、方向以及分类指导意见，进一步促进了分布式能源产业的发展。

2011 年 10 月，《关于发展天然气分布式能源的指导意见》由国家发改委颁布。该《意见》明确指出，中央财政应对天然气分布式能源给予支持，对相关项目给予一定的投资奖励或贴息。以合同能源管理方式实施而且符合政策的天然气分布式能源项目，可享受相关税收优惠。各地和电网企业应加强配电网建设，以解决天然气分布式能源并网和上网问题。这是迄今为止国家支持分布式能源性质最明确的政策性文件，该文件对天然气分布式能源的内涵和外延给出了严格规定，对指导分布式能源发展具有重大意义。

2011 年，国家能源局颁布了《分散式接入风电项目开发建设指导意见》，指出在不影响电网安全稳定运行的前提下，合理科学地确定分散式接入风电项目装机容量的上限。而且，电网企业必须保障风电项目的并网运行、电量计算和所发电量的全额收购，以此推进分散式风电项目并网。

2012 年 2 月，《太阳能光伏产业"十二五"发展规划》发布。该规划不仅对光伏系统、光伏组件与光伏发电成本提出了规划，还提出了"十二五"时期的主要任务之一，即积极推广小型光伏系统、分布式光伏电站、光伏建筑一体化（BIPV）系统、以光伏为主的多能互补系统和离网应用系统的建设，加快光伏产品的研发，支持光伏项目在农业、建筑以及交通的应用建设。

2012年2月，由国家能源局新能源司发布了《可再生能源电力配额管理办法》。该《办法》指出要明确发电企业、电网公司与地方政府三大主体的责任，强制要求发电企业承担可再生能源发电义务，电网公司承担购电义务，电力消费者具有使用可再生能源电力义务，逐步建立可再生能源配额制度，促进可再生能源产业的长足发展。

2012年3月5日，十一届全国人民代表大会第五次会议召开，温家宝总理发表《政府工作报告》，指出加快转变经济发展方式，调整能源消费结构，合理用能，积极推进智能电网和分布式能源的发展，实施合同能源管理、政府节能采购、节能发电调度等管理方式。这预示着分布式能源发展成为我国经济发展方式转变工作中的重要环节。随后国务院、发改委、能源局等各部门发布了分布式能源相关细化措施，从资源评价、综合规划、项目建设管理、政策保障、电价政策、电网接入与运行管理等方面进行了细化规定，大大促进了分布式能源产业的发展。

2012年4月，《风力发电科技发展"十二五"专项规划》和《太阳能发电科技发展"十二五"专项规划》由科技部正式发布，提出了要突破太阳能和风电分布式发电技术。这两项规划为我国"十二五"期间的太阳能发电和风电的科技发展与产业化路线指明了方向。

2012年7月，国家能源局颁布了《国家能源局关于新能源示范城市和产业园区的通知》。该《通知》提出，要在城市促进各类可再生能源及技术推广应用，新能源示范城市建设的重点内容是推进太阳能热利用和分布式太阳能光伏发电系统建设。

2012年9月，国家能源局正式发布《太阳能发电发展"十二五"规划》。该《规划》提出了分布式发电大规模应用的系统化思路，提出要对自发自用为主的分布式光伏发电系统，形成非歧视和无障碍并网管理机制，调动地方政府、电网企业和用户的积极性，全方位推进分布式能源发展。

2012 年 9 月，国家能源局正式公布《关于申报分布式光伏发电规模化应用示范区通知》，提出实行单位电量定额补贴政策，对自发自用和多余电量上网实行统一补贴标准，要求电网企业配合示范区分布式光伏发电建设项目并提供相关服务，积极推进分布式光伏发电的规模化应用，鼓励各省市支持分布式光伏发电示范区建设。

2012 年 10 月，国家电网出台了《关于做好分布式光伏发电并网服务工作的意见（暂行）》，给出了分布式光伏发电项目接入电网的一系列规定，包括：免费为业主提供接入系统方案制定、并网检测、调试等全过程服务；分布式光伏发电项目免收系统备用费；允许富余电力上网；电网企业依据国家政策，全额收购富余电力以及上、下网电量要推行分开结算制度。此外，还确定了分布式光伏界定标准及适用范围等。

2012 年 12 月 26 日，国家电网出台了《关于做好分布式光伏发电并网服务工作的意见》。该《意见》再次强调对分布式光伏发电并网的支持，并承诺全额收购富余电力；6 兆瓦以下免收接入费用；分布式光伏发电项目免收系统备用费；并网权限明确下放到地市公司；并网流程办理周期约 45 个工作日；分布式光伏接入带来的电网改造和接入电网的接网工程由国家电网承担等便民优惠措施。这些措施大大简化了分布式光伏电站并网的时间、减少并网费用，为开启国内光伏市场最大限度地扫清了障碍。

2013 年 1 月，国务院发布了《能源发展"十二五"规划》。明确提出，要在"十二五"期间，综合利用传统能源和可再生能源，协调发展集中供能系统和分布式能源系统。

2013 年 2 月 27 日，国家电网公司发布了《关于做好分布式电源并网服务工作的意见》。该《意见》就分布式电源优化并网流程、提供优惠并网条件、简化并网手续、加强配套电网建设等方面做出规定。这是继其 2012 年出台的《关于做好分布式光伏发电并网服务工作的意见》后的一项重大举措，对推动分布式能源大规模发展起到一定作用。

2013 年 7 月，国务院出台了《关于促进光伏产业健康发展的若干意见》。该《意见》提出，必须要大力开拓分布式光伏发电市场，按照发电量补贴，简化电网接入流程，完善建设管理制度。我国光伏产业发展目标设定为年均新增 1000 万千瓦左右，到 2015 年光伏总装机容量达到 3500 万千瓦以上。

2013 年 8 月，财政部正式发布《关于分布式发电实行按照电量补贴政策等有关问题的通知》，要求国家应对分布式光伏发电项目按照电量提供补贴，通过电网企业将补贴资金转付给项目实施单位。

2013 年 8 月，国家发改委出台了《分布式发电管理办法》。指出要通过资金补贴、余电上网以及赋予投资方电网设施产权等措施，鼓励私人部门投资建设和运营分布式发电项目，明确分布式发电项目的建设管理办法、电网接入规范与技术标准等。该《办法》的发布有利于扫清我国分布式发电发展障碍，为分布式发电的大规模投资建设营造了良好的政策环境。

2013 年 8 月，国家发改委又发布了《关于发挥价格杠杆作用促进光伏产业健康发展的通知》。明确提出，要对分布式光伏项目，以 0.42 元/千瓦时（含税）的电量补贴标准给予全电量补贴，并按照当地燃煤机组标杆上网电价收购上网电量。

2013 年 11 月，《国家能源局关于印发分布式光伏发电项目管理暂行办法的通知》发布，提出对我国分布式光伏发电项目实施统一规模管理和项目审批备案制。此外，在相对独立的供电区，如经济开发区内，分布式光伏发电的余电上网部分可直接出售给该供电区的其他电力用户。

2014 年 9 月，国家能源局发布了《进一步落实分布式光伏发电有关政策的通知》，鼓励开展多种形式的分布式光伏发电应用，包括率先在具备条件的建筑屋顶、大型工商企业和开发区开展光伏项目建设，鼓励在火车站（含高铁站）与飞机场航站楼等公共设施系统推广光伏发电。

四　存在的问题

我国分布式发电产业已初具雏形，政府政策对其发展起到了一定的支持作用。但是，由于受到电网运行机制限制，技术标准体系尚不健全，市场机制作用弱化，产业发展对政策依赖性过强，政策实施范围具有局限性与不完全性，政策跟进完善度不足与协调机制不完善等影响，我国分布式能源产业发展仍然受到较大制约。具体而言，面临的问题如下。

（一）法律制度层面，未能为分布式能源提供基础性法律支持

我国现行的《电力法》规定，"一个供电营业区内只能设立一个供电营业机构"，分布式电站所发电能，必须经过专控电网才能到达用户，这直接导致分布式发电项目、微网建设与设备的产权保护和运营维护均受到制度限制，纷争诸多，建设成本与交易成本增加，不仅使其赢利水平受到影响，而且无法为分布式能源产业发展提供基础的制度环境保障。比如，修改后的《中华人民共和国可再生能源法》把"全额收购"修改为"全额保障性收

购"，但电网方和发电方对"保障性"的理解差异很大，而实施细则迟迟没有出台，导致企业无法科学合理进行生产运营，管制机构的核查监督也难以进行。可见，电力与能源基础法律的权威解释和制度支持缺失，对分布式发电产业的可持续发展形成了重大阻碍。

（二）电力体制与市场化改革不充分，未能为分布式能源产业发展培育良好市场环境

目前我国的电力体制与电力市场化改革还未能完全深入推进，仅仅实现了厂网分开，发电侧竞价、大用户直供与输配电价的改革也仅处于初期试点阶段，输配分开、售电侧市场化、交易独立与调度独立等电力改革需要更多制度安排与实践经验才有可能推进，尚有待时日。分布式能源要发挥其高效的特点，往往不但需要不同类型的一次能源投入与相互补充，如光能、风能与天然气，而且需要冷、热、电二次能源投入的联合供应，更需要与用户冷、热、电负荷的动态匹配。这就要求电网调度能够按照环境、经济与技术原则科学合理地为其分配电力负荷，要求电网输配服务与电力调度体系的独立、公平、开放。在目前体制下，分布式能源发电对电网运营和电网收入将带来负面影响，必将导致分布式电源接入与上网销售方面存在较多阻力。因此，滞后的电力体制与市场化改革，也致使分布式能源产业的发展受限。

（三）产业政策存在诸多问题，不利于分布式发电产业的规模化发展

分布式能源政策在制定和实施过程中，还存在部分政府观念认识不足，配套制度缺乏细化，激励与协调机制尚需完善、执行力不足，政策不系统、不全面等问题，导致政策效果不尽合理，限制了

分布式发电的规模化建设和科学发展。其一，各级政府对分布式能源概念、系统与发展缺乏了解，对政策理解不一致，适用标准不统一。其二，分布式能源审批制度严格且烦琐，项目建设的政府主管部门审批和电网公司的并网接入申请审批的手续复杂。其三，虽然目前出台的分布式发电相关政策很多，但大量配套实施细则尚未及时出台，如接网费用与备用容量费用标准、电量收购标准、电价制度等相关细节解释不足，导致利益双方理解偏差与实际执行力度不足等。其四，分布式能源投资建设与城市战略规划存在许多不协调之处，而且，目前尚未明确建立能源投资与城市战略的统一规划和协调机制，为向智慧城市发展造成了潜在障碍。其五，投资运营主体界定、鼓励和补贴政策等方面仍然存在较多问题，投资运营主体界定不明确。以上问题均不同程度地阻碍了分布式发电的顺利接网、规模化建设、经济运行与可持续发展。

（四）分布式能源项目投资吸引力不足

目前，我国分布式能源的关键设备仍需依赖进口，高额的设备成本及其进口税费导致投资成本增加。与燃煤发电机组相比，天然气价格较高，使得燃气分布式能源的经济性缺乏竞争力。可再生能源分布式发电规模经济效应小，投资商包括风险投资者对国家政策前景与产业持续性预期不明朗，导致投资激励和力度不足。

（五）分布式发电并网技术复杂与缺乏相关技术标准，束缚了产业进步步伐

与规模化能源利用及电力消费相比，分布式能源发电项目直接与众多终端用户用电相连，能源利用模式和用户消费模式更加多元化、多变化与复杂化，使得分布式发电并网技术创新更加复杂，即在并网或输配技术服务要求上，与以往倡导的特高压、长距离、大

负荷的智能电网接入与输配服务要求有很大差异，这就要求对现有智能化电网相关设备进行调整、改造及升级，推广智能微网的信息技术与管理技术创新。但技术创新过程的时间、投入、风险、成本与效益的不确定性、复杂性和长期性，均有可能导致分布式能源系统接入后电网故障风险概率上升、成本上升、收益不稳定，这也进一步限制了分布式能源系统的发展。

此外，缺乏相关技术标准也是造成分布式能源并网困难，产业发展受阻的原因之一。分布式电源接入电网技术标准需要充分考虑分布式电源系统的技术特征，以确保电力系统安全稳定运行，如必须建立并网特性测试、并网运行控制、监控系统、监控设备与微网运行相关信息技术等一系列标准体系。

（六）企业成本过高，限制了分布式发电产业的规模化经济运行

分布式发电产业前期投入与技术成本较高，包括：①智能微网技术创新，对前期投入资金有高要求。②设备和燃料投资成本高昂。③运行和维护成本高，为了应对分布式能源频繁变动电压负荷，电网企业需要进行线路改装，增加了运营与维护成本。④政府激励与补贴政策不到位，我国可再生能源补贴资金短缺，补贴款难以实时到位，造成分布式发电成本高，也导致企业对高成本负担难以消化。⑤小规模、分散化的生产、经营与管理模式，也会导致生产运营成本高企、难以赢利等，成为制约我国分布式发电规模发展和市场运作的因素之一。

（七）利益格局不均衡，也是分布式发电产业发展面临的阻力

一是因为分布式能源具有自发自用、多余上网与余缺网补的特

点，相对输电网主业经营而言规模太小，电网公司不愿介入。二是由于供热和天然气的管理归地方，输配电网服务由电网公司统一管理，如果电力市场放开，会波及电网公司下游利益。三是分布式能源上网销售可能会使电网企业售电市场份额减少。以上情形都会给分布式能源规模化发展模式带来较大阻力。

五　国外分布式能源产业发展概况、管理机制与政策措施

（一）美国

1. 发展概况

美国地域广阔，分布式发电分布广泛，形式多样化，包括热电联产、风力发电、生物质发电和光伏发电等。其中，分布式风力发电起步较早，在技术水平与市场份额等方面业绩斐然，其发电形式大部分是离网型，主要用于家庭、农场、工厂、小型企业、公共设施和学校。生物质发电技术处于世界领先水平，主要应用在工业领域，包括纸浆、纸产品加工厂和其他林产品加工厂。分布式光伏发电市场近年来也得到迅速发展。

至 2000 年，美国的商业、公共建筑热电联产的总装机容量达到 490 万千瓦，工业热电联产为 4550 万千瓦，合计超过 5000 万千瓦，占全美电力装机容量的 7% 与发电量的 9%。据美国能源信息署（EIA）统计数据，2010 年，热电联产分布式发电总装机容量约为 9200 万千瓦，占全国发电量的比例达到 14%。根据美国能源部规划，2010～2020 年美国将新增 9500 万千瓦的热电联产装机容量，将占其发电装机容量的 29%。2010 年，美国新增风电装机达到 511.5 万千瓦，累计风电装机达到 39135 万千瓦。美国生物质发

电总装机容量超过 1000 万千瓦，占其总电力容量的 1.4%，单机容量为 1 万～2.5 万千瓦。2011 年，太阳能光伏发电装机容量在 3536 兆瓦以上，其中民用光伏发电达到 2500 兆瓦，单机容量大多在 1 兆瓦以下。

2. 管理机制与政策措施

（1）分布式可再生能源项目支持政策

美国的电力行业引入竞争机制后，各州都在寻求各种方法来保证并延续传统管理模式下的公益计划，这些公益计划主要由电力公司管理或资助。很多州在其重组计划内确立了支持可再生能源项目的激励政策。主要是可再生能源配额制（Renewable Portfolio Standards，RPS）和税收优惠政策，后者包括生产税抵免优惠政策（Production Tax Credit，PTC）和投资税收抵免政策（Investment Tax Credit，ITC）。

美国的可再生能源配额制度，旨在促进与支持可再生能源和分布式发电市场，美国各州实施该政策的效果如表 3 所示。

通过以上分析，可以看出，美国可再生能源配额制度应更加灵活和有针对性，同时还需要合理确定可再生能源配额目标。另外，由于 RPS 实施过程中表现出来的种种不足，各方主体对配额制所持观点不同。调查报告显示，反对原因主要是源于该政策实施过程中存在过多的政府干预，从而限制了市场对资源的配置作用。针对未来美国配额制的实施，部分学者提出可以从如下方面进行改进：其一是扩大可再生能源信贷（Renewable Energy Credit，REC）市场，进而涵盖更多的技术和措施。其二是对各州配额目标应以监控为主。配额制虽然是将可再生能源具体的生产、交易方式交给市场来调配，但监管机构要为可再生能源的交易市场创建平台、明确规则，并对未达到目标的企业进行处罚。只有充分结合行政控制手段和市场分配效用，才能实现配额制的设计初衷。

表3 美国各州实施可再生能源配额制的效果

州(实施年份)	配额制目标	实施效果	政策特点及评价
德克萨斯州 (1999)	2025 年达到 10000 兆瓦	2009 年已经实现该目标	政策实施较成功。充分发挥了市场的调配作用,监管到位,政策稳定,处罚明确
加利福尼亚州 (2002)	2020 年可再生能源装机容量占总装机容量的33%	尚未实现 2010 年目标	政策机制存在一定问题。制度设计较复杂,监管机构过多。处罚力度不够严格,政府行政监督作用效果不足
新墨西哥州 (2004)	私营企业:2020 年占20%;农村电力合作社:2020 年占10%	实现目标,从 2001 年到 2007 年,实现1.3 太瓦时可再生能源发电量净增长	政策实施较成功,通过"合理成本"的设计控制了可再生能源的生产成本,机制灵活,保障了义务主体的积极性
马萨诸塞州 (2002)	2009 年可再生能源占 3.6%,垃圾产能占 3.5%;替代性配额制 2020 年占 5%,之后每年增加0.25%	基本实现目标,但可再生能源增长速度放缓	政策设计考虑了区域资源特点,鼓励现有机构扩大规模。替代性付款(ACP)处罚制度监管到位,但长期来看可能对可再生能源发展起着阻碍作用

注：此表通过美国能源署相关资料整理得到。

此外，美国公用事业委员会（Public Utility Commission，PUC）认为税收优惠政策是激励可再生能源投资的最有效的手段。针对并网型的分布式可再生能源项目，实行单位发电量的生产税抵免优惠政策，或按照项目投资额的30％一次性投资税收抵免政策。调查显示，这两项政策均能够有效降低新建分布式发电项目的成本，并能够提高投资者的积极性。在目前削减开支和放松管制的背景下，美国实施财政激励政策面临的挑战是增加灵活性，即财政激励政策需随着分布式发电产业发展阶段的推进进行调整，以适应不同阶段的市场特点，并需要及时淘汰那些不合时宜的政策和措施。

（2）并网标准与净电量计量政策

2001 年，美国出台了《关于分布式发电与电力系统互联的标准草案》，该草案允许符合条件的分布式发电系统并网运行和向电网售电，并规定了分布式发电项目业主需要向电网公司缴纳一定的备用容量费用。对装机容量小于 20 兆瓦的分布式小型发电机组，由美国公用事业委员会（Public Utilities Commission，PUC）和联邦能源管理委员会（Federal Energy Regulatory Commission，FERC）负责专门制定其并网标准，以及促进该类项目接入电网流程的标准化与简单化。例如，在加利福尼亚州分布式光伏发电并网的相关文件中，电网公司针对 30 千瓦及以下的光伏发电系统简化了并网流程。圣地亚哥燃气和电力公司并网文件包括简化的并网流程、净电量计量①和并网协议。该并网文件中，明确界定了承担分布式发电机组并网的责任者和电网改造费用的分配方法。如加州公用事业委员会（CPUC）将物理保险（physical assurance）界定为当分布式发电未按协议规定进行发电时将其从电网断开的设备或措施，对电网和其他用户所造成的不良影响进行了干预和控制，电网需要为此配备相应备用容量，备用容量成本需要分布式发电商来承担，费率确定取决于分布式发电机组同时出现故障的发生概率。

2003 年，美国 IEEE 标准协调委员会发布了 IEEE 1547 标准，

---

① 净电量计量是一种付费管理模式，允许自发电用户在付费周期内将多发的电量抵消其他时间消费的电量。

明确了分布式发电并网的技术要求和相关标准，该标准已成为美国各州制定分布式能源并网标准时的参考标准。虽然净电量计量政策已经取得了显著效果，但仍需要进一步修订，以适应技术和市场发展要求。

（二）丹麦

1. 发展概况

20世纪70年代，丹麦就开始大力发展可再生能源和分布式发电，在全国发电装机之中有超过60%的发电容量来自分布式能源，主要是风电和小规模热电联产。一般来讲，风电、生物质发电都是采用分布式方式实现供能的。而且丹麦政府非常关注和支持分布式能源的发展，分别于1976年、1981年、1990年和1996年公布了四次能源计划，制定了一系列分布式能源支持政策和长期规划，并明确提出：到2030年风电占比要达到50%的目标。

2010年，丹麦80%以上的区域供热能源来源于热电联产。生物质能技术的发展，使生物质能成为丹麦重要的可再生能源，约有70%的可再生能源消耗来自生物质。过去10年，丹麦将生物质能作为重要的燃料，为热电联产供能，并将原有的燃煤供热厂技术改造为生物质能热电联产系统。丹麦也是最早利用风力发电的国家之一，风能应用非常成功。2011年，丹麦拥有5000台陆海风机，总装机容量超过320万千瓦，并网风电的比例为20%，高峰时可达60%。分散接入低电压配电网的风电总装机容量超过300万千瓦。

2. 管理机制和政策措施

（1）加强电网规划建设

20世纪90年代大规模的风电首次接入电网发电，给丹麦输配电网带来前所未有的压力。解决的方法首先是建设强大的电网体系，扩展和加强丹麦电网的建设以及与其他国家电网之间的联系。为保证电网建设的合理性，制定了合理的电网规划，加强对新建分布式发电的位置以及新铺设电网的评估。

（2）分布式发电并网收费与并网标准

丹麦制定了较为完善的可再生能源分布式发电和化石燃料分布式发电的上网电价框架。分布式热电联产上网电价将热电联产电价与燃料价格挂钩，一般风电的价格为市场上电力的最低价格，其他种类能源发电的价格必须随之波动。这样以风电为主导的灵活电价制度，以提高分布式发电项目投资效益为出发点，最大程度确保了分布式发电并网收益。同时，丹麦《电力供应法》规定，对可再生能源发电采取优先并网政策，使用绿色电力的用户还需缴纳与环境相关的各种税费，大约相当于总电价的3/4。除了上网电价优惠之外，丹麦输电系统运营商对集中式可再生能源和分布式可再生能源并网标准执行不同的要求，后者并网标准相对而言更加简便。

（3）分布式发电投资优惠

为鼓励社会对可再生能源的投资，按照"污染物（氮氧化物和温室气体）排放－税收/补贴"条例的相关规定，对分布式发电项目给予能源税收投资补贴，向每台风电机组提供占其成本约30%的补贴，以减少安装成本。在丹麦全国范围内实行绿色电力认证机制，鼓励消费者购买绿色能源，并通过强制措施、税收优惠以及行之有效的投融资机制，消除风电在开发初期的市场准入障碍。同时，采用税收返还的方式来避免向风电等新能源征收碳税。可见，在投资环节，丹麦同样是以各种补贴政策来增加分布式发电项目的吸引力，并通过实施可再生能源配额制来保证可再生能源分布式发电的运营效益，降低了分布式发电投资的运营风险。

（三）日本

1. 发展概况

日本发展分布式供能已有 30 余年的历史，根据日本热电联产中心 2010 年的统计数据，日本的分布式发电总装机容量约 3600 万千瓦，占其发电装机总容量的 13.4%。其分布式发电形式主要为热电联产和太阳能光伏发电。其中，用于医院、公共设施以及饭店等的商业分布式发电项目达到 6319 个，用于制造、钢铁和化工的工业分布式发电项目为 7473 个。

（1）热电联产

从 20 世纪 80 年代开始，日本热电联产项目以平均每年 0.4 吉瓦的速度在扩展。2006 年，日本热电联产装机容量达到 8.7 吉瓦，占日本电力装机的 4%。截至 2011 年，累计装机容量超过 11 吉瓦，是目前日本最主要的分布式发电方式。

（2）光伏发电

由于日本资源匮乏，燃气发电很不经济，光伏发电项目凭借其低成本、规模化生产的特点，受到日本国内各界的关注，其发展速度非常迅猛。截至 2011 年，日本的太阳能、光伏发电系统总装机容量为 5 吉瓦，太阳能光伏发电装机量新增了 1 吉瓦，约 90% 的太阳能光伏发电系统为屋顶并网系统。

2. 管理机制和政策措施

（1）因地制宜、因时制宜确定分布式发展规划和战略方向

至 2000 年，日本的分布式能源产业并未如期得以广泛发展，为了促进产业规模化，日本政府鼓励社会各界资本参与分布式能源发电建设，并制定了相关的税收优惠政策。同时，制定了分布式能源的长期和阶段性规划，并及时根据各阶段特点采取有效配套措施推进，有条件、有限度地允许分布式发电系统并网。

（2）对分布式发电项目进行减税或免税

日本对热电联产给予了高折旧和初始低息贷款政策，如分布式发电项目建成首年可享受7%免税或30%的安装成本折旧率，发电项目投资的40%～70%可享受低息贷款；地方主要供热与制冷项目可享受投资成本15%的补贴。

（3）完善投融资制度，降低投资运营成本

日本相关金融机构对需要投入大量资金的分布式发电项目实行低利息、通融资金等制度。其中，促进太阳能大规模发展的投融资制度出台较早，该制度通过利息补助的方式促进分布式发电项目的投融资。由于日本分布式发电项目在融资和税收方面得到了实质性优惠，所以发展迅速。

（4）放宽分布式能源发电管制，改革可再生能源发购售模式

1992年，日本电力公司开始收购太阳能光伏发电系统的剩余电力，收购的价格以常规电力上网电价为依据，之后又将这一政策以法律的形式加以强化。2012年开始实施可再生能源固定价格收购制度，并建立分散型绿色卖电市场使得特定规模的电力公司可以买卖分布式发电电量。在立法方面，《电力事业法》规定新建和改建的建筑物达到一定规模时，必须统一接入分布式能源系统中，这一强制性规定大幅促进了分布式能源系统的发展。另外，通过《电力事业法》不断修订增强了市场自由化，允许更多的用户参与选择、生产及输出能源，促进了分布式发电备用容量、输配电及辅助服务合理定价的形成。

（5）培育市场主体，调整价格机制，降低分布式能源发电成本

日本在电力市场自由化的背景下，不断放宽居民用电市场准入，各种市场主体在分布式光伏、风力发电等可再生能源市场的渗透率不断提高，成为降低日本高电力成本的一项举措，而电力公司对分布式发电必将重新调整输电费的核定机制。

（四）德国

1. 发展概况

德国传统能源依赖煤炭和核能，在全国发电量中所占比例分别为23%和40%。但是，随着能源危机的出现、温室气体减排压力的日益增加，德国能源方针发生明显转变，特别是2010年日本"3·11"大地震后，德国政府提出在2022年前停止其境内所有的核反应堆计划，为了逐步彻底替代核能需求决定每年至少增加200亿欧元（约合280亿美元）投入可再生能源建设。在这种背景下，德国分布式发电产业得到了充分的发展。目前，德国分布式发电装机容量约2084万千瓦，占总装机容量的19.8%。在分布式可再生能源领域最为突出的是太阳能。

德国太阳能的平均年有效利用小时数在800小时左右，光照条件一般。受光照条件、土地规模与电网架构特点等影响，德国太阳能光伏主要以分布式利用为主。德国对于分布式光伏发电技术的开发与支持始于20世纪90年代初期，1991~1995年实施的"1000个太阳能屋顶计划"是第一个太阳能专项支持计划，在1999~2003年又发展成为"100000个太阳能屋顶计划"。德国的屋顶计划经过多年发展，光伏发电达到一定规模。截至2011年底，德国的光伏发电总装机容量达到2470万千瓦，分布式光伏发电系统装机容量约为1970万千瓦，占比约为80%。

2. 管理机制及政策措施

（1）战略规划有序衔接

德国颁布实施了《可再生能源法》（*Renewable Energy Sources Act*，EEG），其中确定了光伏发电总装机达到5175万千瓦的中长期发展目标，以及制定了2020年可再生能源发电量占电力总消费量35%的总体目标框架。在该总体目标下，2011~2020年应该保持年度新增 350 万千瓦的光伏发电装机年度计划，将中长期发展目标与年度计划进行了有效衔接。

（2）投资补贴政策注重价格机制的灵活利用

德国政府大力支持分布式发电的推广应用，在政策与法律等方面做了非常细致的工作。例如，利用"灵活的电价调整机制"引导分布式发电有序发展。针对已建或在建的分布式发电厂直接给予补贴鼓励，如对一定规模以下（0.2 万千瓦）的新建分布式发电项目以及使用燃料电池的分布式发电项目给予长期补贴。同时，通过提高电网使用费来平衡政府给予电厂的补贴。此外，德国投资补贴政策的特色和优点还在于其充分利用了购售电价平衡机制，使其补贴政策更具有针对性。

（3）倡导小规模与更灵活的分布式发电方式

德国正在倡导更小规模的分布式发电方式，这样可进一步鼓励分布式发电自发自用，同时降低其大型电力公司在发电和输电业务领域的市场控制力。2012 年，对《可再生能源法》进行了修订，进一步鼓励了光伏发电自发自用和提升了自用补贴标准。从并网环节的政策同样可以看出，德国对待分布式发电的态度是鼓励自发自用，而且分布式发电的规模也趋向于区域小型化。目前，德国 50% 的分布式可再生能源发电为私人所有，电力公司的比例仅占 10%。

（4）制定并网标准及上网电价政策

德国出台的分布式发电并网标准主要考虑两个方面：接入中压配电网标准和低压配电网标准。在充分调研基础上，德国颁布了《中压配电网并网技术标准》和《低压配电网并网技术标准》。其中，中压和低压配电网分别指 1~60 千伏和 1 千伏及以下的配电网。这两个分布式能源并网标准的颁布，清除了分布式能源并网的政策问题。太阳能并网电价机制则在《可再生能源法》中就有规定，作为德国力推的分布式发电方式，相对于其他可再生能源而言，光伏发电享有更高的并网电价，并且根据发电装机的大小和形式的不同会有所区别。

（五）国外经验启示

通过以上分析不难看出，在产业发展初期，发挥政府政策的主导和扶持作用是国外发展分布式能源的主要做法，政府通过制定法律法规、发展规划、市场准入、技术标准和财税补贴政策等，为分布式能源产业得以发展创造了基础条件。在产业发展过程中，通过不断修正法规政策，培育和完善市场环境与市场体系，发挥政府政策的辅助作用，促进产业和企业自身良性发展、提高企业竞争力成为实现产业可持续性发展的关键。具体而言，包括以下内容。

第一，制定前瞻性的战略规划，明确产业愿景与发展方向。如美国能源部（DOE）和环境保护署（EPA）负责制定美国分布式能源的长期规划和发展战略，为美国能源规划、分布式能源产业规划以及能源供需预测等提供了参考依据。因此，我国分布式能源发电产业发展规划也需要协同相关部委或管制机构，制定前瞻性的政策目标，描绘切实可行的产业愿景与战略导向，发挥规划指导作用，同时起到提升企业信心与参与愿望的作用。

第二，构建政府激励与市场化协同机制，促进产业持续发展。上述国家均出台了促进分布式能源和可再生能源的税收优惠和补贴政策，这些政策包括分布式能源企业税收优惠、低息贷款与投资补贴等，极大地带动了相关行业和公众对分布式能源项目的投资建设，促进了分布式能源产业发展。

第三，建立分布式能源相关标准体系，指导规范分布式能源产业有序长足发展。如美国、丹麦、日本均就分布式发电并网的技术要求、标准体系给出了明确规定。

六　政策建议

（一）确立与完善发展分布式能源的法律制度

我国《电力法》颁布较早，还是垄断电力产业格局下的产物，不符合电力市场改革趋势，对分布式能源未有提及，未能明确分布式能源发电的发展前景和战略地位。制定与完善发展分布式能源的法律制度，明确分布式能源发电在能源行业的战略地位，是促进分布式能源大规模发展、确保分布式能源市场与法律地位的有效举措。欧美国家与日本已经出台了相关法律，明确规定分布式能源发展战略及实现路径，为开辟分布式能源市场扫除了法律障碍。我国可以借鉴国外先进国家的分布式能源相关法律，结合自身能源资源情况及供需预期，建立并完善《可再生能源法》和《分布式能源法》等相关法规，明确分布式能源在我国能源经济与电力经济发展中的地位，并立法规定分布式能源并网和上网，解决我国分布式能源"上网难"和"并网难"的问题。同时，需要在法规中明确分布式发电总量与结构等中长期目标，以及全国与区域目标和区域定位等，以形成有效的倒逼机制，促进分布式能源合法、协调、适当、科学地发展。

（二）建立衔接一致的分布式发电长期发展规划目标

大部分国家都在分布式发电发展过程中建立了中长期发展规划目标，分阶段实施并不断完善。这样可以避免出现科技与产业脱节、生产与应用脱节等问题，还有利于增强分布式能源市场的投资信心，指导该产业健康有序发展，提高分布式能源行业规划部署的准确性。因此，我国政府应借鉴国外先进经验，要做到对资源能源的合理规划，将分布式能源产业发展规划纳入能源总体发展长期规划中，通过制定产业发展规划，获得相关行业和公众的认可与支持，发挥规划的指导作用，明确分布式发电的发展方向、目标和具体措施。在具体规划中，需充分考虑不同区域发展分布式能源的特点及规模，明确其用于分布式发电系统的比例。例如，在天然气规划中，要充分考虑不同区域发展分布式能源的特点及规模，明确天然气用于分布式供电系统的比例；在电网规划中，要规范分布式能源项目接入电力系统的原则和条件；在城市规划中，要同步落实供气、供热、热水和制冷负荷，总体考虑各类用户的能源需求，优化能源供应方案。这将有利于我国能源消费结构的转变，推动节能减排的发展，全面提高能源利用效率，合理控制能源消费总量，构建安全、稳定、经济、清洁的分布式能源体系。

（三）深化电力体制与机制改革，培育分布式能源合理科学"竞价上网"的良好市场环境

为促进分布式能源大规模持续发展，世界各国均颁布了分布式能源法规政策，以全额收购分布式能源多余电力，同时通过提高电网可靠性服务，打破原有僵化的电力体制。目前，我国不断深化电力市场改革，为分布式能源建立交易市场奠定了基础。借鉴国外发达国家分布式能源发展经验，结合我国分布式能源开发利用现状，可根据不同分布式能源发电的技术特点和成本特点，建立合理科学的分布式能源上网电价体系与机制，如为分布式风电、分布式光伏、分布式天然气发电和分布式生物质能分别设立不同的上网电价，反映不同类型分布式能源的成本水平和技术特征。分布式能源上网之后，分布式能源投资者和运营商可以通过上网电价回收成本，提升分布式能源投资激励，对我国大规模开发利用分布式能源及其商业化发展有着重要意义。

（四）加快制定和落实激励性的财政、税收、金融、管制等政策细则

中国政府需要认清分布式发电大规模投资建设现存的政策问题，加快出台分布式发电配套实施细则，早日落实相关补贴政策细则，明确界定分布式发电投资运营主体，清晰划分电网与分布式发电投资运营之间的经济界面，为我国分布式发电大规模投资建设扫清主要政策障碍。可从财政补贴、减免税收（如环境税等）、低息贷款、贷款担保等方面，对分布式能源的投资和运行给予支持。

（五）建立分布式能源发展基金，进一步减轻分布式能源企业和运营商税负

为加快推进分布式能源发电技术研发和形成有效市场，我国应当对分布式能源企业和运营商实行税收优惠政策，减轻企业和运营商的负担，降低分布式能源发电成本。借鉴国外部分国家的税收优惠政策，结合我国目前分布式能源发展现状，可设立相应的发展专项资金。该项基金主要用于为分布式能源企业和开发项目提供低息贷款和税收扶持，鼓励自发自用，可按照装机容量与发电量等标准提供补贴。

（六）建立企业自主经营、自负盈亏的市场化经营机制

企业不能仅仅依靠政府扶持政策，而是要通过行业协会组织以及自身战略安排，建立企业自主经营、自负盈亏的市场化经营机制和内部激励机制，包括充分做好分布式发电的收益风险评估，对总装机、投资成本、自发自用电量比例，以及资产寿命周期、技术成本与土地成本等要有科学合理估算，对环境与市场匹配性有预期判断，提高自身调节能力等。

（七）加快推进智能电网建设和商业模式创新，构建集中与分布协同开放智能电网平台

分布式能源发电的产业化发展与大规模接入，必然会挑战智能电网的实时运行和电网调峰能力，分布式发电所产生的电量将引起配电网的双向潮流，从而对配电网规划、运行以及保护带来诸多不利影响。例如，光伏分布式机组夜间不能发电，但随着其装机规模的迅速提升，就需要加强电网的调峰能力。因此，需要加快智能电网，包括输配电网与微电网的建设，建立集中与分布式相协同、供需互动、高效互补的现代能源供应体系，并不断进行商业化模式创新，构建一个更开放、多元、互动、高效的能源电力供给和服务平台，才能够满足未来高渗透率的分布式电源接入的强劲需求。

（八）严格落实环保法规，支持分布式能源发展

要严格落实《环境保护法》和《保护大气臭氧层协议》的法律法规要求，对于不利于大气环境的氟利昂制冷机要限制使用；对分散供热的燃油锅炉征收燃料附加税，对于有地区集中供热条件但拒不联网坚持分散供热的用户应按燃料加倍收取排污费，并将部分税费用于支持分布式能源，通过淘汰落后产能，提高清洁能源环保要求，为分布式能源提供发展空间。

（九）建立长期有效协调机制，处理好各种经济与社会利益关系

一是要建立多边协商的协同利益机制，包括建立规模化可再生能源与分布式可再生能源发电发展的协调机制，建立分布式能源发展与土地利用和资源合理补偿的协调机制，建立分布式能源发电收益与环境资源收益的合理分配机制，建立传统电网与智能微网的中

长期规划协调机制，建立传统能源与可再生能源分布式发电规划的协调机制。

二是要处理好各种矛盾与利益关系。如分布式能源与智能电网发展的关系，分布式能源与新城镇化发展的关系，分布式能源与电力市场改革的关系，分布式能源发电与规模化新能源并网的关系，分布式能源与微电网的协调发展关系等。

（十）建立价格质量监管、技术经济运行标准、管理规范与评估体系

一是政府应该重视分布式能源供应企业提出的价格调整建议，按规定进行成本监审，并逐步完善城市分布式能源供应的质量监管体系，加大力度监管各类计量器具和计量标准，以保障分布式能源的健康发展。二是要构建分布式能源各类技术经济运行标准、管理规范与评估体系。由于分布式电源发电与并网技术复杂，管理流程也相对比较复杂，所以，要对其进行科学管理，即根据国际分布式电力先进技术要求，制定全国与区域的分布式能源并网标准与管理规范。这样不仅可促进分布式发电产业技术水平、信息化管理能力的提高，还可以对相关行业间的协调发展和利益制衡起到一定的作用。

参考文献

1. 华贲：《发展分布式能源热电冷联产的探讨》，《热电技术》2004年第1期。

2. 韩晓平：《分布式能源政策导向和建议》，《中国能源》2006年第4期。

3. 刘道平、马博、李瑞阳等：《分布式供能技术的发展现状与展望》，《能源研究与信息》2002 年第 18 期。

4. Keith Kline, Stan Hadley, Julia Kelley, "ADD CHP: Accelerated Development and Deployment of Combined Cooling, Heat, and Power at Federal Facilities", *Energy Engineering*, Atlanta, 2002, 99 (6): 60 – 80.

5. "Baltic Centre for Contemporary Art-Gateshead England. Trigeneration Project Enters Service in England", *Power*, New York, Sep 2002.

6. JoelHernández-Santoyo, "Augusto Sánchez-Cifuentes. Trigeneration: An Alternative for Energy Savings", *Applied Energy*, 2003, 76: 219 – 227.

7. Jarmo Söderman, Frank Pettersson, "Structural and Operational Optimisation of Distributed Energy Systems", *Applied Thermal Engineering*, 2006, 26 (13): 1400 – 1408.

8. G. G. Aidment, X. Zhao and S. B. Riffat, "Combined Cooling and Heating Using a Gas Engine in a Supermarket", *Applied Energy*, 2001, 68 (4): 321 – 335.

9. 张万坤、陆震等：《天然气热、电、冷联产系统及其在国内外的应用现状》，《流体机械》2002 年第 12 期。

10. 国家计委、国家经贸委、建设部、环保总局：《关于发展热电联产的规定》，2000。

11. 国家能源局：《太阳能发电发展"十二五"规划》，2012。

12. 国家能源局：《关于申报分布式光伏发电规模化应用示范区通知》，2012。

13. 周凤起：《中国可再生能源发展战略》，《石油化工技术经济》2005 年第 4 期。

14. 孙玉芳、李景明等：《国内外可再生能源产业政策比较分析》，《农业工程学报》2006 年第 1 期。

15. 丁明、王敏：《分布式发电技术》，《电力自动化设备》2004 年第 7 期。

16. 中国能源财经税收政策研究课题组：《中国可持续能源财经与税收政策研究》，中国民航出版社，2006。

17. 柯建飞：《可再生能源经济激励机制研究》，福州大学硕士学位论文，2006。

18. 张丹玲：《我国可再生能源发展的政策激励研究》，西北大学硕士学位论文，2008。

19. 池钊伟：《现行财税政策对风电上网电价的影响》，《上海电力》2007 年第 1 期。

20. Douglas E. King, "Electric Power Micro-grids: Opportunities and Challenges for an Emerging Distributed Energy Architecture", Carnegie Mellon University, 2006.

21. 李俊峰、时璟丽：《国内外可再生能源政策综述与进一步促进我国可再生能源发展的建议》，《可再生能源》2006 年第 1 期。

天然气分布式能源的应用与发展

赵志渊 *

摘　要:

本文从天然气分布式能源的概念出发,详细介绍了
发展天然气分布式能源的优势及意义。按照"分配
得当、各得所需、温度对口、梯级利用"的原则,
确定了多种天然气分布式能源的利用形式。本文还
阐述了国内外分布式能源的发展现状,列举了国内
分布式能源的典型案例以及我国各层面的分布式能
源的发展政策,提出了天然气分布式能源发展的困
局及解决方法。

关键词:

天然气　分布式能源　理论体系　利用形式　政策

天然气分布式能源是分布在用户端的能源综合利用系统。它以
气体燃料为主、可再生能源为辅,通过燃气轮机或者内燃机发电,
将其尾部烟气通过能量转换设备生产出用户所需要的热能利用形
式,如蒸汽、生活热水、采暖热水或制冷用热能等;按照"温度
对口、梯级利用"的用能原则,使得天然气分布式能源的综合利用
率大于70%。发展天然气分布式能源是降低能源成本、提升能源效

---

* 赵志渊,工学博士,现就职于华电分布式能源工程技术有限公司,从事天然气分布式能
源的研究工作。

率、改善大气环境的一种有效技术途经。天然气分布式能源在国外许多国家已经有了近 40 年的发展历程，尤其是近几年，由于制造水平和科学技术的发展，以及人类环境保护意识的增强，天然气分布式能源得到迅速的发展和应用。而我国的天然气分布式能源产业虽然已经发展了近 20 年的时间，但其发展速度缓慢，由于关键设备制造等原因，近 50 个已建成的天然气分布式能源项目中只有不到一半在运行，而其余的项目由于效益不佳、电力并网审批，以及关键设备制造、维护等问题基本处于停运状态。所以，我国天然气分布式能源产业尚处于起步阶段。目前，我国政府相关部门正在积极制定天然气分布式能源的发展规划，引导我国天然气分布式能源的发展；同时，我国的一些能源企业也在制定分布式能源产业的发展战略。种种迹象表明，天然气分布式能源已越来越受到广泛重视。

一　天然气分布式能源技术简介

（一）天然气分布式能源的技术介绍

1. 分布式能源的概念

分布式能源系统，是相对于传统的集中式供能系统而言的，是指建设在用户侧的综合供能系统。本系统一次能源以气体燃料为主、可再生能源为辅，生产出用户端所需要的热、电、冷等二次能源，真正实现了能量梯级利用，完全满足用户对多种能源的需求。分布式能源系统是 1978 年由美国公共事业管理政策法提出并推广应用的，分散化、小型化、多元化是其主要特征。

国外的分布式能源系统按照其与电网的关系、发电系统形式、是否含有储能系统等内容加以区分，具体内容如表 1 所示。但是，这些内容通常在中文中是没有区别的。

表1　国外分布式能源系统的区别

全称	简称	与电网关系	发电系统形式	是否有储能设备
Distributed Energy Resource	DER	孤网运行	任何能发电系统	无
Distributed Power	DP	孤网运行	任何能发电系统	有
Distributed Generation	DG	既可孤网运行又可并网运行	任何能发电系统	有

其中，任何能发电的系统主要是指发电原动机为内燃机、燃气轮机、微燃机、燃料电池、太阳能发电、风力发电等发电系统。

储能设备主要是指蓄电池、飞轮、超导磁力储存设备等系统。

国外分布式能源系统之间的关系如图1所示。

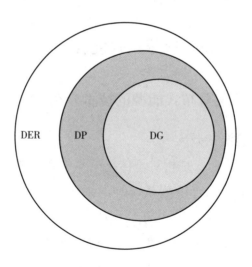

图1　DP、DG和DER的关系

世界分布式能源联盟组织（World Alliance for Decentralized Energy，WADE）对分布式能源的概念做出了解释：分布式能源技术是在用户当地或附近产生电能和热能，它不受容量大小、燃料种类以及电能生产方式的限制，它可以采用并网或者孤网运行。WADE 进一步指出，分布式能源（Decentralized Energy）包含三个主要部分：第一部分是高能源利用率的热电联产，它可以应用于个体家庭中，也可以应用到规模很大的冶炼厂中。热电联产技术现已非常成熟、可靠，它利用了火力发电过程中排放的烟气所携带的热量，这一技术现已被广泛地采用到人类日常生活与生产过程当中。第二部分包含可再生能源，主要涉及太阳能、风能、生物质能等可再生能源的发电技术。第三部分是工业生产过程中废能的回收利用及发电技术。主要是指通过余热锅炉或者循环流化床锅炉，对工业生产过程中所产生的废热或者可以燃烧的低热值可燃物携带的低位热能加以利用，生产出蒸汽并用以发电。

从以上定义可以看出，不同机构对分布式能源的定义不尽相同，但均以能源站分散布置，靠近用户为定义核心，我国的分布式能源这一名称也是由此而来。

通过以上对分布式能源现有概念的分析理解，可以发现，它们均包含技术设备、建设位置和容量、是否并网以及所需二次能源种类等内容，但是这样的定义方式对分布式能源的理解存在以下不足之处。

第一，上述定义中，对其所涉及的系统技术和容量、建设位置、一次能源利用等内容的描述不尽相同，容易造成人们对分布式能源理解的混淆。

第二，上述定义中，仅仅描述了分布式能源的定义核心，并没有揭示其能源系统概念的实质。

目前在国内得到较广泛认可的分布式能源定义为：位于或邻近负荷中心，以规模小、近距离输送能源、节能环保为特点的发电系统或者冷、热、电多联产系统①被称为分布式能源系统。

2. 天然气分布式能源的概念

分布式能源系统是相对于传统的集中式能源生产与供应模式（主要代表形式是"大电厂＋大电网"）而言的，是靠近用户端直接向用户提供各种形式的能量的中小型终端供能系统。其便于实现能源综合梯级利用，在具有更高能源利用率的同时，具有更高供能安全性以及更好的环保性能。

燃气冷热电多联供是分布式能源系统最重要的形式之一，一般以天然气作为燃料，以燃气轮机或燃气内燃机作为系统中的发电设备，利用其尾部排出的烟气余热生产冷热等产品就近满足用户的冷热负荷需求。

（二）分布式能源的优势

1. 分布式能源系统具有较高的能源利用效率

根据当前传统的供能方式，电能必须通过输配电网，才能供到电力用户；而热能通过供热管网输配至热用户。由于输配管网的存在，无法避免电力线损和热网的沿程损失。所以，常规火力发电厂发电效率一般为30%～40%，而采用燃气－蒸汽联合循环的电厂，最终用户端的能源利用率仅有30%～47%；而分布式能源系统恰恰避免了冷、热、电的远距离传输造成的能量损失，同时避免了建造能源输配线路的成本，并且能量利用满足梯级利用要求，故而分布式能源系统的能源利用率往往会达到70%以上。

2. 分布式能源系统能延缓输配电网的升级换代

随着我国城市化进程的加快，电力负荷和安全供电的要求均会

---

① 该系统可以对外夏季供冷、冬季供热、供电以及生活用水，生产用的蒸汽故称为冷热电多联产系统。

提高，同时国家电网规模急速发展，这就需要对输配电系统进行升级甚至需要建设新的变电站，这往往需要巨额资金作为支持。而分布式能源系统的出现，能够在满足用户的电力需求的同时，还满足用户的冷热负荷的需求。分布式能源系统与大电网及热网管线相辅相成，在为用户的用能保驾护航的同时，延缓了输配电网的升级换代，增加了电网运行稳定性，提高供电安全性。

3. 分布式能源系统建设时间短、成本低

常规集中供能系统是由大容量的电厂和公共电网所组成的，大电厂和大电网的建设往往由于系统复杂、管线繁多等原因，需要投入大量的资金和建设时间。当今社会，工业进程的发展速度明显高于电厂及电网的建设速度，势必造成能源的供应无法满足能源需求，它们的发展速度始终无法同步。但是，分布式能源系统由于其系统简单，易于施工建设，针对各个独立的能源用户，所以不会出现能源供需不平衡的局面。另外，分布式能源系统是接近用户侧供能，大大减少了变电设备、供能管线、环热站等的投资，节约了设备投资成本。

4. 分布式能源系统合理进行能源转换，可提高能源利用率

供能形式单一是常规集中式供能的主要特点，用户往往不能直接同时获得热、电、冷三种能量形式，需要通过空调等设备进行相互转化，这样会造成一次产品（如电能）的大量浪费。分布式能源系统，通过采用不同的热力学循环方式，将发电设备和余热利用设备有机地结合起来，生产出能够满足用户需要的能源负荷，这种方式还克服了冷能和热能无法远距离传输的困难。同时，这种方式真正实现了热能的"温度对口、梯级利用"，故而整个系统具有较高的能源利用率。

5. 分布式能源系统可以满足特殊场所的需求

针对不适宜铺设电网的地区，如边远的海岛等地区或散布的用户，对供电安全稳定性要求较高的特殊用户，如医院、银行等，能源需求较为多样化的用户等，分布式能源系统可按需要方便、灵活安置在各种用户及特殊场所附近，满足各种需求。

6. 分布式能源系统具有良好的环保性能

由于分布式能源系统采用清洁燃料，相对于燃烧煤炭等燃料来说，大量减少了二氧化硫、氮氧化物、二氧化碳等温室气体以及粉尘、废水废渣等有害成分的排放；同时，在能源供应系统中，由于配送线路和设备的减少，电磁污染和噪声污染也会随之减少，因而具有良好的环保性能。

7. 分布式能源系统调峰性能好、操作简单

风力、太阳能等可再生能源发电技术近年来得到了大力的发展，但是它们具有周期性和不稳定等特点，使得它们并网之后会对电网造成冲击，对电网的稳定性有很大的影响。火力发电厂的调峰能力有限，调节范围较窄，而分布式能源系统具有升、降负荷或启停速度较快的特点，其与风力、太阳能等新能源发电技术相互配合可以很好地解决它们对电网的冲击，能够解决它们的并网问题，这为可再生能源的发展指明了新方向。将分布式能源与电网配合使用，对用户来说，具有优良的调峰性能，可降低用户的运行成本。

（三）发展分布式能源的必然性

第一，分布式能源可大大提高一次能源利用率，减少大气污染，有效改善环境，是实现我国能源战略、走可持续发展之路的必然选择。

我国是以燃煤为主的能源消费结构，致使我国能源平均利用率仅为30%～40%，远远低于发达国家的水平，而我国人均能源占有量仅为世界平均水平的一半。提高能源的开采、转换和利用水平的研究与实践成为我国能源行业发展必不可少的环节，能效的提高也成为我国能源战略可持续发展的重中之重。

与此同时，由于现有的能源结构，我国现已成为世界上污染最为严重的国家之一。燃煤电厂所排放的 CO_2、NO_x、SO_x 和微尘等污染物已成为我国大气污染的主要来源。

天然气分布式能源系统具有高效能、低能耗、低排放等特点，能够与可再生能源（如风能、太阳能等）联合使用，有效地缓解了由电力能源结构所带来的日益突出的社会矛盾。天然气分布式能源能够提高资源效益、环境效益和经济效益，对于实施可持续发展战略具有重要意义。

第二，新型能源消费结构需要分布式能源系统。

从图2可以看出，中国天然气在一次能源消费结构中的比例只有7.23%，远远低于世界平均23.7%的水平，具有强劲的发展空间。近年来，我国有计划地调整了能源消费结构，以及加重了对企事业节能减排的考核力度，作为清洁能源的优秀代表——天然气的利用越来越受到相关单位的重视。我国政府已经加大了引进、开发和利用天然气的力度。根据当前一些发达国家的经验来看，采用燃气轮机、燃气内燃机、燃料电池等分布式能源系统是合理利用天然气的最佳方案之一，并且分布式能源系统具有较高的一次能源利用率、较好的经济效益、建设资金相对较少等优点，因此，分布式能源系统将成为适应世界能源消费结构变化的新型能量系统，天然气分布式能源行业的发展能够有效地促进天然气的消费市场。

第三，分布式能源系统是对现有电力系统的重要补充，是电力发展、电网调峰的需要，能够提升电力系统的安全性。

近年来，由于中国工业化进程的快速发展，电力的供应量已经远低于电力需求量，这导致经济发展较快的地区出现了电力供应短缺的现象。与此同时，用电高峰时段电力负荷的增长量尤为集中，电力峰谷差也会随之增大。为了解决这一问题，国家实施了"西

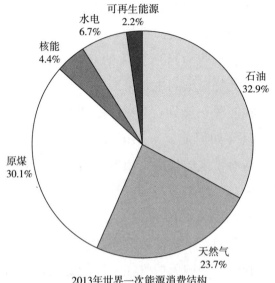

2013年世界一次能源消费结构

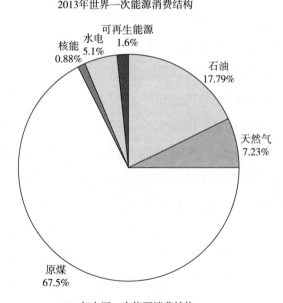

2013年中国一次能源消费结构

图2　中国与世界一次能源消费结构对比

电东送"、加大供电设施建设力度等措施，但仍无法快速满足现有
电力的需求。天然气分布式能源的出现，能够实现电力的可中断、

可调节性能，还能够实现多能源形式的供给，并结合储能等先进技术的利用，可缓解电力供应紧张的局面，调整了大电网用能的峰谷差。与此同时，分布式能源能够有效缓解天然气冬夏季峰谷差，提高夏季燃气设施的利用率，增强供气系统的安全性，减少了天然气储气设施的投资。

集中式供能系统所面临的最重要的问题是供能的可靠性。而解决这一问题的途径除了维护供能网络管线和设备的升级换代外，分布式能源的出现也对此做出了很好的解答。而且分布式能源站的建设比改造供能管线来增加其安全性更加方便快捷。

第四，技术进步促进了分布式能源产业的发展，带动一大批相关战略产业的兴起，刺激了新的经济增长点，并提供更多的就业机会。

材料科学、电子通信技术、电力控制技术和生产工艺等一系列新技术的出现为分布式能源系统的可靠性、高效性提供了保障。在"西气东输"等工程的带动下，分布式能源会有长足的发展。与此同时，分布式能源站所必需的燃气轮机、燃气内燃机、余热锅炉、余热溴化锂机以及其他相关的设备、管道、控制系统会得到应用。这就会推动关键设备机械制造业的兴起，同时会向社会提供数以万计的就业机会，带动数以万亿元的流动资本金，这会成为新的经济增长点。

第五，优化能源供应格局，减少电力交易环节，降低用能成本，让用户得到实惠。

分布式能源的发展将会消耗大量的天然气，促使天然气在一次能源消耗结构中的比例增大，优化了能源供应格局。分布式能源系统位于用户侧，其能源输送线路的需求量很少，消除或减少能源输配线路的建造及维护成本，节省了投资，也减少了能源交易环节。同时，分布式能源系统可采用模块化设计的方式，根据用户的用能要求，配置适当的能源系统，提高资金的利用率，降低能源成本。分布式能源系统在满足用户需求的同时，可起到削峰填谷的作用，有利于供能系统的安全、经济运行。

由于工业化进程的提速，能源需求量的增长速度远远大于能源供应管网的建设速度，许多地区出现了能源供应紧张的情况。另外，由于能源市场不断增加的竞争压力，能源公司为了降低成本，往往采取降低系统备用容量的办法，这使某些能源供应系统的备用容量较低，停止供应能源的可能性必然增加。这会为用户带来巨大的经济损失，用户为了减少这一损失，提高用能的可靠性，降低企业经营对能源企业的依赖程度，在条件允许的情况下，均会建立自己的供能系统，减少能源成本，增加自己用能的可靠性和自主性。随着分布式能源系统设备成本的降低，这种用户自己安装分布式能源系统的发展趋势将不断加快。

总之，能源消费结构的调整，提高能源利用率的迫切要求，技术的进步，以及能源产业面临严峻的环保问题推动了分布式能源系统的发展。

（四）天然气分布式能源理论体系

天然气是一种高质清洁能源，天然气燃烧时产生的温室气体远低于其他化石燃料。"温度对口、梯级利用"是分布式能源技术的核心理论。分布式能源技术的核心是科学用能，其主要包含三方面内容：一是能源使用的科学性；二是能源配置的科学性；三是能源管理的科学性。科学用能原理是分布式能源理论体系的精髓，采用各种先进技术，通过"分配得当、各得所需、温度对口、梯级利用"的方式优化配置资源，提高一次能源利用效率。天然气分布式能源梯级利用原理如图 3 所示。

图 3 中，燃料与空气混合后，排入燃机中进行燃烧，产生电

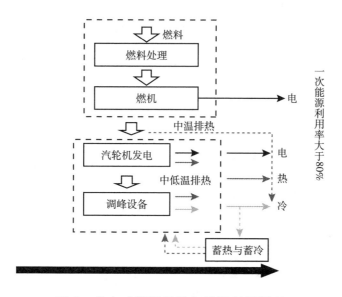

图3　分布式能源天然气梯级利用原理

能。燃机排气，进入余热锅炉产生蒸汽，该蒸汽一部分用于供热，一部分进入汽轮发电机组中进行发电，在汽轮机中，可抽出一部分蒸汽进行供热。汽轮机的排汽可以通过溴化锂空调机组或其他调峰设备进行余热利用，对外供冷或供热。这样就真正实现了"温度对口、梯级利用"。分布式能源可使天然气充分得到梯级综合利用，其综合利用效率可以超过80%。

　　天然气在燃烧过程中几乎不排放烟尘与二氧化硫等有害物质，二氧化碳的排放量约为石油的54%、煤的48%。建设天然气分布式能源项目是天然气的最佳使用途径。由于实现了能量的梯级利用，分布式能源系统节能效果显著。与传统的电、热、冷分产系统相比，分布式能源系统的节能减排原理如图4所示。

（五）天然气分布式能源主要形式

　　燃气分布式能源系统主要有燃气轮机和内燃机两种形式，关

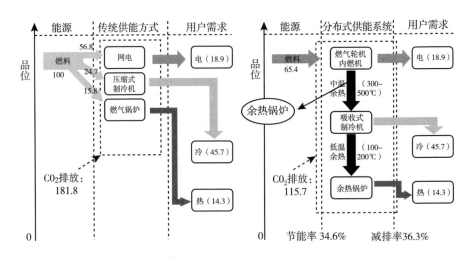

图4 分布式能源系统节能减排原理

注：传统供能方式中，假定燃料的能量为100千焦，其中56.8千焦用于发电，由于各项损失，用户仅能得到18.9千焦的电能；24.7千焦的能量用于压缩式制冷机制冷，其COP为1.85，故用户得到45.7千焦的冷量；15.8千焦的能量通过燃气锅炉对用户供热，其效率为90%，故对外可供热能14.2千焦。而整个系统CO_2的排放量为181.8吨/年；而分布式能源供能系统对用户提供相同的电能、冷能和热能时，其燃料能量消耗量仅为65.4千焦，而CO_2排放为115.7吨/年，较传统供能系统来说，该系统节能34.6%，CO_2减排36.3%。

于这两种技术的比较如表2所示。燃气轮机分布式能源系统中，中小型燃气轮机的发电效率较低，一般在35%左右，通常以联合循环作为基础进行冷热电系统扩展，其发电效率通常在45%左右。燃气轮机自身发电效率较低，其排烟温度通常在500℃左右，因此其供热、制冷能力较强，以联合循环为基底的燃气轮机分布式能源系统的供冷（热）/电在1.5~2.0范围内。相比燃气轮机分布式系统，内燃机分布式能源在简单循环发电效率、启动时间、安放位置和占地面积等方面具有优势，但内燃机分布式系统的容量规模较小，同时，其制冷供热能力相对于燃气轮机来说处于较低的水平，其供冷（热）/电比例为0.7~1.0。

典型的燃气分布式能源主系统方案如下。

表2 燃气分布式能源主要形式的比较

动力装置	中小型燃气轮机	内燃机
技术状态	商业应用	商业应用
发电效率(% – LHV*)	25～40(简单循环)	35～45
规模(兆瓦)	0.5～50	0.05～10
运行维护费用(百万元/千瓦)	0.002～0.006	0.005～0.01
安装费用	中	中
可用率(%)	90～98	92～97
大修间隔(小时)	30000～50000	24000～60000
启动时间	10分钟至1小时	10秒
燃料	气体燃料、油	气体燃料、油
噪音	较高	较高
NO_x 排放(千克/兆瓦时)	0.14～0.91	0.18～4.5
安放位置	地上	可地下
占地面积	0.2～0.5平方米/千瓦	<0.25平方米/千瓦

注： *表示以低位发热量为基础计算得到的效率。

1. 方案一

以燃气轮机、余热锅炉、汽轮机、蒸汽溴化锂吸收式制冷机等设备组成的天然气分布式能源系统，其构成如图5所示。空气通过压气机后，与天然气在燃烧室混合燃烧后，将高温烟气排入透平进行膨胀做功，产生电能。从燃气轮机排出的尾部烟气进入余热锅炉，用其热能加热锅炉的给水，从而产生高温高压的蒸汽，蒸汽通过汽轮机后，带动发电机转动，提供电能。夏季依靠蒸汽溴化锂吸收式制冷机制冷；冬季可以从汽轮机中抽汽对外供热。该方案适用于蒸汽需求量比较大，并且蒸汽品质要求比较高的用户，如医院、洗浴中心等。

2. 方案二

以小型燃气轮机、余热锅炉、蒸汽溴化锂吸收式制冷机等设备

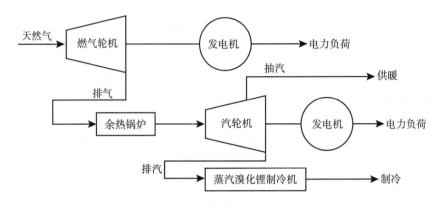

图5   方案一系统

组成的天然气分布式能源系统，其构成如图6所示。空气通过压气机后，与天然气在燃烧室混合燃烧后，将高温烟气排入透平进行膨胀做功，产生电能。从燃气轮机排出的尾部烟气进入余热锅炉，用其热能加热锅炉的给水，从而产生高温高压的蒸汽。蒸汽通过换热器换热，可以得到用户所需的生活热水以及冬季的采暖用水；夏季蒸汽通过溴化锂吸收式制冷机为用户提供所需的冷量。另外，系统中还需要安装一台备用锅炉。该方案适合蒸汽需求量较大、品质要求比较高的用户，还特别适用于热电厂或自备电厂的升级改造。

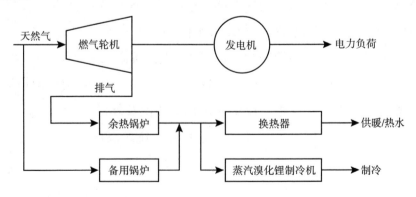

图6   方案二系统

3. 方案三

以微型燃气轮机、余热/直燃型溴化锂吸收式制冷机等设备组成的天然气分布式能源系统，其构成如图 7 所示。燃气轮机燃烧天然气发电后，将烟气直接排入余热/直燃溴化锂吸收式制冷机，对其热量进行回收利用。余热/直燃溴化锂机在冬季产生热水用于采暖；夏季通过溴化锂制冷剂的作用产生冷水制冷。在燃气轮机不运行时段，溴化锂吸收式制冷机直接燃烧天然气运行，起到了备用的作用，系统安全性较高。本方案适用于商业建筑、影院等无生活热水需求的场所。若在溴化锂机的高压发生器内加装换热器，则可提供生活热水，该方案可应用于写字楼及宾馆等场所。此方案相对于传统供能方式来说，减少了锅炉、换热器、化学水系统等设备，减少了占地面积，节省了建造成本、运行和维护成本。

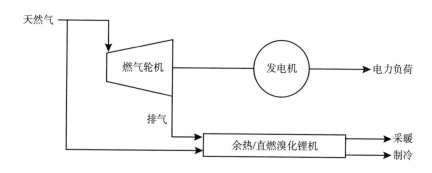

图 7   方案三系统

4. 方案四

以内燃机、烟气热水型溴化锂制冷机等设备组成的天然气分布式能源系统，其构成如图 8 所示。内燃机利用天然气发电，将内燃机的尾部烟气和缸套冷却水中所携带的余热，由烟气热水型溴化锂吸收式空调机组回收利用，冬季供暖，夏季制冷。内燃机中的冷却水通过换热器为用户提供生活用热水。本方案与方案三相似，本方案没有传统产能方式中的锅炉、化学水系统等设备，节约成本，减少占地，尤其适用于楼宇式的分布式能源项目，应用前景广阔。

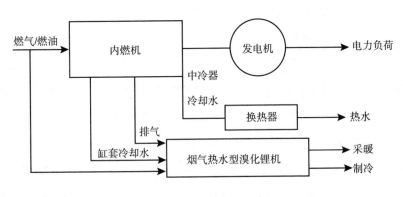

图8 方案四系统

5. 方案五

以内燃机、烟气型溴化锂制冷机、热水型溴化锂机等设备组成的天然气分布式能源系统，其构成如图9所示。内燃机燃烧天然气发电，其尾部烟气直接排入烟气型溴化锂机组中，冬季采暖，夏季制冷。而其缸套水系统与热水型溴化锂机组相连，用于夏季制冷。内燃机的中冷器的冷却水通过换热器为用户提供生活热水。

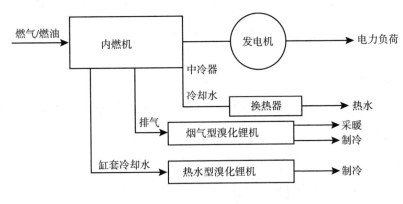

图9 方案五系统

6. 方案六

以内燃机、热水余热锅炉、热水型溴化锂机等设备组成的天然气分布式能源系统，其构成如图 10 所示。内燃机利用天然气燃烧产生电能，将其尾部烟气排入热水型余热锅炉中产生热水，然后该热水和内燃机的缸套冷却水所携带的热能，由热水型溴化锂吸收式空调机组回收利用，夏季为用户提供所需冷量，内燃机中的冷却水可为用户提供生活热水。

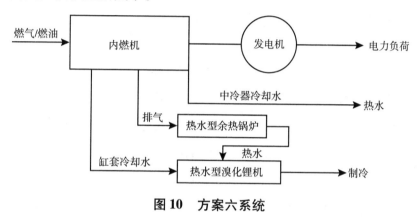

图 10　方案六系统

天然气分布式能源系统方案的配置需要根据用户的需求进行，可以采用燃气轮机、内燃机、余热锅炉、溴化锂机组等设备进行组合，从而产生不同的系统方案，故天然气分布式能源系统方案不仅仅局限于以上六种。需要根据实际情况确定，以达到方案最优化。

二　天然气分布式能源的发展

（一）国外天然气分布式能源发展现状

1. 美国分布式能源发展现状

（1）分布式能源发展概况

美国的分布式能源系统是以天然气为主要原料的热电联产系

统，全年平均运行时间约 5900 小时，平均效率约 66%。在美国，楼宇式分布式能源项目与区域性分布式能源项目的数量基本相同，但其装机容量远低于区域性分布式能源项目。区域性分布式能源项目主要由有政府背景的公司或者专业能源服务公司投资建设，而楼宇式分布式能源项目主要是业主自行投资。截至 2000 年，美国分布式能源站总装机容量约为 5000 万千瓦（见图 11）。其中，楼宇式分布式能源站约为 1000 座，占总装机容量的 9.7%；工业热电联产项目约 1020 座，占总装机容量的 90.3%。截至 2003 年，美国发电总装机容量为 800 吉瓦，热电联产总装机为总量的 7%，为5600 万千瓦，但其提供了全美 9% 的消耗电能。截至 2009 年底，全美热电联产机组装机总量增长了 2900 万千瓦，装机总量的比例增长到 9%，而热电联产系统所提供的发电量占全美电能产量的12%。2010 年，美国的热电联产机组的装机总量达到了 9300 万千瓦左右，其所提供的发电量占到了总量的 14%。根据美国能源署的规划，未来 10 年其装机容量将新增 9500 万千瓦。

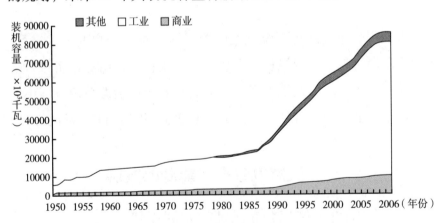

图 11　美国天然气分布式能源分类型累计装机

根据美国能源部的数据，1998 ~ 2006 年，美国热电联产规模增长了一倍，为全美发电机总装机容量的 8%，冷热电三联供电站项目已建成 6000 多个，年发电量 1600 亿千瓦时，占全美发电总量的 4%。其中，天然气分布式能源项目的装机总量达到 6200 万千瓦，占热电联产项目发电机装机总量的 70%。

（2）美国对分布式能源的政策支持概况

20 世纪 70 年代末，美国发布了《公用事业监管政策法案》，鼓励热电联产的发展并允许小型电站并网，各个地方政府以此法案为依据，制定了各地方不同种类的电站所发电量上网标准，并且根据本州实际情况制定了分布式能源的补贴标准。例如，对于使用燃气轮机的分布式能源项目，政府补贴为 500 美元/千瓦，而对于使用燃料电池的分布式能源项目，政府补贴为 3000 美元/千瓦。

美国政府为了维护分布式能源产业长期可持续性的健康发展，颁布执行了一系列相关的政策和法规，从而为分布式能源产业建立起较为完备的政策体系。环保部门还会根据各个地方的污染物减排成果对其采取奖惩措施，为分布式能源项目能够在各地方有序、长久、可持续地发展下去奠定了基础。

同时，政府与电力公司协商，积极收购分布式能源项目的电力产品，为分布式能源项目的并网做好协调工作，其电价和收购电量往往会采用长期合同的形式进行约束。各地方政府减免了热电联产项目的税收，以及简化了项目立项建设等审批手续。美国能源部也积极推进天然气分布式能源系统发展为微电网，从而建立起以微电网为基础的职能电网系统。

以美国某酒店分布式能源站项目为例，该项目为楼宇式分布式能源站。该能源站为酒店提供了 70% 的电负荷和 80% 的热能负荷，该系统共装配了 11 台 65 千瓦的微燃机，系统的一次能源利用率达到了 75% 以上，二氧化碳排放量每年减少 1700 万吨，氮氧化物的排放量每年减少 10 万吨。每年向酒店提供的电量为 580 万千瓦时，每年节省购电和蒸汽费用约 50 万美元，6 年即可收回成本。

2. 欧盟分布式能源发展现状

（1）欧盟分布式能源发展概况

欧盟分布式能源发展已达到了世界领先水平，其装机量占整个欧盟发电装机总量的 10%，其中丹麦、荷兰、芬兰、捷克等国分布式能源产业的发展速度最快。德国、荷兰和捷克分布式能源装机均已达 38%，丹麦更高达 53%。这是因为这几个国家对分布式能源制定了许多优惠政策，无论在建设、上网还是在运行调峰方面都有特殊政策扶持。

欧洲燃料种类众多，但仍以天然气为主要燃料，并与可再生能源结合使用，建设成为多能源互补系统。天然气的利用形式主要包括微型热电冷联供（mCHP）系统、工业热电联产（CHP）系统等。

德国的电力生产以燃煤机组和核能发电为主。但是，随着固体化石能源日益枯竭，在大气环境日益恶化的压力下，德国的能源方针发生了较大转变——大力发展可再生能源及低碳能源，减少煤炭的消费。尤其是在 2011 年日本"3·11"大地震后，德国逐步减少核电在能源结构中的比重，计划至 2020 年将全部停用德国境内核电站，天然气分布式能源在德国得到了迅猛发展。

德国的四大能源巨头 RWE、EnBW、Vattenfall 和 E. ON 是其电力生产的主要支柱，而其热能的供应主要依赖地方的能源公司进行。在德国经济发达的地区，地方能源公司会把天然气分布式能源和集中供热结合起来，以保证供能的安全性。截至 2005 年，德国的天然气分布式能源项目大约有 3000 个，装机容量增至 21 吉瓦，发电量占整个国家总发电量的 13% 左右，供热量则占到了总量的 15%。每个项目的装机容量达到了 7 兆瓦。德国政府希望新的能源政策的出台，能够促进天然气分布式能源产业的巨大发展，截至 2020 年，天然气分布式能源项目的发电量翻一番，达到 25%。而各个地方能源公司在新的能源政策的刺激下，已经规划新建的天然气分布式能源项目的装机容量达到 2200 兆瓦，并有近 30 个公司对现有电厂进行了分布式能源项目的改造，改造项目的总容量达到了 1250 兆瓦。由于产业政策和经济效益的吸引，德国四大能源巨头纷纷开发并建设热电联产项目。E. ON 和 Vattenfall 侧重于将单一供能的电厂改造为热电厂；而 RWE、EnBW 则侧重于在工业领域开发新的热电联产项目。相关研究机构评估了德国热电联产行业的发展潜力及其对环境的影响能力，并按照建筑类型及工业类型对能源的应用进行了划分。研究表明，德国的热电联产项目的发展空间巨大，每年的发电量可达到 3000 亿~5000 亿千瓦时，占全德国用电量的 37%，二氧化碳减排量可达 8000 万吨。按照用户类型，德国的供热方式可分为以下三大类。

第一，对于宾馆、医院和商业建筑，以及能耗较高的企业，如冶金、化工行业，一般采用热电联产技术，提高一次能源利用率。

第二，对于政府办公楼以及博物馆等公共建筑，一般采用集中供热系统，很少应用热电联产技术。

第三，对于一般家庭，开发了微型热电联产技术。据统计，德国家庭用电量占总耗电量的 30% 左右，而家庭耗电的 90% 左右应用于采暖和生活热水。针对这种情况，厂家设计了 5 千瓦的分布式能源系统，并已应用于数千个家庭中。

（2）欧盟各国对分布式能源的政策支持概况

德国的天然气分布式能源产业的发展在整个欧洲处于领先地位。德国对 mCHP 政策的支持比较复杂，体现在多方面：在热电联供法案中规定，mCHP 向公共电网售电实行"优先价格法"：①发电装机小于 50 千瓦的小型热电联产系统，在投运后的 10 年内，每度电均会享受 5.26~5.66 欧分的政府补贴；②出台相关税法，规定只要可以证明年总热效率超过 70%，并且是冷热电多联产系统的，均可享受每度电 0.55 欧分的退税政策；③采取政府资助的方法，对于 4 千瓦以下的发电量，实行 6200 欧元的一次性补贴，而对于 25～50 千瓦的补贴金额为 1250～2500 欧元。另外，若氮氧化物和二氧化碳的排放指标达标的话，政府还会给予奖励。

过去几十年，几家大型电力公司和输送电网运营商一直支配着德国的电力市场，通过战略定价，限制了分散式发电和市政发电行业的发展。虽然迄今为止激励政策和立法对工业 CHP（热电联产）的影响不大，但是，为了实现应对气候变化的承诺，必将引入新的激励政策和立法措施。从技术方面看，未来德国分散式能源系统占发电市场的份额有可能超过 50%，工业 CHP 将占较大的份额。

2002 年德国议会通过了《热电联产法》。该法规明确保障了热电联产系统所发电量的电网接入，不仅对上网电量给予补贴，而且对于非上网电量给予同样额度的补贴。该法规还规定，装机容量在 2000 千瓦及以下的热电联产机组系统每发一度电最高会得到 3.1 欧分的节能补贴。

德国于 2007 年对《热电联产法》进行了修改，该法规明确规定了电网运营商有义务优先收购热电联产系统所发电量。原有的补贴措施截止时间延后至 2016 年，并将热电联产机组的容量划分为三档：①小于 50 千瓦的热电联产机组；②小于 2000 千瓦的热电联产机组；③大于 2000 千瓦的热电联产机组。另外，德国对对于传统供能系统进行热电联产改造的工业企业，若负荷率达到 70% 以上，可以免除环保税等。根据《可再生能源法》规定，德国新建大楼必须使用可再生能源进行供能。若使用天然气分布式能源项目，可以视同为可再生能源供能，并且享有《可再生能源法》中所规定的优惠政策。

　　为了维护热电联产产业健康、有序的发展以及对其加大支持力度，德国政府按照审核、监管等功能对其各个部门进行了职责分工，分别由德国联邦经济技术部、环境自然保育及核能安全部、经济与出口管制局及能源署等部门各司其职，相互协调配合，推进热电联产产业的发展。

　　英国政府一手抓减排义务，一手抓补贴跟进，虽然分布式能源系统所发电量占整个电力市场不足8%，但约有82000个微型热电冷联产系统应用于英国的工业及民用领域中。英国业界和政府采取的推动微型热电冷联产设备发展的主要措施有：一是碳减排目标，英国政府明确要求所有的能源企业必须承担碳减排义务，维护环境清洁，提高能源利用率，能源企业可以获得部分补贴减少消费者的费用。二是开发微型热电冷联产效率测量程序，如果采用微型热电冷联产技术后，系统节能率提高50%及以上，企业可以获得政府信贷。三是对微型热电冷联产设备的安装费用有5%的税收补贴。四是政府制定了智能计量的计划，支持家庭采用微型热电冷联产系统，多余电量可售卖给电力公司。

　　在英国，20世纪90年代初，政府就积极推广工业分布式CHP技术，累计投资超过了20亿英镑。目前，英国CHP协会正与政府密切合作，研究确定新的举措，以帮助工业热电联产项目的发展。例如，免除气候变化税，免除商务税，高质量的热电联产项目可申请政府针对采用节约能源技术项目的补贴金。

　　荷兰建立了热电联产促进机构保证热电联产系统所发电量优先上网。政府通过Smart Gas能源公司推动微型热电冷联产项目的实施，该公司在2007年1月与政府签订了意向书，计划安装1万台热电联供设备，并得到了政府提供的1000万欧元的资金。另外，荷兰还开展了与微型热电冷联产相关的其他活动，如mCHP能源标签（HRe标签），大规模mCHP实地测试，确定mCHP电网效应等。

在意大利，政府推广节能认证引导企业承担节能环保的义务。意大利政府用白皮证书和绿皮证书来鼓励 mCHP 和工业 CHP 的发展。绿皮证书是关于可再生能源设备的认证证书；白皮证书规定了意大利电力和天然气企业每年的节能目标以及意大利分布式能源项目的发展计划，旨在提高能源效率。通过白皮证书这种工具，对能源分配系统运营商自身开发的或能源服务公司开发的项目，以及能源研究课题所实现的节能情况进行核实、认证。白皮证书分为三种类型：类型 1（节电）、类型 2（节气）、类型 3（其他燃料节约）。每份证书代表节约 1 吨油当量的一次能源。相关主体可从市场上购买白皮证书，当顺利履行义务之后，会得到奖励。

意大利政府对分布式能源产业政策还包括：①分布式能源系统生产的电量，其上网电价为居民零售电价的 1.5 倍。②为分布式能源项目在税收和资金信贷方面提供优惠条件，并为微型热电联产系统的用户提供补贴。

法国对热电联产项目的初始投资给予 15% 的政府补贴。

3. 日本分布式能源发展和政策支持概况

（1）日本分布式能源发展概况

日本分布式能源发展呈现波浪式。自 1973 年石油危机以来，日本逐步由依赖石油（由原来的 80% 减少到现在的 50%）转向天然气、核能和煤的使用。20 世纪 70 年代起，燃气热电联产技术开始被使用，并在工业、民用两个领域得到了快速发展。据日本瓦斯（燃气）协会统计，截至 2003 年初，日本燃气热电联产项目大约有 2100 项，发电装机总量达到 270 万千瓦。日本天然气应用中心调查显示，到 2010 年 3 月末，日本分布式能源的装机总量约有 9500 兆瓦，占全国发电装机总量的 4% 左右。目前，日本政府鼓励分布式能源产业大力发展，将热电联产与太阳能、风能一起列为未来"新能源"形式，加以大力推广应用；在 21 世纪城市建设中大量应用分布式能源系统，为了支持该产业的发展，日本政府制定了相关的法律法规，并出台了一系列的优惠政策。

热电联产和太阳能光伏发电是日本分布式发电的主要形式，总装机容量约 3600 万千瓦，占全国发电总装机容量的 13.4%。其楼宇式分布式能源项目主要集中于商场、医院、公共休闲娱乐设施等领域；区域性分布式能源项目则主要应用于化工、电力、钢铁、机械制造等行业，其项目数量多于楼宇式分布式能源项目。

近年来，分布式能源项目在日本得到了迅猛的发展，其中热电联产项目尤为突出。截至 2006 年，日本的热电联产装机量占日本电力装机总量的 4%，达到了 870 万千瓦。其中，天然气分布式能源装机容量达到了 450 万千瓦，占热电联产总装机容量的 51.2%，其在商业和工业中的应用如图 12 所示。

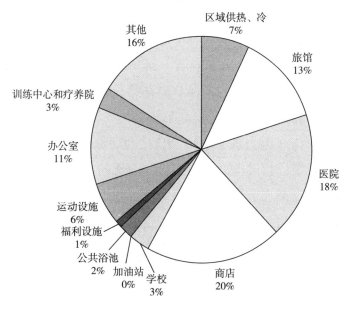

CHP商业应用分布

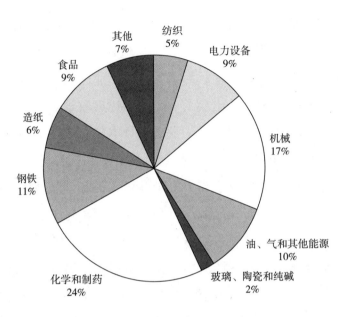

CHP工业应用分布

图 12　日本分布式市场分布

（2）日本分布式能源政策

为了使分布式能源产业在日本更好地发展，日本政府出台了有关的法律政策，并允许分布式能源系统所发电量有条件、有限度地上网，并给予该项目合理的环保节能补贴，以保证分布式能源项目的顺利实施，具体政策如下。

第一，修订《电力事业法》，出台一系列鼓励分布式能源发展的法律以及规定，打破电力公司对售电业务的垄断，允许非电力公司的电力供应商对需求量大的用户售电。规定必须采用分布式能源系统对新建和改建 3 万平方米以上的建筑物供能。

第二，日本政府鼓励金融机构对分布式能源项目给予支持。实行通融资金、低利息等优惠政策引导分布式能源的可持续发展。

第三，分布式能源项目会得到日本政府减免税收的优惠政策，具体做法为：①分布式能源项目在投运后的第一年内可以得到7%的税收优惠。②分布式能源项目最高可有70%的投资额可以享受低息贷款。③免除供热设施占地的特别土地保有税和与设施有关的事业所得税。④区域供热工程费用、供热的固定资产税、区域供热用折旧资产税等给予优惠。

第四，日本政府对分布式能源的支持力度之大还体现在以下两个方面：一是适用于项目业主。只要业主进行分布式能源项目的建设，就可向政府申请享受退税的优惠政策。退税金额最高由两部分组成，即7%的设备购置成本加上30%的项目总投资成本。二是针对分布式能源项目的专项补贴。该补贴有三种形式，如表3所示。

表3　日本政府分布式能源专项补贴

补贴对象	补贴条件	补贴金额	补贴核定发放单位
新建项目	①装机总量为10千瓦至10兆瓦的高效分布式能源项目，其中单机在500千瓦以下、节能率在10%以上的项目 ②单机在500千瓦以上，节能率在15%以上的项目	市场营利性项目得到的补贴金额为项目投资总量1/3；公益性项目得到的补贴金额为项目投资总量的1/2。补贴上限为5亿日元	城市事业振兴中心
燃料替改项目	项目燃料改为天然气且节能率要在5%以上，或者CO_2减排25%以上，或者虽然节约了燃料，但是其投资回收仍然要超过4年的项目	改造项目投资总量的1/3。补贴上限为1.8亿日元	城市事业振兴中心
节能改造项目	节能改造的企事业单位，节能率达到1%及以上或者节能量在1000千瓦以上的项目	改造项目投资总量的1/3。补贴上限为50亿日元	环境共创中心

（二）国内天然气分布式能源发展

北京、上海、广州在分布式能源建设方面走在了中国的前列。20世纪90年代，上海市建设了中国第一个天然气分布式能源项目。近几年来，由于雾霾天气的持续出现，并且随着天然气使用领域的扩展，北京市也已陆续建成了若干天然气分布式能源项目。表4至表6是对上海、广东、北京3个城市在最近十几年所有分布式能源项目的统计汇总。

表4　上海地区天然气分布式能源项目统计

序号	项目地点	设备情况	备注
1	上海黄浦中心医院	1台1兆瓦级solar土星20柴油燃气轮机+1台3.5吨/小时余热蒸汽锅炉	已运行，由于装机容量大，现已停产
2	上海浦东机场	1台4兆瓦级solar天然气燃气轮机+1台5吨/小时余热蒸汽锅炉	已投入运行
3	上海闵行医院	1台4兆瓦坚泰燃气内燃气机+1台350千克/小时余热蒸汽锅炉	已投入运行
4	上海理工大学	1台60千瓦Capstone燃气微燃机+1台15万千卡余热直燃溴化锂机组	正在进行施工图设计
5	上海舒雅健康休闲中心	2台往复式内燃机+2台余热锅炉	已投入运行
6	上海锦虎电子配件有限公司	2台1兆瓦级燃气轮机	初可研
7	上海天庭大酒店	357千瓦内燃机，德国设备ME3042-L1	已投产

表5　广东地区天然气分布式能源项目统计

序号	项目地点	设备情况	备注
1	广东东莞鞋厂	11台102千瓦柴油内燃机+11台0.5吨/小时蒸汽锅炉	已投入运行

序号	项目地点	设备情况	备注
2	广东铝业集团	1台725千瓦重油内燃机 + 1台BZ200型余热直燃机	已投入运行
3	广州某药业集团	1台Solar Satum20燃气轮机 + 4吨/小时余热锅炉 + 1台3.5吨/小时备用燃油锅炉	规划设计中
4	广州大学城	2台普惠F78燃气轮机 + 2台余热锅炉	已投入运行
5	深圳龙岗区燃机改造热电联产	2台5兆瓦燃气轮机机电站改造热电联产	在可研论证
6	深圳光明技术产业园	13兆瓦燃气内燃机	在可研论证
7	深圳某大型地产多联供	2台2.5兆瓦燃气内燃机	在可研论证
8	广东佛山顺德商业中心	2台5.5兆瓦燃气内燃机	规划阶段
9	广东番隅某地产公司	2兆瓦燃气内燃机	规划阶段
10	广州白云区某住宅小区	2×80千瓦微燃机	规划阶段
11	广州从化制药工业集团	1100千瓦内燃机	规划阶段
12	广东省柴油内燃机发电改造为热电联产	12兆瓦	已得到省节能监测中心认证

表6　北京地区天然气分布式能源项目统计

序号	项目地点	设备情况	备注
1	北京市燃气集团监控中心	1台480千瓦燃气内燃机 + 1台725千瓦燃气内燃机 + 1台BZ100型余热直燃机 + 1台BZ200型余热直燃机	已投产
2	北京次渠站综合楼	1台80千瓦宝曼燃气微燃机 + 1台20万大卡余热直燃机	2003年第四季度投产

序号	项目地点	设备情况	备注
3	软件广场	1 台 1200 千瓦 Solar 燃气轮机 + 1 台 250 万大卡余热直燃机	正在施工
4	北京国际贸易中心三期工程	2 台 4 兆瓦 Solar 燃气轮机 + 2 台 20 吨/小时再燃余热锅炉	可行性研究
5	国际商城	2 台 4 兆瓦 Solar 燃气轮机 + 2 台 20 吨补燃余热锅炉	正在设计
6	北京高碑店污水处理厂沼气热电站	一期：4 台 6GTLB 型沼气内燃机 513 千瓦 二期：3 台 JMS316GS-B、L 沼气内燃机 710 千瓦	均已投产
7	北京首都机场扩建（北区）	2 台 12 兆瓦燃气轮机	前期研究
8	北京奥运能源展示中心	13.3 兆瓦燃气轮机 + 余热吸收式热泵机组 + 压缩式热泵机组	已投运
9	北京邮电大学	2 台 2.4 兆瓦燃气内燃机	已完成可研
10	北京国际汽车博览中心	3 台 3 兆瓦燃气内燃机	已完成初步可行性研究报告

（三）关于鼓励天然气分布式能源发展的相关政策

1. 国家相关政策

为推动分布式能源的发展，我国政府及其相关部门制定并发布了一系列的政策文件，这为我国分布式能源的发展提供了适宜的环境和强有力的政治保障。

2000 年 8 月，原国家计划发展委员会、原国家经济贸易委员会、建设部、国家环境保护总局联合发布的《关于印发〈关于发展热电联产的规定〉的通知》（计基础〔2000〕1268 号文）对热电联产和燃气－蒸汽联合循环进行了详细的规定，国家发展和改革委员会于 2011 年 6 月 30 日对其作了部分修改，为分布式能源的发展奠定了基础。

2004 年 6 月 30 日，国务院总理温家宝主持召开国务院常务会议，讨论并原则通过《能源中长期发展规划纲要（2004～2020 年）（草案）》；2004 年 11 月，国家发改委发布了《节能中长期专项规划》。这都为发展分布式能源提供了法律保障。

2007 年 9 月，国家发改委下发《天然气利用政策》，将国内天然气的利用分为优先类、允许类、限制类和禁止类。其中，明确指出天然气利用的优先类，包括分布式热电联产、冷热电联产用户。

2011 年 10 月 9 日，国家发展改革委、财政部、住房和城乡建设部、国家能源局 4 部门发布了《关于发展天然气分布式能源的指导意见》（以下简称《指导意见》）。

《指导意见》明确了相关主要任务："十二五"初期启动一批天然气分布式能源示范项目，"十二五"期间建设 1000 个左右天然气分布式能源项目，并拟建设 10 个左右各类典型特征的分布式能源示范区域。未来 5～10 年内在分布式能源装备核心能力和产品研制应用方面取得实质性突破。初步形成具有自主知识产权的分布式能源装备产业体系。

《指导意见》还确定了中长期目标：2015 年前完成天然气分布式能源主要装备的研制。通过示范工程应用，当装机规模达到 500 万千瓦，解决分布式能源系统集成，装备自主化率达到 60%；当装机规模达到 1000 万千瓦，基本解决中小型、微型燃气轮机等核心装备自主制造，装备自主化率达到 90%。到 2020 年，在全国规模以上城市推广使用分布式能源系统，装机规模达到 5000 万千瓦，初步实现分布式能源装备产业化。

《指导意见》还确定了主要的政策措施，具体内容如下。

（1）加强规划指导

以能源总体规划及电能输送、供热、供冷、供燃气等专项规划为基础，由国家发改委、能源局、城建部门以及财政部门等单位共同研究制定国家的天然气分布式能源专项规划。各省市应从本地区实际情况出发，合理规划城镇燃气、分布式能源、集中式供热协调发展，构建本地区可靠、经济、清洁的供能系统网络，统筹安排集中供热、分布式能源、建筑工程等项目的建设进展。

（2）建立健全财政税收扶持等政策

天然气价格以及分布式能源核心设备价格居高不下，致使天然气分布式能源产业的投资和运营成本过高。国家和地方的财政及税收部门应根据本地区的经济状况，对天然气分布式能源产业出台具体的扶持政策，并给予相关产业一定的补贴或税收优惠。

（3）完善并网及上网运行管理体系

电网公司已出台相关文件，同意接纳了分布式电源并网运行，并给出了并网所允许的电压及系统发电装机的容量。国家发改委、能源局及相关的能源企业共同研究制定天然气分布式能源系统电网接入、并网运行、设计等技术标准和规范；而地方的财政、税收、工商等部门应会同能源企业研究天然气分布式能源上网电价、供热、供冷价格等问题。

（4）充分发挥示范项目带动作用，坚持自主创新

国家鼓励建设一批天然气分布式能源示范项目，从财政、审批程序、环保验收等方面给予支持。依托天然气分布式能源示范项目的建设，结合产、学、研等手段，实现核心装备的国产化、自主化，并且加大示范项目的考核力度，推动分布式能源核心设备的产业化。建立长久有效的研发、生产机制，攻克天然气分布式能源产业的关键难题，掌握其核心科技，加大分布式能源产业基础研究和应用研究的投入力度，并积极引导该产业采用新技术，提高产业的

核心竞争力。

（5）鼓励专业化公司发展，加强科技创新和人才培养

鼓励各能源企业成立专业从事天然气分布式能源项目的开发、设计、建设及运营的公司，探索出适用于我国的天然气分布式能源产业商业化运营的产业模式。通过引进、吸收、消化国外先进的分布式能源行业的经验和技术，提高我国专业化人员的业务能力，并进行技术创新，提高天然气分布式能源行业的系统集成水平。

2012 年 2 月 10 日，国家能源局发布《新能源产业发展趋势研究报告》，指出以冷、热、电联合供应为主的天然气分布式能源，将是我国当前分布式能源发展的重点。

2012 年 6 月 1 日，国家发展改革委、财政部、住房和城乡建设部、国家能源局 4 部委联合发布《关于下达首批国家天然气分布式能源示范项目的通知》。指出：相关省市各单位应积极支持第一批天然气分布式能源示范项目建设，协助项目单位办理项目核准、审批、立项、建设、施工所需各文件，确保其在 2012 年内开工建设。国家财政将会对第一批示范项目给予适合的补贴。项目业主和有关省市要加强示范项目的组织协调和监督管理，确保示范项目建设进度、质量和示范效果。

2014 年 10 月 23 日，国家发改委、住房和城乡建设部，国家能源局三部委联合印发《天然气分布式能源示范项目实施细则》，就天然气分布式能源示范项目的申报、评选、实施验收、后评估，以及激励政策等做了一系列比较全面的规定，旨在完善天然气分布式能源示范项目审核、申报等管理程序，推动天然气分布式能源快速、健康有序发展。

2012 年 7 月 19 日，住房和城乡建设部印发《全国城镇燃气发展"十二五"规划的通知》，指出：到"十二五"期末，城市的燃气普及率达到 94% 以上，县城及小城镇的燃气普及率达到 65% 以

上。

2013 年 1 月 1 日，国务院印发《能源发展"十二五"规划》，指出：根据常规天然气、煤层气、页岩气供应条件和用户能量需求，重点在能源负荷中心，加快建设天然气分布式能源系统。对开发规模较小或尚未联通管网的页岩气、煤层气等非常规天然气，优先采用分布式利用方式。创新体制机制，研究制定分布式能源标准，完善分布式能源价格机制和产业政策，努力实现分布式发电直供及无歧视、无障碍接入电网。

《能源发展"十二五"规划》还指出："十二五"时期分布式能源发展重点和目标为推进天然气分布式能源示范项目建设，在城市工业园区、旅游集中服务区、生态园区、大型商业设施等能源负荷中心，建设区域分布式能源系统和楼宇式分布式能源系统；到 2015 年，建成 1000 个左右天然气分布式能源项目、10 个左右各具特色的天然气分布式能源示范区；完成天然气分布式能源主要装备研制，初步形成具有自主知识产权的分布式能源装备产业体系。

2. 地方政府对分布式能源的相关政策

各地地方政府积极制定和开展了一系列有关分布式能源的政策和能源规划的编制工作。

2004 年，上海市政府办公厅转发《关于本市鼓励发展燃气空调和分布式供能系统的意见》（沪府办〔2004〕52 号）。2005 年，上海市发布了《分布式供能系统工程技术规程》。试行两年后，对该规程进行了修订，新版于 2008 年开始实行。该规程对分布式供能系统做了较为严格的限定，规定系统单机容量小于 6 兆瓦，系统总热效率年均不应小于 70%，热电比年均不应小于 75%，以系统运行情况来评价是否节能高效。该规程的制定为用户和能源服务公司提供了法规依据，促进了分布式供能系统的有序发展和推广应用。2008 年 11 月 15 日，上海市发改委、市建设交通委、市经济信息化委、市科委、市财政局制订了《上海市分布式供能系统和燃气空调发展专项扶持办法》，从设备补贴、保障供应、优先排管、政府优先使用和支持电力并网5方面对建设分布式供能系统项目和燃气空调项目的单位给予政策支持。

2012年9月10日，陕西省发改委组织编制的《陕西省天然气分布式能源发展规划》通过专家评审修改完善后，已上报国家能源局。据悉，陕西省将建设西安北客站、延安北新区等24个分布式能源项目，建成投产后，年发电量达67.4亿千瓦时，实现供热约3000万平方米。目前，西安北客站作为陕西省首个天然气分布式能源项目已核准，正处于加快征地、设备招标等施工准备阶段，已于2011年11月全面开工建设。

2012年10月25日，重庆市发展和改革委员会拟开展全市天然气分布式发电规划，并委托中船重工集团第七一一研究所下属上海齐耀动力技术有限公司和重庆市启能科技有限公司开展全市星级酒店系统用能情况调研，深入细致地了解和掌握全市酒店天然气分布式发电资源的现状和需求情况。

2012年10月31日，安徽省能源局对《安徽省天然气分布式能源发展规划》征求意见。

2013年1月24日，山西省发改委在太原召开"山西省天然气分布式能源规划编制启动暨培训会"，启动并开展该省天然气分布式能源专项规划的编制工作。

长沙市已根据本市实际情况编制了《长沙市天然气分布式能源中长期发展规划》，并制定了《长沙市促进天然气分布式能源产业发展实施办法》，已提交省发改委审批。

3. 相关行业在分布式能源方面的政策和技术规范

相关行业也积极推动我国的分布式能源的发展，纷纷推出有关政策。

第一，国家电网公司将促进新能源、分布式电源发展作为公司的政治责任和社会责任，大力推进分布式电源并网标准体系建设，先后编制了 16 项企业标准、8 项行业标准、8 项国家标准。2010 年 8 月 2 日，国家电网公司发布了《分布式电源接入电网技术规定》，为分布式电源发展提供了技术上的支持。该规定适用于国家电网公司经营区域内以同步电机、感应电机、交流器等形式接入 35 千伏及以下电压等级电网的分布式电源。

2013 年 2 月 27 日，国家电网公司发布了《分布式电源并网服务工作意见》。把分布式电源界定为是位于用户附近，所发电能就地利用，以 10 千伏及以下电压等级接入电网，且单个并网点总装机容量不超过 6 兆瓦的发电项目，包括太阳能、天然气、生物质能、风能、地热能、海洋能、资源综合利用发电等类型。2013 年 3 月 1 日之后，单位和个人不但能用分布式电源给自家供电，还可将用不完的电卖给国家电网。国家电网表示，将全力做好并网服务，为分布式电源项目接入电网提供便利条件，为接入系统工程建设开辟绿色通道。建于用户内部场所的分布式电源项目，发电量可以全部上网、全部自用或自发自用余电上网，由用户自行选择，用户不足电量由电网提供。上、下网电量分开结算，电价执行国家相关政策。公司免费提供关口计量装置和发电量计量用电能表。

第二，通过建设和运行广州大学城分布式能源项目，华电集团率先捕捉到分布式能源这一新兴能源产业的先机。"亮点工程"变为"规模效益"，华电集团加紧在北京、天津、上海、广州等经济发达、能源品质要求高的大中城市以及江西、四川等天然气供应有保障的内陆地区积极布点，提升市场竞争力，为今后的发展奠定基础。估计到 2015 年底，中国华电集团的天然气分布式能源站发电总装机容量将达到 230 万千瓦，年发电量超过 100 亿千瓦时，到 2020 年力争建成 1000 万千瓦分布式能源。华电集团也积极参加一些相关规范的编制，这为分布式能源项目的设计和建设更加规范提供了有力的保障。

第三，在 2012 年 7 月 4 日，由中国城市燃气协会倡导，中国华电新能源、中海油新能源、新奥燃气控股、上海航天能源股份有限公司和北京恩耐特分布式能源技术有限公司共同发起的中国城市燃气协会分布式能源专业委员会在北京召开成立大会，标志着筹备了两年之久的分布式能源专业委员会进入正式运营阶段。专业委员会作为政府与企业之间联系的纽带、业界之间信息沟通的平台、企业开拓市场和创新技术的助手，将为推动我国分布式能源产业的快速发展、促进能源利用模式的转变发挥其重要作用。

第四，2013 年 2 月 22 日，第三届国际智能电网建设分布式能源及储能技术设备展获商务部批准。由商务部外贸发展事务局、中国电机工程学会电力系统专业委员会、中国电机工程学会热电专业委员会共同主办的"第三届国际智能电网建设分布式能源及储能技术设备展览会"将于 2013 年 6 月 16～18 日在国家会议中心举行。这是迄今为止国内唯一获得国家部委批准举办的大型国际智能电网、分布式能源及储能领域的专业展览会。

第五，上海燃气（集团）有限公司 2010 年发布了《关于调整燃气空调和分布式供能系统燃气销售价格的通知》。该通知指出：工业分布式供能系统用户，气量在 0～80000 立方米/月（含）以内，气价为 2.83 元/立方米；气量在 80000 立方米/月以上，气价为 2.73 元/立方米。该通知特别指出：分布式供能系统用户，在 0～80000 立方米/月（含）以内，气价为 2.43 元/立方米；气量在 80000 立方米/月以上，气价为 2.33 元/立方米。

4. 国内燃气分布式能源的技术规范及标准

分布式能源逐步成为一个新兴行业，关于分布式能源中国已陆续编制了多部技术规程、技术规范及标准，主要列举如下。

（1）《分布式供能系统工程技术规程》

2008 年 7 月 1 日，由上海市电力公司和上海燃气集团公司主编，上海电力设计院有限公司、华东建筑设计研究院有限公司、上海燃气工程设计研究有限公司、上海华藏建筑科技有限公司、上海久隆电力科技有限公司参编的《分布式供能系统工程技术规程》实施。

该规程适用于：以天然气、沼气、轻柴油为燃料的输出电、热（冷）能的分布式供能系统；单机容量 6.0 兆瓦（含）以下的分布式供能系统的设计、施工和验收。该规程要求分布式能源系统总的年均一次能源利用率应高于 70%，年均热点比应高于 75%。需要并入电网的分布式能源站的发电总装机容量应以与其对应的电力接入点的上级变电站单台主变容量的 30% 为限。分布式能源站的建筑形式应根据现场规划才能确定，一般有露天布置和非露天布置两种形式。非露天布置还可以分为独立建筑布置和非独立建筑布置。

（2）《燃气冷热电三联供工程技术规程》

由城市设计研究院、北京市煤气热力设计有限公司主编，由中国华电工程（集团）有限公司、广州市煤气公司、深圳市燃气设计有限公司、武汉市燃气热力集团有限公司、江苏双良空调设备股份有限公司、川崎重工咨询（上海）有限公司参编的《燃气冷热电三联供工程技术规程》于 2010 年 8 月发布，2012 年 3 月实施。

该规程适用于以燃气为一次能源，发电机总容量小于或者等于 15 兆瓦的燃气分布式能源系统，给出了燃气三联供系统的定义：布置在用户附近，以燃气为一次能源发电，并利用发电余热制冷、供热，同时向用户输出电能、热（冷）能的分布式能源供应系统。该规程要求分布式供能系统的总热效率年均应大于 70%，要求余热锅炉的烟气温度不高于 120℃。

（3）《分布式供能站设计规范》

由中国华电工程（集团）有限公司、上海电力设计院有限公司主编，广东省电力设计研究院、上海艾能电力工程有限公司、内蒙古电力勘测设计院、上海绿色环保能源有限公司参编的《分布式供能站设计规范》是在认真总结分布式供能系统的实践经验，吸取相关科研成果，充分考虑我国分布式供能系统建设的实践经验，并广泛征求有关设计和设计管理单位意见的基础上，最后经专家审查并修改而定稿的。此规范由国家能源局负责管理，由电力规划设计总院提出，由能源行业发电设计标准化技术委员会负责日常管理，由上海电力设计院有限公司和中国华电工程（集团）有限公司负责具体技术内容的解释。

此规范从站址选择、站区布置、冷热负荷分析、水工设施及系统、电气系统及设备、仪表及控制、环境保护、消防等18个方面详细规定了分布式供能站设计应遵循的原则与要求，适用于新建、扩建和改建工程分布式供能站的设计。该规范适用于以天然气、沼气、煤层气、轻柴油为燃料，原动机单机发电容量≤50兆瓦且总发电容量≤200兆瓦的系统的分布式供能站。

（4）《天然气分布式能源系统设计导则》

华电分布式能源工程技术有限公司、上海电力设计院有限公司、上海艾能电力工程有限公司于2012年10月编制了《天然气分布式能源系统设计导则》。该导则包含站址选择、站区布置、冷热负荷分析、电气系统及设备、消防等10个方面的内容，适用于华电集团公司新建或扩建的天然气区域性分布式能源项目或楼宇式分布式能源项目。

该导则指出：对于楼宇式分布式供能系统，冷热负荷分析以及预测的范围为供能站所在单体建筑物或能源站所对应的一个单位。对于区域性分布式供能系统，冷热负荷分析以及预测的范围为供能站所对应的多个用户，包括工业和民用用户。冷热负荷分析以及预测的目的是在科学分析冷热负荷的基础上确定分布式供能站的装机规模以及各制冷、供热设备容量的合理分配。冷热负荷分析以及预测的意义是分布式供能站能够高效、稳定、长期运行。

5. 燃气分布式能源发展面临的困难及解决方案

（1）定义与范畴尚不明确

虽然近些年各国都把发展分布式能源作为国家发展的一项重要内容，并且都相应地出台了法律法规以及各种优惠补贴政策，但各国对于分布式能源的定义并无统一标准，一定程度上限制了分布式能源的快速发展。只有明确了分布式能源的定义，统一分布式能源的范畴，将其与其他新能源区分开来，才能充分发挥分布式能源的优势。

（2）分布式能源并网问题

我国分布式能源项目的发展并不均衡，目前主要集中在经济发达的大中城市，以楼宇式分布式能源项目为主，多应用于医院、宾馆、商场及大学城等公共建筑，一般采用"孤网"或"并网不上网"的方式运行。分布式能源系统的发电量会受到用户冷热负荷的影响，这会造成其供电量的变化频繁甚至是频繁启停，若并网，则局部电网有可能会受到较大的冲击。

随着我国宏观规划的实施，国家电网对分布式能源所发电量的接入和并网都制定了专门的政策。国家电网将积极配合，全力做好分布式电源项目并网工作。国家电网允许分布式能源系统并网和售电，地方政府给予直接补贴。2013年2月27日，国家电网公司发布了《分布式电源并网服务工作意见》，明确提出了分布式能源所发电能接入电网的条件为10千伏及以下电压等级，且单个并网点总装机容量不超过6兆瓦的发电项目。

（3）天然气资源不足及价格过高

据《2010～2015年中国燃气行业现状分析及市场发展趋势调

研报告》预测，2015 年，全国天然气需求量将增长至 1600 亿立方米，而我国仅能提供 1200 亿立方米，存在 400 亿立方米的天然气的供应缺口。到 2020 年我国可能需进口 800 亿立方米的天然气才能满足需要。

上述数据说明，随着我国工业进程的加快，天然气资源缺口也会随之变大。天然气分布式能源的发展，将会导致天然气供需更为紧张。在这种情况下，天然气价格必然上升，这会严重影响分布式能源项目的效益以及项目投资者对该项目的热情。据业内人士分析，天然气价格的高低是分布式能源项目是否可行的主要因素，若要大力发展该项目，应给予气价 5% ~ 10% 的优惠。

国家应从国家能源安全的层面上合理有序地引进境外气源，对我国能源进行补充。加大西气东输的力度也会对东部缺气区域的气价有很大的影响。同时，应加大页岩气等替代气体燃料的开发。

（4）核心设备依赖进口

集生产冷、热、电于一体的分布式能源站，设备种类繁多。其中，燃气内燃机、燃气轮机等核心设备，几乎完全依靠进口，这必然导致该设备投资成本和维护费用高。应积极引导相关企业进行核心设备的研发，对核心设备完成进口、消化、吸收、生产等过程，提高设备的国产化水平，使得设备成本降低，提高项目的经济性和可行性。在此背景下，中国华电集团与 GE 集团合资成立了华电通用轻型燃机有限公司，致力于轻型航改机的国产化。

（5）电价及冷价、热价较低

相对于燃煤电厂的发电成本，分布式能源要高很多，这就使得分布式能源电价在市场上没有竞争优势。在一定的天然气价格下，冷、热、电联产的经济性随着电价的升高而快速增加，所以，在合理的天然气和电价比下，分布式能源会更加蓬勃地发展起来。另外，在我国很多城市还是采用燃煤锅炉集中供热，这不仅对环境污染有很大的影响，也直接导致整体的供热价格与分布式能源项目的供热成本不能合理匹配，使分布式能源项目的投资收益得不到保障。

（6）地方政府对天然气分布式能源的支持力度不足

在我国，分布式能源仍处在起步阶段。受到地域条件、对分布式的理解程度以及其他因素的影响，很多城市没有对分布式能源给予足够的重视，只有上海等少数几个城市出台了发展分布式能源的补贴政策。不过，随着国家发改委、财政部、住房和城乡建设部、国家能源局下达的《关于发展天然气分布式能源的指导意见》的进一步落实和其他国家宏观政策的制定，各个省市逐步对分布式能源给予了更多的关注。

政府应该从制度上保证分布式能源的可持续健康发展。各级政府需要根据本地区的特点制定适合当地的天然气分布式能源专项规划，并与城镇燃气、供热等部门多方协调；制定合理的申办程序、科学合理的环保规定以及配套适用的消防条件，并给予优惠的土地价格；政府应在上网、电价、气价、供热价格等方面给予优惠；金融系统应大力支持积极贷款，保证资金供应，在利息上给予一定的优惠政策等。所有利好措施都会促使分布式能源更快地发展。

三　典型案例研究

（一）内燃机分布式能源案例

1. 北京燃气大厦分布式能源站

（1）项目概况

北京燃气集团指挥调度中心大楼建筑面积达 3.2 万平方米，建筑物高度 42 米，地上 10 层，地下 2 层。能源站主要满足大楼的供电、采暖和制冷需求。工程设计用电负荷 1640 千瓦时；冷负荷 3148.8 千瓦；热负荷 2296 千瓦。

（2）装机方案

装机方案：1×卡特彼勒 G3508 + 1×BZHR100Ⅷ的余热型直燃机；1×卡特彼勒 G3512 + 1×BZHR200Ⅷ的余热型直燃机，发电总装机 1205 千瓦。

（3）占地面积

能源站建筑面积 600 平方米，地下布置，单位占地 0.498 平方米/千瓦。

（4）主要指标及效益

北京燃气大楼三联供系统为大楼提供电力 10050.1 千瓦时，供热 20058.9 千瓦时，耗气 4286.7 标准立方米，其中余热供热约占 65%。与分供系统比较，年节约额 99.8 万元，年节能 329.92 吨标准煤。

（5）工程投资。

总投资约 3000 万元，单位投资 2.490 万元/千瓦。

2. 长沙黄花机场分布式能源站

（1）项目概况

分布式能源站主要为满足长沙黄花机场 15.4 万平方米的全年冷、热以及部分电力供应。工程设计冷负荷 27 兆瓦；热负荷 18 兆瓦。

（2）装机方案

能源站一期配备 2×1160 千瓦美国康明斯燃气内燃发电机组 + 2×4652 千瓦的烟气热水型余热直燃机 + 1×4652 千瓦的燃气直燃机 + 2×4571 千瓦水冷离心式制冷机组 + 1×2.8 兆瓦燃气热水锅炉。二期根据增加建筑物供能可以考虑烟气回收制备生活热水和冰蓄冷（热泵机组）。

（3）占地面积

能源站建筑面积 3075 平方米，长 90 米，宽 33 米，地下负一层布置，单位占地 1.325 平方米/千瓦。

（4）主要指标及效益

年耗气量为 401 万立方米；年发电量为 1044 万千瓦时；年发电收益为 897.84 万元；年节省能源费用为 358.5 万元。全系统节能率达 46%，每年减少一次能源消耗折标煤约 3314 吨，减少 CO_2 排放约 8153.21 吨。

（4）工程投资

总投资 8500 万元，单位投资 3.664 万元/千瓦。

3. 北京火车南站分布式能源站

（1）项目概况

北京南站主要建筑面积约为 22 万平方米，其中高架候车厅建筑面积约为 4.8 万平方米，地下 1 层转乘厅建筑面积约为 6 万平方米，办公楼建筑面积约为 2.2 万平方米，车库建筑面积约为 9 万平方米。能源站主要满足北京南站的采暖、制冷和部分电力负荷。工程最大冷、热负荷分别为 12.5 兆瓦和 12 兆瓦。

（2）装机方案

装机方案：$2 \times 1570GQMB$ 型美国康明斯内燃机 $+ 2 \times YRB510$ 型烟气热水型溴化锂制冷机组。

（3）占地面积

能源站建筑面积 4000 平方米，地面布置，单位占地 1.274 平方米/千瓦。

（4）主要指标及效益

能源站系统供电能力：3140 千瓦，供冷能力：3240 千瓦，供热能力：4140 千瓦。双良设备每年能利用该系统中 337957 × 1412660 万千瓦烟气余热，相当于节约 5633 吨蒸汽，可节省电力 0.13 万千瓦时。与常规系统相比，将天然气使用效率从 50% 提高到 90% 以上，北京南站每年可节约 600 万元运行费用，减少 2000

吨 CO_2 排放。

（4）工程投资

总投资 8000 万元，单位投资 2.548 万元/千瓦。

4. 北京清河医院分布式能源站

（1）项目概况

项目总建筑面积 7.6 万平方米，其中地上 4.6 万平方米，地下 3 万平方米。建筑高度 23.80 米，冷热供应总面积约为 6.4 万平方米。能源站主要满足清河医院的采暖、制冷和部分电力需求。工程设计冷负荷 6014 千瓦；热负荷 4800 千瓦；设计电负荷为 4440 千瓦；设计热水负荷为 2642 千瓦。

（2）装机方案

装机方案：2×颜巴赫 JMS316GS-N.L 型内燃机（836 千瓦）+ 2×烟气热水型直燃机 +3×真空热水锅炉 +2×离心式制冷剂。发电总装机 1672 千瓦。

（3）占地规模

能源站面积 1940 平方米，地下布置，单位占地 1.160 平方米/千瓦。

（4）主要指标及效益

年供冷量约为 32400 吉焦，年供热量约为 28440 吉焦，年耗气量 299.3 万标准立方米。与传统的供能方式（燃气锅炉 + 电空调）相比，每年大约减排 5424 吨 CO_2、249 吨 SO_2、116 吨 NO_x 和 2258 吨粉尘等污染物。

（5）工程投资

总投资 4300 万元，单位投资 2.572 万元/千瓦。

5. 华电丰台产业园分布式能源站

（1）项目概况

华电产业园包括商业办公楼、商务酒店、精品商务设施等，建筑面积25万平方米。其中，地上建筑规模大约17万平方米，地下面积约8万平方米。能源站主要满足产业园的采暖、制冷和部分电力需求。工程最大负荷设计为：供热负荷为8.024兆瓦，常规供冷负荷为10.470兆瓦，常年供冷负荷为1.531兆瓦，用电负荷为6.951兆瓦，生活热水负荷为1.069兆瓦。

（2）装机方案

2×颜巴赫JMS620（2×3349千瓦）+2×BHEY262X160/390型烟气热水余热型溴化锂机+2×300万大卡直燃机+2×烟气-热水换热器。

（3）占地面积

能源站建筑面积1400平方米，地下一层布置，局部三层，单位占地0.209平方米/千瓦。

（4）主要指标及效益

年发电量0.23847亿千瓦时，年供热量为38303吉焦，年供冷量为81436吉焦，年天然气总用量约为646.236万标准立方米，补水量为92.80吨/小时。工程与常规供能相比，可减排CO_2排放量49.4%以上，可节约70%的水消耗以及60%左右的土地。

（5）工程投资

总投资9747万元，单位投资1.455万元/千瓦。

（二）燃气轮机分布式能源站案例

1. 广州大学城分布式能源站

（1）项目概况

广州大学城一期含十所大学及中央商务区，总建筑面积约800万平方米。能源站一期工程主要满足大学城区的各种能源需求，包括：为大学城用户提供电力；向集中热水制备站提供生产生活热水的高温热媒水和加热用蒸汽热源等；并为原市头电厂的部分热用户提供工业供热热源。能源站设计最大热负荷为 310 吉焦/小时，最小热负荷为 66 吉焦/小时，平均热负荷为 146 吉焦/小时。

（2）装机方案

一期装机方案：2 套联合循环热电冷联供机组，装机配置为：$2 \times FT8-3$ 型燃气轮机 $+2 \times$ 卧式自然循环余热锅炉 $+2 \times CL18-3.43/0.5$ 型抽凝式汽轮机 $+2 \times QFW/18/2$ 型发电机。

（3）占地面积

项目一期用地面积为 65748 平方米。

（4）主要指标及效益

年发电量 9.48 亿千瓦时，年供热量 69.2 万吉焦，年天然气耗量 16.5 万吨。与传统供能方式相比，节省设备用房面积 3.9 万平方米，每年减排 CO_2 24 万吨，减排 SO_2 6000 吨，NO_x 比燃煤电厂减少 80%，比燃气电厂减少 36%。

（5）工程投资

工程静态投资 75034 万元，单位投资 4810 元/千瓦。

2. 广西南宁华南城分布式能源站

（1）项目概况

广西华电南宁华南城分布式能源工程厂址位于南宁市江南区沙井分区的东华南城规划地块内。主要为满足南宁华南城、富士康的冷热用能需求。该项目采用燃气发电，机组具备启停迅速的特点，可作为南宁市区电网的黑启动电源，满足电网极端事故期间的应急需要。

（2）装机方案

一期装机方案：2 台美国 GE 公司 LM6000PD + SPRINT 燃气轮机 +2 台格菱动力设备（中国）有限公司供货的双压余热锅炉 +2 台南京汽轮电机（集团）有限责任公司供货的抽汽凝汽式汽轮机 +9 台 9.1 兆瓦蒸汽型溴化锂制冷机。发电总装机容量 11.6 万千瓦。

（3）占地面积

一期工程规划用地面积4.75万平方米。

（4）主要指标及效益

本工程采用燃气联合循环热电冷联供，年发电量为110473万千瓦时，发电气耗率为0.170标准立方米/千瓦时，年供热量为1767884吉焦，供热气耗率29.04标准立方米/吉焦，因此，联合循环机组发电供热总耗气量2.388亿立方米，折合标准煤为28.06万吨，全厂年总热效率为70%。比300兆瓦等级亚临界燃煤热电联产机组全年可节约标准煤约8.66万吨。

（5）工程投资

能源站静态总投资12.38亿元，静态单位造价为7115元/千瓦。

3. 上海莘庄分布式能源站

（1）项目概况

上海华电莘庄工业区燃气分布式三联供工程厂址位于莘庄工业区内六磊塘以南、北沙港以东、颛兴路以北。该工程主要满足莘庄工业园区及附近地区的工业用气和采暖（制冷）的任务和环保等方面的要求。

（2）装机方案

装机方案：2台燃气轮机采用GE公司生产的LM6000PF Sprint航改型燃气轮机+2台用东方日双压余热锅炉+2台南京汽轮电机（集团）有限责任公司生产的LC12-4.9/1.3型抽汽凝汽式汽轮机和发电机。发电总装机容量11.27万千瓦。

（3）占地面积

项目用地面积为73333平方米。

（4）主要指标及效益

本项目全年平均发电量为5.363亿千瓦时左右，以燃煤机组平均发电标准煤耗331.39克/千瓦时计算，常规燃煤发电机组需耗标准煤 17.77 万吨，而本项目所发电量仅需耗标准煤 14.63 万吨，可节约标准煤 3.14 万吨。

（5）工程投资

工程静态投资 96058 万元，单位投资 8520 元/千瓦。

4. 江西九江分布式能源站

（1）项目概况

九江城东港区主要以石油化工、船舶制造、金属冶炼、建筑材料、粮油加工为主导产业，规划用地面积 20.73 平方公里。工程主要集中向落户城东港区的产业项目提供工业生产蒸汽以及空调制冷蒸汽（或热水）、采暖热水和生活热水。

工程设计工业热负荷为：最大 70 吨/小时，最小 34 吨/小时，平均 63 吨/小时；设计冷负荷为 5.9 兆瓦，热负荷为 3.4 兆瓦。

（2）装机方案

工程采用"二拖一"形式，装机配置：2×LM2500+G4 型燃气轮机+2×余热锅炉+1×抽凝式汽轮机。发电装机 8.67 万千瓦。

（3）占地规模

工程总用地 44505 平方米，其中厂区用地 35605 平方米。

（4）主要指标及效益

年发电量 5.544 亿千瓦时，年供热量 137.75 万吉焦，年天然气耗量 1.19448 亿标准立方米，耗水率 0.37 立方米/吉焦。与采用热电分产相比，采用热电联产每年节约天然气耗量 2676×10^4 标准立方米，折算成标准煤为 3.04×10^4 吨。

（5）工程概算

发电工程静态投资 51463 万元，单位投资 5936 元/千瓦。

5. 厦门集美分布式能源站

（1）项目概况

厦门集美分布式能源站工程厂址拟选在集美后溪工业园区内，

该工程的主要功能是为园区工业用户提供冷、热、电产品。其中，次中压蒸汽负荷全年平均热负荷 35 吨/小时，低压热负荷取正常运行日平均热负荷 10.53 吨/小时；空调冷负荷 1.35 兆瓦。

（2）装机方案

装机方案：工程规划容量为四套 LM2500G4RD 燃气发电机组。一期建设 $1 \times$ LM2500G4RD $+1 \times$ 余热锅炉 $+1 \times$ 背压机。二期规划建设 $1 \times$ LM2500G4RD $+1 \times$ 余热锅炉 $+1 \times$ 抽凝机。三期规划建设 $1 \times$ LM2500G4RD $+1 \times$ 余热锅炉 $+1 \times$ 背压机。四期规划建设 $1 \times$ LM2500G4RD $+1 \times$ 余热锅炉 $+1 \times$ 抽凝机。一期装机规模为 33.212 兆瓦，二期扩建后的装机容量 70.424 兆瓦，三期扩建后装机容量为 103.636 兆瓦，四期扩建后最终装机容量为 140.848 兆瓦。一期发电装机 3.32 万千瓦。

（3）占地面积

一期用地 30000 平方米。

（4）主要指标及效益

年发电量 2.325 亿千瓦时，年供蒸汽 85.74 万吉焦，年供冷量 1.672 万吉焦，年天然气耗量 4.33 万吨，耗水率 0.78 立方米/吉焦，每年可实现减排 6.4634×10^4 吨 CO_2。

（5）工程投资

工程静态投资 26354 万元，单位静态投资 7935 元/千瓦。

（三）案例总结

1. 内燃机案例

通过对上述内燃机案例的分析对比（见表 7），可以发现，由于用户具有不同的负荷特性且均需要集中供能，因此燃气内燃机均适用。但是，由于分布式能源的建设条件不同、装机形式不同，单位占地指标与单位投资区别很大，需要根据实际情况具体分析。

表 7　内燃机案例对比

案例名称	负荷性质	单位投资	占地面积
燃气大厦分布式能源站	办公建筑	2.490 万元/千瓦	0.498 平方米/千瓦
长沙机场分布式能源站	机场	3.664 万元/千瓦	1.325 平方米/千瓦
北京南站分布式能源站	火车站	2.548 万元/千瓦	1.274 平方米/千瓦
清河医院分布式能源站	医院	2.572 万元/千瓦	1.160 平方米/千瓦
华电产业园能源站	综合建筑群	1.455 万元/千瓦	0.209 平方米/千瓦

2. 燃气轮机案例

通过对不同负荷特性用户的燃气轮机案例的对比（见表 8），可以发现：由于国内的天然气价格较高，兆瓦级及以下级的燃气轮机分发电效率多在 30% 以下，该级别的燃机烟气量小，不适合匹配蒸汽轮机，采用简单循环时，发电输出比例过低，项目的经济性较差。所以，在国内燃气轮机项目多适合较大的分布式能源项目、较大区域的空调冷塔供应或者工业园区的工业企业的蒸汽供应。由于匹配的电制冷设备及汽轮机的形式不同，该种项目的单位投资及占地具有较大的差异，与常规火电厂不同。

表 8　燃气轮机案例对比

案例名称	负荷性质	单位投资	占地面积
广州大学城分布式能源站	大学及工业企业	4810 元/千瓦	0.421 平方米/千瓦
广西华电南宁华南城分布式能源站	物流城空调冷	7115 元/千瓦	0.409 平方米/千瓦
上海莘庄分布式能源站	工业区工业企业	8520 元/千瓦	0.600 平方米/千瓦
江西九江分布式能源站	工业区工业企业	5936 元/千瓦	0.410 平方米/千瓦
厦门集美分布式能源站	工业区工业企业	7935 元/千瓦	0.904 平方米/千瓦

参考文献

1. Gianfranco Chicco，Pierluigi Manearella，"Distributed Multi-generation：A Comprehensive View"，*Renewable & Sustainable Energy Reviews*，2007，13（2009），535 – 551.

2. 刘道平、马博、李瑞阳等：《分布式供能技术的发展现状与展望》，《能源研究与信息》2002 年第 1 期。

3. 徐二树：《分布式能源的研究与应用》，华北电力大学博士学位论文，2003。

4. 李海涛：《分布式能源系统的热力学分析与优化》，华北电力大学硕士学位论文，2005。

5. 《分布式能源在国外的应用》，中国燃气网，www. chinagas. org. cn/fbsny/，时间：2014 年 11 月 25 日。

6. 王信茂：《分布式能源系统发展相关问题探讨》，《电力技术经济》2007 年第 3 期。

7. 刘丽红、袁益超、刘聿拯：《分布式供能的现状与发展》，《热力发电》2006 年第 7 期。

8. 国家发展和改革委员会、财政部、住房和城乡建设部、国家能源局等：《关于发展天然气分布式能源的指导意见》，2011。

9. 住房和城乡建设部：《全国城镇燃气发展"十二五"规划的通知》，2012。

10. 国务院：《能源发展"十二五"规划》，2013。

11. 国家电网公司：《分布式电源并网服务工作意见》，2013。

12. 上海市电力公司、上海燃气集团公司、上海电力设计院有限公司等：《分布式供能系统工程技术规程》，2008。

Abstract

This book gives a general overview and deep analysis on the development history, current situation, technological progress and industrial policies of China's new energy industries and several important sub-industries. Based on the findings, it also discusses related industrial policies supporting the developments of new energies and puts forward some policy suggestions.

As the General Report says, the most important significance of developing new energy sources is to break the monopoly position of traditional ones rather just achieving partial market share replacements. The root reason why new energy industry developments rely on the policy subsidies lies in the environmental cost externalization of fossil energy caused by market failure, as well as the driving force of technological progress itself. For approaching market failure, we can choose to tax fossil fuels or improve their environmental standards or choose new energy industries replaced with subsidies. For mainly adopting the latter approaching way now, the report discusses the key points and exit mechanisms of subsidies.

Based on the theoretical analysis, the General Report points that a major reason of restricting the developments of new energy sources is the fact that environmental subsidies for fossil energy allows it to gain comparative advantage. Apart from this, another possible reason is the backwardness of China's energy market reforms. The General Report suggests: (1) to improve the use-cost of traditional energy sources; (2) to accelerate the process of energy conversion and coal substitution; (3) to form a larger domestic market of new energy sources through the mode innovation of various energy utilization; (4) to establish and perfect the evaluation system of industrial subsidies; (5) to construct an industrial technology innovation system with enterprises as the main bodes; (6) to support the research and development of key technologies; (7) to promote the orderly development of non-conventional energy.

Article on wind power industry believes that great efforts should be made to develop such industry since it is an important measure to achieve clean energy and decrease greenhouse gas emissions. However, the technical and economic development paths of China's large-scale wind power bases make the whole industry face an imbalance in the geographical spaces between production and consumption, increasing the treating difficulty of the state grid from wind power and augmenting the overall cost of wind power. Electricity demand forecasting should be strengthened in the future to develop new treatment models which aim to improve the proportions of local wind power consumptions. In addition, we should develop some means, such as smart grids, off-grid and distributing wind power to promote the advancement of industrial technologies so as to promote the optimization and development of wind power industry.

PV industry article points out there still exists various problems in internal policies and PV industry itself. But seeing from the view of the market perspective, the main direction for future technology development is to connect PV power generation system to large power grid. Because of the lack of core technology of PV industry, PV companies in China are mainly concentrated in the downstream of the industry chain. In the future, emphasis should be put on the core technology research of PV, enhancing the capability of independent innovation of photovoltaic enterprises and reducing operating costs and increasing their profit rates. Moreover, strengthening the industrial organization managements and perfecting the PV industry policies and regulations should be done. Chinese government should guide the standardized development of industry, multi-party financing so as to promote the healthy development of the PV business.

Biomass energy industry article says that there are many differences in climate characteristics of different areas, land management, resource endowments and socio-economic conditions. Therefore, the government needs to guide enterprises to invest in local conditions, scientific planning rather than simply copy the successful models of the industrial development of a region. Efforts should be put on the government policies and financial supports, and on enhancement the whole industry chain of financial and tax policy support, ranging from raw materials collection, equipment purchase, energy production, etc. The policy should also ensure the supply of raw materials and develop new products and markets. In addition, the government can guide social investment through economic incentives and policy support, accelerating the development of biomass energy industry market mechanisms to mobilize the enthusiasm of investors; guiding and encouraging large-scale state-owned enterprises to direct their investment towards the biomass energy industry; undertaking dual responsibilities between economic and social development and ecological environmental protection.

Shale gas articles say that the current natural gas pricing mechanism of China reduces the market competition, restricts the investment enthusiasm of enterprises in shale gas. Marketing the price of natural gas is an inevitable trend in the future. Commercial realization of China's shale gas must rely on a wide range of investors, mature technologies and sound market competition mechanism, developed pipeline network and improved policy support. Therefore, China's shale gas commercialization is still in the continuous exploration stage.

The book also provides another two topics on distributed power generation system and natural-gas-based distributed energy projects.

Keywords: New Energy; Renewable Energy; Industrial Policy; Industrial Technological Innovation; Wind Power; Photovoltaic Power; Biomass Energy; Shale Gas; Distributed Energy

Contents

General Report

Abstract: This report reviews the development and situation of new and renewable energy industries in China, as well as the situation of various sub-industries' technical progress. Based on this the report discusses the key policy issues to support the industries' development, and put forward that the reason for new and renewable energy industries relying on fiscal subsidies is the externalization of traditional energy's environmental costs and the technological innovation promoting mechanism. To correct the externalization, the policy can tax the traditional energy, or subsidize the substitution new and renewable energy. As nearly all countries adopt the latter choice, the report also discusses the key area of subsidy and its exit mechanism. Upon the theoretical analyses, the report the biggest disadvantage of new and renewable energy comes from the de facto subsidy to traditional energy which neglecting its environmental impacts, and the lagging of energy market regulation reform. The main policy recommendations include: (a) to increase the cost of traditional energy; (b) to promote the process of energy transition and coal substitution; (c) to formulate bigger market for new and renewable energy through with various means; (d) to setup a sound evaluation system for industrial subsidies; (e) to setup a technological innovation institution mainly relying on firms; (f) to support the R&D of key technologies; (g) to promote the development of unconventional energy, such as shale gas, impact gas and coal bed methane.

Keywords: New Energy; Renewable Energy; New Energy Policy; Industrial Subsidy; Comparative Advantage

Industries Reports

Abstract: This chapter reviews the development of China's wind power industry, the process of market creation, technology formation and innovation, as well as key issues during the development. The author believes that the development of wind power is an important strategy of cleaning of energy production and green house gas reduction, and should be encouraged. However, the technological routine to develop super wind power bases which China chose is not the best, as it causes the problem of vast cost of long distance transmission and the difficulty of treatment by grid. The industry should strengthen the studies on demand forecasting of electricity, and should expand the application modes to consume more wind power, especially to consume more wind power in the regions around the wind power bases. Other recommendation includes the development of smart grid, the encouragement of R&D, the separated application and dispersed electrical system which combined wind power and other energy including natural gas, pumped-storage hydro-plants and PVs.

Keywords: Wind Power, Technological Progress, Market Creation, Smart Grid

Analysis and Evaluation about the PV Industry
Development in China / 118

Abstract: This chapter analyses the development of photovoltaic industry in China, discusses the current problems and evaluates the technology development of photovoltaic industry. At present, there are still some problems on the policies and photovoltaic industries in China, but perspective from the market, the author thinks that the photovoltaic power generation system accessing to large grid operation is the main direction of technology development in the future. Due to the lack of core technology of PV industry in China, causing China PV enterprises are mainly concentrated in the downstream of the industry chain. In the future, photovoltaic industry should focus on the study of core technology to enhance the capability of independent innovation of photovoltaic enterprises, reduce operating costs and improve the profit rate. In addition, it should be through strengthening of industrial organization management, improving the photovoltaic industry policies and regulations, government guiding the industry standardized development, multi-party financing and other measures to promote the photovoltaic enterprise developing healthy.

Keywords: Photovoltaic Industry; Core Technology; Grid-connected Generating; Industrial Policy

Analysis and Evaluation on the Development of China's
Biomass Energy Industry / 160

Abstract: Biomass energy is an important part of human energy consumption, and it is the only renewable carbon source on earth, so its development and utilization have broad prospect. Based on the definition of industry, the analysis of industry structure and industry characteristics about biomass energy, the problem on industry policy and industry itself of the biomass energy, as well as the relations among the elements, are discussed in depth, and the development of biomass energy industry is evaluated in perspective from industry development path and industrial development mechanism, and the classic case in the development of the industry are enumerated. Finally, the policy suggestions on the development of biomass energy industry are put forward.

Keywords: Biomass Energy; Industry; Development; Mechanism; Policy

Special Reports

Development and the Outlook of Shale Gas
/ 179

Abstract: Shale gas as new source of energy, has attracted close attention of the international society. In this chapter, the fundamental concept of shale gas and its formation mechanism are explained, and the developing situation and process of shale gas are comparatively analyzed at home and abroad. The key issue of shale gas development is discussed in aspects of resource problem, core technology, pricing mechanism and cost, pollution, pipeline transportation, national policy, mode of commercialization, etc. In the last part, the future development of shale gas in China is explored.

Keywords: Shale Gas; Formation Mechanism; Key Issue; Future Development

Situation, Problems and Policy Recommendations of Distributed Energy Generation in China / 236

Abstract: At present, energy shortages, pollution and climate change have become increasingly prominent in China. How to improve energy efficiency, restructure conventional energy and renewable electricity, and not only become the major strategic tasks to be completed, but also the important issue of energy resource and environmental economy. Development of distributed power generation industries plays an important role in utilizing scientifically and rationally energy resources, improving the revolution in energy supply, demand, and technology, ensuring energy security, and promoting sustainable economic and social development. In this paper, firstly, literature research route about distributed energy power, technology features and advantage have been reviewed; Secondly, distributed power industry status and policy support system are described from angle of renewable energy using; Thirdly, from legal, and policy, and technology, and market mechanism angle, some existed problems in the course of development about China's distributed power industry have been analyzed; Again, through analysis to some nations' distributed power status, and management measures and policy mechanism experience, several revelations have gotten; Last, from views of legal system, strategic planning, policy, reform of energy and power, coordination, interests and market mechanisms, smart grid's construction and quality standard system, a series of policy recommendations have been put forward about how to develop scientifically and rationally distributed energy generation industry.

Keywords: Distributed Energy Generation; The Smart Grid; Policy Recommendations; Revelation

Application and Development of Natural Gas Distributed Energy

Abstract: This paper introduces the concept of natural gas distributed energy resources firstly, and then detailed describes its advantages and significances. In according to "Allocated properly, each gets what he needs, fitting temperature, cascade utilization", many applying forms of nature gas distributed energy resources can be determined. The paper also describes the current development of distributed energy resources at home and abroad, citing the typical cases and the development policies of domestic distributed energy resources. Finally, the predicaments and solutions of the development of the natural gas distributed energy resource were proposed.

Keywords: Nature Gas; Distributed Energy Resources; Theory System; Applying Forms; Policy

图书在版编目（CIP）数据

中国新能源产业发展报告.2014/李平，刘强主编.—北京：
社会科学文献出版社，2015.6
ISBN 978 - 7 - 5097 - 7109 - 9

Ⅰ.①中…　Ⅱ.①李…②刘…　Ⅲ.①新能源－能源工业－
研究报告－中国－2014　Ⅳ.①F426.2

中国版本图书馆 CIP 数据核字（2015）第 027895 号

中国新能源产业发展报告（2014）

主　　编/李　平　刘　强

出　版　人/谢寿光
项目统筹/周　丽　蔡莎莎
责任编辑/蔡莎莎　王莉莉

出　　版/社会科学文献出版社·经济与管理出版分社（010）59367226
　　　　　　地址：北京市北三环中路甲29号院华龙大厦　邮编：100029
　　　　　　网址：www.ssap.com.cn
发　　行/市场营销中心（010）59367081　59367090
　　　　　　读者服务中心（010）59367028
印　　装/三河市东方印刷有限公司

规　　格/开　本：787mm×1092mm　1/16
　　　　　　印　张：21.75　字　数：283千字
版　　次/2015年6月第1版　2015年6月第1次印刷
书　　号/ISBN 978 - 7 - 5097 - 7109 - 9
定　　价/89.00元